前　言

　　在一般人眼中，青藏高原，除了海拔高，还有其文化的神秘性，是一个吸引人的地方。高原虽然氧气奇缺，但风景奇美、风俗奇绝、风气奇致、风貌奇观、风物奇秀、风采奇异、风尚奇迈、风马奇妙、风云奇变、风流奇幻。一个"奇"字，可以囊括青藏高原的全部特征，同时，怎一个"奇"字了得。藏传佛教陌生和游牧部落游移不定都是其文化的神秘性的来源，此外，地域因其浩瀚和交通的不易到达，也是导致神秘的主要原因。

　　未曾被人了解得如此厚重广袤的土地上仅出产动植物显然是不符合文化的发展规律的，不产生点神奇的故事，肯定是一种浪费。这些神奇故事中最具知识性、最富科学意味、最为学术界关注的就是人类起源问题。人类对地球表面的占领犹如水漫金山，也是由从低到高的原则进行，那么基于被人类最后占领的青藏高原来谈人类的起源，似乎更多是一个好莱坞式的问题，而不是一个科学问题。设问就为了强调其神秘性，所以回答时这个地点如果是香港、伦敦、巴黎等地，便没有神秘性，也就毫无意义了。如果我们的想象还没超凡到回答南极和北极，那么起源地最理想的回答就是非洲和青藏高原，保持跟设问一样的基调，充满神秘性。

　　不过人类青藏高原起源论并非完全是空穴来风，从20世纪中叶开始，喜马拉雅山南坡的西瓦立克地区（今巴基斯坦境内和印度西北部）已经发现了旁遮普腊玛古猿化石，20世纪腊玛古猿被认为是人类的祖先。青藏高原人类起源说的首创者是美国著名的地质学家葛利普（A.W.Grabau），他曾为此发表了不少论述。1935年他在斯文·赫定主编的《地质学年刊》上发表了一文，

1

他认为距今几千万年前，喜马拉雅山脉的间歇性抬升，使青藏高原和它北面的中亚气候逐渐变凉变干，森林逐渐收缩而草原不断扩大。环境的急剧变化迫使原先生活在森林里的古猿改变习性，下地行走并逐步适应开阔地带的生活。它们终于变成人类。而喜马拉雅山以南地区的气候环境则没有发生类似的变化，那里的猿类仍可在森林里生活而不必改变原有的习性。他强调：当时世界上没有哪一个地区具有上述青藏高原那种独特的生态条件，因此西藏就是人类的摇篮。他的假说也被认为是"稀树草原起源说"（the savannah hypotheses）的一种。贾兰坡也同意青藏高原起源论，他在《有关人类起源的一些问题》（《古脊椎动物与古人类》，1974年第2卷第3期165~173页）一文中所绘制的人类起源方框图中，就包括青藏高原。

对青藏高原地质、环境、古气候以及古文化的研究和认识，在学术界也是一波三折，崎岖迂回。由于青藏高原的高海拔以及更新世末的冰期造成的大冰盖理论等，21世纪以来，人们不再认为青藏高原是人类的起源地，而开始关注人类是何时移居到青藏高原，以及如何移居到青藏高原的。美国亚利桑那大学和中国双古所的考古学家们于21世纪初联合考察青藏高原的旧石器，并提出一个"三步曲"的青藏高原移居理论，几乎是精准地指明了什么时间以及各种经济类型的族群是如何进入青藏高原的：

1. 在距今5万~2.5万年间，活动范围很大的食物搜寻者（foragers）开始"漫游"（random walk）到低于海拔3000米的草原地区，亦即聚集在资源较丰富的地区进行狩猎和采集。

2. 在距今2.5万~1万年间，亦即末次盛冰期之后，食物种类扩大了的搜寻者开始在海拔3000~4000米的地区建造固定的居所以供临时的、短期的和用于特殊目的的搜寻基地。

3. 距今1万年之后，以驯养动物为生的早期新石器时代的牧人为了寻找牧草开始全方位和永久性地居住在高于4000米的高原地区。

这个理论首先肯定的是青藏高原不仅不是人类的起源地，恰恰相反，它是最后一块被人类占据和定居的地方。理由很简单，也就是前面我说过的，人类对居住地的选择如同水漫金山，先从低地开始，逐渐浸没高处。青藏高原是世界上最高的高原，当然也就是最晚被占据的地方。尽管在不到十年的时间内，由于尼阿底遗址的发现和发掘，"三步曲"的移居理论就被推翻了，但这个学说不仅仅是建立在已有考古学材料上的，而且还基于自然选择的理论指导，即作为一个人类与动植物驯养（包括文化）在高海拔环境适应的全部过程，因之对于今后青藏高原考古研究，仍富有引领方向和启示意义，因其关键之处在于，它突破了以建立考古文化时空框架为宗旨的研究范式。尼阿底遗址调查报告的题目：《藏北尼阿木底遗址发现的似阿舍利石器——兼论晚更新世人类向青藏高原的扩张》，就非常明确地反映出这种新研究范式的影响。尼阿木底遗址位于藏北申扎县雄梅镇多热六村，坐落在色林错南岸，北距色林错约 2 公里，海拔在 4600 米左右。在遗址东西宽约 400 ~ 500 米、南北长达 2000 米左右的范围之内，散落于地表的石制品密密麻麻，俯拾皆是！这是一处规模宏大的旷野石器遗址，尼阿底调查报告选用了一个考古学家罕用的"规模恢宏"这一修辞来形容尼阿底遗址的规模，其规模之大，地表石器之壮观，可以想见！

　　考古学往往会给人带来惊喜，这也就是现代社会需要考古学的原因，考古学的使命就是为了颠覆传统的认识。正当我们已经接受了青藏高原是人类最后占据的一块土地时，考古学却又一次给我们带来惊人的发现。2019 年，青藏高原东北部甘肃夏河白石崖溶洞内发现一古人类下颌骨的化石，其铀系测年为距今 16 万年，并利用古蛋白分析方法鉴定其为丹尼索瓦人。白石崖溶洞遗址目前是青藏高原上最早的考古遗址，将丹尼索瓦人的空间分布首次从西伯利亚地区扩展至青藏高原，是丹尼索瓦人研究和青藏高原史前人类活动研究的双重重大突破；2021 年 9 月，由广州大学地理科学学院章典教授等相关学者在《科学通报》（英文版）发表了名为《最早的洞壁艺术：西藏中更新世的人类手足迹》一文，报道了对西藏拉萨市堆龙德庆区邱桑村温泉发现手印和脚印的铀系测年。测年显示该"古人类手脚印"年代在距今 16.9 万 ~22.6 万年之间，由此认为它是世界上最早的"洞壁艺术"。这些考古发现，似乎预示着对青藏高原旧石器时代新一轮文化认识的开始，同时也意味着青藏高原史前文化的复杂性和多样性。

　　传统上我们认为黄河上游地区新石器时代马家窑文化传承自黄河中游地区 6000~7000 年前的仰韶文化，以红陶黑彩为代表的彩陶器物充分显示出二者之间的一脉相承。然而随着20世纪90年代宗日遗址中红彩夹砂粗陶的发现，考古学家们意识到情况并非如此单纯，青海作为一个文化走廊地带，其文化的多样性远远不能以类型学和谱系论等单纯的考古学研究方法所能涵盖和穷尽，必须要采用多学科、跨学科以及跨文化的研究方法才能完成。譬如宗日遗址地处中国内陆，远离海洋，但何以成为中国发现最早时代海贝的遗址？这些海贝从何而来？宗日遗址中红彩夹砂粗陶来自何处？为什么马家窑文化中的很多陶器及其纹饰与印度河流域同时代的哈拉帕文化如此相似？马家窑文化中发现的人体装饰品与哈拉帕文化中同类器物有什么关系？……这些都是老材料，但是新问题，要从多学科的角度去认识和解决。

进入青铜时代后，青海地区作为文化走廊呈现出更为复杂和多样性的文化面貌，同时呈现出更多临时性和短暂性，或神龙见首不见尾的走廊文化特征。譬如诺木洪文化，这个考古学文化中的土坯、动物纹样青铜器、毛纺织品、小麦等文化因素显然与传统的马家窑（因出青铜器所以亦可认为是青铜文化）、齐家，甚至卡约或辛店等地方文化并无渊源和谱系关系，完全是一种横空出世并又遽尔销匿的一种考古学文化。针对这样一种走廊文化，我们传统的考古学方法便显得捉襟见肘，左右难支了，同样我们需要跨学科和跨文化的研究方法才能完成。

岩画是青藏高原青铜时期出现的最典型文化现象之一，是青铜时代人们关于宗教、祭祀等上层建筑的反映。这个集子中收入了几篇我在青藏高原进行岩画调查的随笔，这些随笔所记载的不仅仅是岩画的调查过程和调查对象，更重要的是在此过程中对岩画以及关涉岩画的地质、环境以及历史的认知。虽然文章以随笔形式出之，但思考是认真的，态度是学术的，写作是严谨的。

此外，集子中还收纳了几篇佛教考古文章。我对佛教考古没有专门研究，只是偶一为之。这三篇佛教考古文章都是关于乐都裙子山石窟的考证，更多是一种考古调查和历史考据的文章。但里面同样运用了碳14测年以及颜料化学分析这样多学科的研究手段，这也是与传统的石窟研究所稍有不同的地方。乐都是我生长的地方，那里寄放着我儿时的回忆，裙子山石窟也是我寄存回忆的地方之一。做这件事更多是一种忆旧而不是研究，但它在客观上解开了这些洞窟的历史之谜。

　　《青藏考古笔记》是我 21 世纪以来撰写的关于青藏高原的学术论文以及考古发掘、岩画和文物调查的笔记。无论是学术文章还是随笔散文，都是我对青藏高原考古学文化的一种认知和理解，希望这篇带有说明性的前言能够在读者阅读过程中起到帮助作用。

目录 CONTENTS

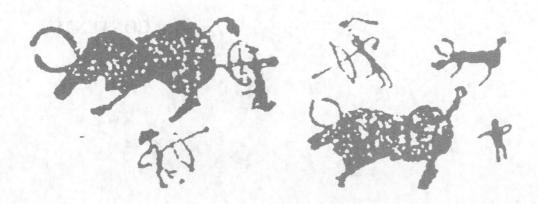

史前
考古　篇

西藏邱桑手脚印遗迹及相关问题

2021 年 9 月，由广州大学地理科学学院章典教授等相关学者在《科学通报》（英文版）发表了名为《最早的洞壁艺术：西藏中更新世的人类手足迹》一文，报道了对西藏拉萨市堆龙德庆区邱桑村温泉发现手印和脚印的铀系测年。测年显示该"古人类手脚印"年代在距今 16.9 万 ~22.6 万年之间，由此认为它是世界上最早的"洞壁艺术"。该发现也被美国《考古》杂志选为 2021 年度"世界考古十大发现"第二名，从而引起了较大的社会轰动和舆论界的关注。

一、邱桑温泉石灰华中的脚印和手印及其传说

章典教授所发现的"古人类手脚印"遗迹，主要分布在邱桑温泉西南侧山坡和西侧山脚的石灰华上。第一处地点位于邱桑温泉的西南坡地，此处"古人类手脚印"被当地百姓认为是藏传佛教格鲁派创始人宗喀巴大师的手脚印，从而对其进行顶礼膜拜。章典教授最初发现的"古人类手脚印"遗迹分布于此区域。第二处地点位于邱桑温泉西侧山脚的"擦多岗"，此处"古人类手脚印"是当地村民 2021 年为章典教授提供线索时而被知晓。

邱桑温泉西南山坡的"古人类手脚印"坐标为东经 90° 45′ 40.02″、北纬 30° 0′ 3.00″，海拔 4263 米。该地点位于邱桑温泉建筑群西南约 45 米处，岩石因地势走向呈南高北低状，其长约 3 米、宽约 2 米，岩石上侧有后期砌筑

的小石台（图1）。"古人类手脚印"遗迹零星分布在其下方的岩面上，肉眼观察十分模糊，似有2~5个痕迹（图2）。山脚"擦多岗"的"古人类手脚印"坐标为东经90° 45′ 3.99″、北纬30° 0′ 19.45″，海拔4057米。该地点位于宇妥岗村东侧村道拐弯处东约15米处自然形成的岩石断面上方，其中一个见方约1米的岩面上分布有若干"古人类手脚印"（图3），在其周围的岩面上亦零星分布，总计数量在10个左右，但均较为模糊。

　　邱桑温泉见诸史籍的记载，可追溯到8世纪藏医祖师宇妥·宁玛云丹贡布相关的传说。据说，宇妥·宁玛云丹贡布大师出生于邱桑温泉西面山脚的宇妥岗村庄。作为藏医学一代宗师，宇妥·宁玛云丹贡布大师不仅在温泉度过了童年，而且长大成了藏医大师后，还曾用温泉为百姓治病疗伤。当地百姓认为，山脚"擦多岗"地点的"古人类手脚印"是宇妥·宁玛云丹贡布大师6岁时在此嬉戏时留下的印迹。15世纪初期，格鲁派创始人宗喀巴大师来到邱桑温泉治疗疾病，当地人认为邱桑温泉西南侧山坡上的那些手脚印是宗喀巴大师留下的。

图1　邱桑温泉西南山坡的"古人类手脚印"遗迹地点

图 2 　邱桑温泉西南山坡的 "古人类手脚印"

图 3 　邱桑温泉西侧山脚 "擦多岗" 的 "古人类手脚印"

二、邱桑脚印和手印的年代问题

据章典教授分析，邱桑脚印和手印是由人类的脚和手印在河流砾石表面刚刚生成的尚且柔软的、其厚度在 200~2000 毫米之间的石灰华上的图形。石灰华由软变硬的成岩过程一般在两年左右。由此可知，石灰华硬化的年代就是手印和脚印产生的年代。章典等人用手钻对河流砾石表面奶酪状的石灰华的钻取采样后进行铀系测年，结果显示该石灰华的年代在距今 16.9 万 ~22.6 万年之间。

对于该遗址的手印脚印遗迹，章典早在 2002 年就做过研究，当时发现分属 19 个人的已经钙化了的手印和脚印，其中还包括一个火塘。通过对沉积在火塘和手脚印石灰华中的石英晶体的光释光断代，确定其年代在距今 c. 21.7 cal. ka 和 c. 20.6cal. ka 之间。对于这个测年，当时就有些学者认为非风化的石英碎屑可能在用于光释光测年时会显示出比实际时代更古老一些。

实际上除了章典以外，还有其他许多学者也曾对此遗址做过测年，如美国年代学家梅耶和考古学家马克等人对邱桑手印脚印遗址采集了 11 个样本，分别用铀系、光释光和碳 14 测年方法进行断代，获得了 7400~8400 年前和 1.2 万 ~1.3 万年前几组数据。

从目前的几组年代学研究数据来看，邱桑手印脚印的年代从距今 7000 年前至 22 万年前不等。在这样一个巨大的年代差异中，究竟哪些年代更为可信呢？

由于章典的第二次邱桑手印脚印测年的古老性，涉及岩画及其人类艺术，以及人类象征思维的起源问题，所以测年甫一发表，便引起了考古学家特别是岩画学家们强烈关注，譬如澳大利亚史前学家贝德纳里克等人便撰文讨论其年代问题。德纳里克接受了章典等人的大部分主张，例如，同意邱桑石灰华上的痕迹是通过将手和脚压在软介质中形成的，而不是用工具创造的；同意这些脚印和手印是刻意为之的，所以它们是古艺术的一种形式；此外，还接受了是青少年的手印和脚印的判断。从世界范围的岩画来看，孩子往往是岩画艺术的创造者，特别是在欧洲和澳大利亚的软洞穴或以前的软洞穴沉积物上发现的大部分身体部位的印象；最后还同意这些手印和脚印标记是在石灰华石化前且还在沉淀时形成的，所以它们的年龄应该与介质相匹配。

但贝德纳里克对章典的断代结果却提出了异议，即对带有脚印和手印的石灰华是大约在169~226ka之间更新世的说法表示不同意。首先贝德纳里克认为邱桑手印和脚印是一个露天遗址，降水将会严重影响石灰华中铀的比值，会大大降低铀的比率。这样一个开放的系统不可避免地导致年龄估算明显大于沉淀的实际年龄。此外，贝德纳里克说，他们（章典等人）用来获得这一结果的铀—钍方法已被多次证明，该方法所提供的更新世碳酸盐岩堆积再沉淀的年代并不可靠。在任何情况下，由类似过程所形成的如钟乳石一类的碳酸盐洞穴堆积的放射性碳素年代，都远远低于用铀—钍法所检测出的年代。换句话说，碳14年代和铀—钍法年代在全新世多数还是吻合的，但在更新世却非常不吻合，晚更新世样品的铀—钍年龄随年龄呈指数增长，甚至它们可以是实际年龄的许多倍。就中国岩画而言，在邱桑之前报道的许多案例中，最多只有十几个世纪历史的再沉淀碳酸盐薄膜所提供的年龄为134.6ka，也就是其真实年代的数百倍！贝德纳里克进一步认为，铀—钍年龄的随机性表明似乎是铀—钍比值的埋藏过程的随机函数所致。值得注意的是，铀可溶于水，当沉积物形成时，铀很容易被去除水分。这种情况经常发生在洞穴堆积中，而完全暴露在降水（旷野）中的石灰华更是如此。石灰华不是像石笋那样致密的晶体结构，它们有不同程度的孔隙度，这有助于与碳酸盐的反应，更易恢复到它们的可溶性（碳酸氢盐）状态。除了影响铀的消耗外，水分也可能导致水分去除或添加碎屑的钍，由此导致文石转化为方解石，或支撑岩（砾石）的成分可能会致使样品污染。为了降低碎屑钍带来的污染所造成的数据偏差，贝德纳里克建议使用等时法（isochron methods），或对邱桑石灰华进行岩心取样，用以比较风化带外观的年龄变化，以确定铀流失的程度。

图 4　邱桑温泉砾石石灰华上的藏文

图 5　藏文字母"ཨ"（A）

不过，对于邱桑手印脚印而言，年代学的最大问题并非来自各种科学测年的不一致，而是来自石灰华印记本身。除了手印和脚印以外，邱桑温泉砾石石灰华上还发现了藏文字母，尽管藏文已经漫漶不清，不易辨识，但藏文字母（图 4），尤其是图 5 中显示的藏文字母"ཨ"，确凿无疑（图 5）。而且根据现场观察，与脚印和手印一样，是石灰华成岩变硬之前的柔软泥状制作上去的。根据最早的藏文也仅出现于公元 7 世纪以后的历史来看，这些石灰华上的藏文充其量也只有 1000 多年的历史。如果根据章典的铀系测年，石灰华成岩石化年代是 16 万~20 万年前的中更新世，那么这些藏文文字也是那个时候的；相反，如果以藏文文字的出现时间来看，石灰华成岩石化年代是公元 7 世纪以后的，那么这些人类脚印和手印也是公元 7 世纪以后的。

由此来看，邱桑手印和脚印的年代问题，应该还需要更完善的测年方案和更丰富的考古学材料来证实，仅通过单一的铀—钍法断代，可能还不足以解决年代上的冲突与矛盾。

三、是否为"最早的洞壁艺术"？

关于艺术的认识大致可以归纳为两种，其一是柏拉图的观点。柏拉图把艺术看作是个人模仿他或她所见事物的一种基本需要。他认为，原始真实性就是概念性，即某些东西的概念，这种概念包括了这种东西的各式各样的形态及可能出现的情况。[①]

其二是 19 世纪的文艺理论。这种理论认为艺术是艺术家对自我情感的表达。这种观点产生出各种关于艺术的定义。这些定义虽很别致，却对理解史前艺术无济于事。例如，挪威作曲家格里格认为："艺术其实是欲望过剩，这种欲望不能在生活中或通过其他途径加以表达，因此借助于艺术。"再如，俄国小说家列夫·托尔斯泰认为："艺术是一种人类的活动，即一个人自觉地通过某种外部标记的形式把他的情感经历传递给其他人，其他人受到这些情感的影响并从中体验它们。"法国雕刻家奥古斯特·罗丹说，他的艺术创作仅仅是在"表达他的梦想"等等。所谓"为艺术而艺术"的美学观点就是基于这种认识，把艺术当作一种人类技巧的成就，它的目的是带来审美愉悦而不是产生效用，这种看法、这种观点对于我们理解史前艺术几乎是毫无用处的，

---

① 　Plato, Sohpist 266c, and Republic X 602d. 转引自［美］爱迪斯·埃克森：《艺术史与艺术教育》，四川人民出版社 1998 年版，第 34 页。

因为我们对创作史前艺术的人们及其文化几近一无所知。①

不过近年来从事史前艺术研究的学者更倾向于将史前艺术定义为人类的纯粹的精神产品或非实用品（non-utilitarian），即表现人类象征思维（symbolic thinking）的空间形式。换句话说，只有表现人类象征体系的非实用人工制品（artifacts representing a symbolic system）才能够被界定为艺术品。艺术和宗教的起源问题上，二者往往是交织在一起，从而与"实用"的（Practical）器物形成对立，举凡没有"实用"功能的，便应该是具有象征意义的艺术品或宗教器具。

这样一个定义便明确了史前艺术品与石器工具、武器等之间的分野，同时也避免了 19 世纪有关"艺术"定义中的矛盾和含混之处。尽管学者们仍称其为"艺术品"，但实际上越来越多的学者不再将旧石器时代的岩画与可移动的艺术品视作任何与艺术有关联的物品，而更多地探索它们所象征的文化内涵以及在整个社会系统中所扮演的角色。

如果按照这个定义，西藏邱桑遗址的人类手印和脚印是否可以认定为岩画（或洞壁）艺术呢？如果两个小孩纯粹是为了好奇而按下手印和脚印，这种行为显然不具有象征意义，故也不能被认定为岩画遗迹。前世界岩画艺术委员会主席阿纳蒂（E. Anati）教授正是基于岩画界对于艺术的新定义，而做出自己的判断的。阿纳蒂教授表示同意章典教授的测年和人类小孩脚手印的认定，但对其作为世界上最早岩画的认定表示怀疑。阿纳蒂说根据发表的文章显示，脚和手在石灰华上用力而导致了手印和脚印的产生，从已公布的照片中就可以看出这一事实。四个手印中至少有两个显示出用力推动的位置，这给人的印象是手和脚是用来推泥块的。这些手印和脚印似乎是一个机械作用，用来移动物体的结果。章典等人解释这是一件有预谋的艺术作品，这与那些用力推开泥块的明显迹象，以及脚和手的叠加表明了推动泥块的连续行为相矛盾。无论如何，它们并不代表一种反复出现的文化模式。手印的存在被保留为在过去 7 万年中记录的存在行为、入会仪式或部落间协议的签名或行为，至少比本案晚了 10 万年。在有意的文化组合中，脚和手是否组合在一

---

① ［英］保罗·G. 巴恩著：《剑桥插图史前艺术史》，山东画报出版社 2004 年版，第 2~3 页。

起是未知的，这种异常的情况至少需要对它们的功能和目的进行假设。阿纳蒂最后认为，这一发现只能证明当时该地区人类的存在，而似乎并不能说明西藏的艺术比世界上任何其他地方都早10万多年。

艺术（包括宗教）的出现是一种人类思想认识的一种普遍现象，是一种文化的进化，而不是像神迹一样灵光突现，神龙见首不见尾，或仙桃一个。邱桑手印和脚印时代领先于世界手脚印岩画艺术普遍出现的时代十几万年，其作为岩画（或洞壁）艺术的性质便需要仔细考量：为什么它会出现得这么早？为什么它出现后在十几万年时间范围内成为绝响？它孤单单地出现在海拔4000米以上的青藏高原意味着什么？等等。

20世纪初在美国德克萨斯靠近玫瑰谷的帕鲁克西河床（Paluxy Riverbed, Glen Rose）上发现了与1亿年前的恐龙脚印一起出现的巨人脚印，引起了全世界的轰动。其轰动之处不仅在于其时代之早，而且这些人类脚印引起了人们对进化论的质疑。这些与恐龙同时代的巨人脚印似乎证实了《圣经·创世纪》中谈到的在大洪水之前，上帝的儿子和人类的女人结婚生下巨人奈弗林（Nephilim）的说法，美国的特创论者（Creationists）怀特孔（John C. Whitcomb）、莫里斯（Henry M. Morris）等人利用这些脚印大做文章，在他们的经典论著《创世洪水》（The Genesis Flood）中，对进化论进行了完全和彻底的否定，认为这个地质发现证实了《圣经》关于史前巨人记载的"科学性"。不过特创论的胜利只是昙花一现，随后科学家经过科学调查和研究后发现，所谓的巨人脚印实际上包括了三种印记：首先是趾骨龙（metatarsal dinosaur）的脚印；其次是石头经水流侵蚀的痕迹；其三是人工制作的脚印岩画。特创论者旋即偃旗息鼓，不过仍有一些顽固分子仍在坚持认为这是巨人足迹，是《圣经》关于大洪水和巨人记载的地质和考古证据。

不过在地质中确乎发现很多人类的脚印化石。目前发现时代最早的是南非肯尼亚莱托利（Laetoli）奥杜维峡谷出土的距今375万年前的人类脚印。最早1978年由古生物学家玛丽·利基和她的团队在坦桑尼亚的莱托利发现，1976年，另一组神秘的脚印在附近的A遗址部分出土，但被认为可能是一只熊留下的。根据《自然》杂志上的一项最新研究，对莱托利遗址的重新挖掘和详细的比较分析显示，这些脚印是由早期人类——两足人类创造的（图6）。

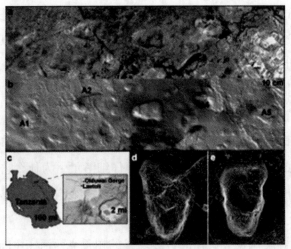

图 6　由 Stephen Gaughan and James Adams 利用摄影测量模型，显示 5 个人类足迹 (a)；以及相应脚印的等高线图，由三维表面扫描图 (b) 生成；位于坦桑尼亚北部恩戈罗恩戈罗（ the Ngorongoro）保护区的奥杜威峡谷（Olduvai Gorge）和莱托利地图 (c)；A2 足迹 (d) 和 A3 足迹的等高线图 (e)

图 7　意大利南部罗卡蒙菲纳火山灰中发现的人类脚印化石

　　欧洲最古老的脚印是在英国的哈皮斯堡（Happisburgh）发现的，可以追溯到距今 100 万 ~78 万年前的早更新世。意大利坎帕尼亚区（Campania）北部罗卡蒙菲纳火山（the Roccamonfina volcano）附近，有着一排被称为"恶魔的足迹"（Ciampate del Diavolo）的脚印化石（图 7），这是迄今为止更新世火山灰中发现的保存最完好的人类足迹之一。尽管广泛的热碎屑沉积的热液变化和变量污染已经很严重，但经过 40Ar/39Ar 激光探针（40Ar/39Ar laser probe）定年分析单纯的火山灰沉积显示，热碎屑层和足迹的年代为距今大约

35 万年前。

　　法国的特拉·阿玛塔（Terra Amata）的露天遗址发现距今 30 万~40 万年前的古人类足迹；希腊西奥皮特拉洞穴（Theopetra Cave）中发现约距今 13 万年前的古人类脚印。该遗址发现的两个脚印非常完整，似乎都是左脚，长度分别为 150.4 毫米和 138.96 毫米。根据现代欧洲标准，这些长度将与 2~4 岁，身高为 90~100 厘米的儿童相一致。

　　晚更新世发现人类足迹的遗址包括罗马尼亚的瓦托普洞穴（the Vârtop Cave），时代在 6.2 万年前；意大利的卡瓦洛洞穴（Grotta del Cavallo），时代在距今 4.4 万年前，这是欧洲已知的解剖学上现代人的首次出现；法国的一系列洞穴遗址如拉斯科（Lascaux）、尼奥（Niaux）、阿尔登（Aldene）、佩切·梅尔（Peche Merle）、方塔内（Fontanet）、阿里日（Ariège）以及肖维（Chauvet）、意大利的巴苏拉（Bàsura）和西班牙的奥霍·瓜雷纳（Ojo Guareña），还有东欧布达佩斯科文·特尔（Corvintér）萨格瓦尔考古文化（the Ságvárian archaeological culture）遗址出土的人类足迹，时代在距今 1.8 万~2 万年间的末次盛冰期（图 8）。

图 8　布达佩斯科文·特尔遗址出土的人类足迹

除了瓦托普洞穴和卡瓦洛洞穴之外，所有这些遗址的年代都不到 3 万年，因此无疑是解剖学上的现代人类的足迹。儿童的脚印似乎是旧石器时代洞穴记录的一个重要组成部分。例如，在法国南部的肖维洞穴中发现了一个小男孩（8 岁，1.5 米高）的脚印（图 9），尼奥洞穴也发现了可能代表儿童的脚印。

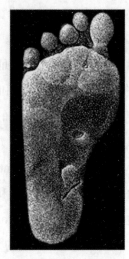

图 9　肖维洞穴岩画中的小孩脚印化石（左）及其翻模（右）

结　语

脚印（包括手印）是世界范围内古代文献中都普遍加以著录的对象，在中文文献中被称作"大人迹""疏人迹""巨人迹"或"仙人迹"等，譬如《穆天子传》，其云周穆王访西王母时，"天子遂趋升于弇山，乃纪兀（其）迹于弇山之石"。《穆天子传》为西晋时期出土于魏襄王墓，故该书的成书与流传当在战国或战国之前。"迹"即足迹，这是早期文献中喜欢著录的岩画主题。又如《韩非子》等书，也曾提到同样岩画主题："赵主父令工施钩梯而缘播吾，刻疏人迹其上，广三尺，长五尺，而勒之曰：主父尝游于此。"国外亦然，根据公元前 9 世纪的爱尔兰传奇故事《伦斯特之书》(The book of Leinster) 的记载，神话英雄库·朱兰（Cu Chulain）史诗中超人的一对脚印雕刻在岩石之上，这应该是最早提到岩石艺术的欧洲书面文件。在欧洲以外，整个 16 和 17 世纪，葡萄牙和西班牙耶稣会传教士的文献中都提到了南美岩画的多个地点。1549 年，葡萄牙牧师曼努埃尔·达·诺格雷加（Manuel da Nogrega）在他的一些关于巴西印第安人的信中提到了岩画的存在："他们说那个圣多姆（saint Tome），他们叫他佐姆（Zome），从这里经过，这是他们的祖先对他们说过的。他的脚印被印在一条河附近，我去看是因为我确信真相，我亲眼看到了四个有脚趾标记的人类脚印。"

当然，这种著述是否可以被当作是最早的岩画著录另当别论，但我们由此可以看到脚印和手印自古以来不仅出现在自然界山林岩壁之间，同时也见诸书面文字的记录中。其中哪些脚印是反映人类自然属性的，哪些是反映人类象征思维的，我们尚需一一仔细甄别，科学分析。西藏邱桑人类脚印和手印无论是属于反映人类自然属性的考古遗迹，抑或属于反映人类象征思维的岩画遗存，都是意义重大的。正如贝德纳里克教授所言，西藏中更新世岩画艺术的论断非同凡响，所以需要非凡的证据；反之亦然。

旧石器时代石斧的认知考古学研究

一、石斧与艺术的起源

艺术的起源是个古老而时尚的话题。这个话题虽然一直是考古、哲学和艺术史三个学科共同关注的对象，但实际上考古学家并没有真正参加到讨论中去，在这场讨论中考古学家们仅仅扮演着证人的角色，而真正的讨论只是在哲学和艺术史两个学科中展开。20 世纪 80 年代以来我国关于艺术起源讨论的代表人物有朱狄和邓福星。朱狄仅仅是将相关的国外材料介绍到中国，然后加以评说；邓福星则初生牛犊不怕虎，独创一派理论，而且由于博得了王朝闻先生的喝彩，在学术界的影响一直持续到今天。

邓福星提出一个石破天惊的观点：艺术的起源与人类的起源是同步发生的。王朝闻先生认为这个说法具有"独创性和科学性"，并进一步发挥："人类的第一件工具和人类的第一件艺术品是具有同一性的"[①]。邓福星认为：

> 假如这些所谓的雕刻和岩画是为了实用目的而制作的，那么，就没有充分的理由把同一时期以及或迟或早的石斧、骨针、陶轮、骨镞、玉琮等排除在史前艺术之外。今天看来，石器、骨器及大多数陶器等，虽然有一目了然的实用意义，但同时也体现着易被忽视的诸如对称、均衡、

---

① 邓福星著：《艺术前的艺术》，王朝闻序，山东文艺出版社 1986 年版，第 123 页。

变化、节律等作为造型艺术千古不变的形式法则，以及质地、色泽、平整度、光洁度等方面的种种形式特征。……总之，尽管我们面对一件大三棱器或一件陶轮，同看到阿尔塔米拉岩洞的野牛形象或半坡人面鱼纹所产生的感受不同，并且会立即作出何者是艺术，何者不是艺术的判断，但一进入理论研究，无论就其产生的目的和功能（实用为主），还是就其外部形式特征（具有审美意义），或者从其产生的心理基础（皆为创作）上来看，这些似乎不可同日而语的器物和图饰则都属于形成中的即过渡形态的史前艺术。出于同样的道理，原始人用来御寒防敌的掩体、篷帐、半棚半穴的窝巢——虽然大大逊色于精巧的蜂房蚁穴——也应该纳入史前艺术的范围……人类的第一件工具是以后所有创造物的起点和最初形态，它包含着人类在以后一切（精神的和物质的）创作活动中所有的最初的要素，蕴涵着创作的思维和想象，也体现了并增进着创造实践的技能、技巧。在此意义上说，最初工具的制造和最早艺术品的产生是同一的创造。[①]

正是由于邓福星观点，自20世纪80年代以后，我国艺术界便将艺术的起源一直追溯到旧石器时代最初的石器[②]。他的观点同时也影响到考古界，如裴文中在1935年由商务印书馆出版他的《旧石器时代之艺术》，其中只涉及艺术品，不涉及石器，但1999年商务印书馆再版这本书时，又将裴文中先生的石器研究部分附了上去，显然编辑者安志敏先生认为旧石器时代艺术应该把石器包括进来。再如杨泓先生的《美术考古半世纪》，也将石器视为中国最早的艺术品。

从理论上来讲，邓福星的观点是正确的，最初人类的精神产品和物质产品是统一的，是彼此不分的。不过我们必须看到，这样一个论断只是基于诚如邓福星所说的"理论研究"，即概念的逻辑推理，这与考古学和历史学关于

---

① 邓福星著：《艺术前的艺术》，山东文艺出版社1986年版，第7~9页。

② 在国际上，邓福星并不是第一个将石器视为艺术品的人，1984年利物浦大学考古系教授John Gowlett便提出，从奥杜维的原手斧发展到阿舍利的手斧，首先是审美意识的进化。参见John Gowlett 1984. Ascent to Civilization: Archaeology of Early Man, Random House Inc, Great Britain.

图1 阿舍利手斧，1911年发现于英国的诺福克。手斧的中央保存着一块海菊蛤的化石贝壳。手斧的选料与制作无可辩驳地展示了早在几十万年前的直立人已经拥有一颗爱美之心

图2 莫斯特文化的手斧。较之阿舍利手斧，形状更加规整，刃缘更为对称与平直，尺寸也趋于小巧

器物和事件的实证主义方法是大相径庭的，其结论也有可能不相吻合。如英国学者巴恩的《剑桥插图史前艺术史》就将最初的艺术品定位在具体的阿舍利手斧上，而不是目前发现的最早的诸如非洲哈达（Hardar）、奥都维等地区的300万年前的石器上。1911年发现于英国诺福克的阿舍利手斧是充分证明直立人已具有了审美意识的最早"铁证"。手斧的中央保存着一块海菊蛤的化石，而且这个贝壳化石被精心地规划在石器中央，在整个的打制过程中完整地加以保存下来。手斧的选料、设计与制作无可辩驳地展示了早在几十万年前的直立人已经拥有一颗爱美之心（图1）[①]。阿舍利心形手斧发展到莫斯特手斧时，其刃缘更为平直光滑，形成更为对称、均衡和规整的几何形状（图2），正如英国旧石器考古学家高雷特（John Gowlett）所指出的，这种发展首先是审美意识的进化。

从考古学和艺术史的角度来看，如果不结合当时人类发展和生存状况的考古学分析，仅从哲学或美学角度来讨论石斧以及艺术的出现，也就是说从

---

① ［英］保罗G.巴恩著，郭晓凌、叶梅斌译：《剑桥插图史前艺术史》，山东画报出版社2004年版，第98页。

理论的角度来研究，正如找寻最早的艺术品的本身一样，是没有意义的[①]。因为那些预先就设计好的美学理论或哲学理论并不会由于石斧时代的不同而发生变化，直立人的石斧和智人的石斧对他们来讲是没有区别的。造型艺术中对称、均衡、光滑等审美意识或法则并不需要通过第一把石斧来总结，达尔文早在 19 世纪就告诉我们了：由简单到复杂，由低级到高级的进化通则放之四海而皆准。就石斧而言，仅仅论及其审美意义是远远不够的，我们更应该结合认知考古学（cognitive archaeology），对其在当时人类思维观念意识中所扮演的角色、人类进化行为以及社会功能等方面所发挥的作用加以研究，而这种研究不属于美术或艺术的范畴。此外，讨论早期石斧还涉及一个与国际学术界接轨和合作的问题，因为旧石器文化及其研究的最大特征就在于它的世界性，正如张光直先生所说的："在研究上没有办法把旧石器时代的文化做文化和族群上的区分，它是世界性的。"[②]20 世纪 80 年代以来，国际上关于艺术及其艺术品起源的研究都是由人类学或考古学特别是认知考古学来做，因为这不仅是一个纯粹的案头理论工作，而是涉及田野考古发掘与调查，更多是一种实验科学；其方法论也更多地与纯考古学的方法论相关，除田野考古学的类型学与地层学之外，还涉及与现代科学技术相关的年代测定、微痕分析（microwear analysis）、埋藏学（taphonomy）、人工制品的材料学和工艺技术等。或者说从哲学的角度研究艺术的起源与从考古的角度研究艺术的起源是两门完全不同的学科[③]。

所以作为考古学家或人类学家，我们在这里所论及的艺术及其起源则是指人类的纯粹的精神产品或非实用品，即象征着人类精神文明的空间形式。关于早期人类艺术的研究，国际上越来越趋向于将其作为一门专门的学科来对待，只是在这门学科的命名上有不同的看法，或认为应归属于认知考古学，或另起炉灶,重新命名为认知学(cognitology)、旧石器艺术学(palaeoarteology)，

---

①   Bednarik, R. G. 1994. Art origins. Anthropos 89: 169–80.

②   张光直著：《考古人类学随笔》，北京三联出版社 1999 年版，第 185 页。

③   Bednarik, R. G. 1994. The scientific study of prehistoric art. Semiotica 100(2/4): 141~68.

或使用合成词"pefology"①。关于艺术起源，国际学术界目前主要有两种对立的观点：一者认为艺术起源于欧洲旧石器时代中晚期，最初的艺术形式为肖像（iconic depiction）和标志着"思考性语言"（reflective language）的身体装饰的滥觞，这被认为预示着人类社会和文化进化中的一个大飞跃（quantum jump），此谓肖像派；而另一派观点则认为这些肖像艺术品来自更早时期非肖像艺术形式和各种非功利性活动，正是这些活动促使人类自身模型肖像的逐步产生和发展，故艺术的起源应追溯到肖像产生之前，谓之非肖像派。非肖像派同样认为艺术应始于人类的早期石斧，而我们的讨论也是从具体的史前石斧开始。

二、旧石器时代作为性选择指示器的手斧

手斧又称"两面器"（bifaces），考古记录中最早出现于 140 万年前，并且与人类相伴了 100 多万年。

不是从制作方法和技术，而是从文化的角度来看，或作为一种用于砍斫的实用工具而言，旧石器时代的手斧和新石器时代的石斧都是一样的，一直是人类文化中最主要和最有代表性的文化产品。手斧陪伴着人类走过了 100 多万年的历史，由是，手斧当然也一直是从事石器研究的考古学家们最为关注的器物。世界上一些著名的考古学家如艾萨克 (G. Isaac)、罗伊 (D. A. Roe)、维恩 (T. Wynn) 等人都对手斧进行过专门研究，包括制作方法、器型、使用情况、微痕分析等方面。与此同时，学者们还从文化意义和社会功能的角度来研究手斧，有些人认为手斧是早期人类审美意识的体现，其审美意义远远大于实用性；许多学者甚至认为在人类智力的进化方面，手斧一直起着举足轻重的作用。不过这里我们着重介绍和讨论的是性选择标识理论（indicator of sexual selection），这是目前国际上炙手可热的手斧解释理论。

① 　这是一个合成词，其中 p 表示"pictorgraph & petroglyph"；e 代表"engravings on rock"；f 指"figures"。参见 O. Osaga 1993. The birth of a new scientific discipline, Rock Art Research(10)2:114~125.

1871年达尔文在其《人类的由来及性选择》一书中首先提出性选择（sexual selection）理论。达尔文将阴部、乳房等差异称为第一性征，而男女或雄雌在体格、毛系、声音、发育等方面的差异称作第二性征。达尔文认为动物择偶或选择交配对象的标准正是根据第二性征进行的，并由此导致了雄性的个体以及同一物种间的差异："在我来说，我可断言，导致人类种族之间在外貌上有所差别的所有原因，以及人类和低于人类的动物之间在某种程度上有所差别的所有原因，其中最有效的乃是性选择。"[①] 在很多动物种类中，雄性都具有显著的特征，而这些特征似乎是不必要的，甚或对于自然选择来说是一种缺陷（如雄鹿的角，既容易被猎食者发现，又不利于逃跑）："人类种族彼此之间以及和其亲缘关系最近的动物之间在某些性状上有所差别，而这些形状就他们的日常生活习性来说并无用处，而且极其可能是通过性选择发生变异的。"[②] 然而这些不必要的缺陷似乎恰恰是吸引雌性的地方。所有的性选择理论都假定雌性从交配选择中可以获益。这种获益可以是直接的，即自己受益；抑或间接的，即后代受益。直接受益包括营养、多产、保护、对寄生虫和疾病的抵抗力以及任何抚养后代时所需要的东西；而间接受益则指更高的存活率和更长的寿命。雌性是否在交配过程中直接受益的问题引发了一场广泛的学术争论，这场争论的焦点集中在雄性特征的进化以及雄性是否以此来吸引雌性等问题上。对于这一点的讨论主要有三种观点：费舍尔"失控过程"（runaway process）、扎哈维的"指示器模式"（indicator model）以及莱安的"感观开发模式"（sensory exploitation model）。

费舍尔（R.Fisher）认为雌性对具体雄性特征的偏爱从遗传学上来看是与这种特征相关联的。选择富有吸引力雄性的雌性会生出同样会吸引雌性的后代。雄性这种有吸引力的特征便在性选择过程中屡屡受到雌性的青睐，不断地得以加强和夸大，最终形成对自然选择而言的一种缺陷。不过这种加强和夸大并非无限的，它会受到自然选择的制约和限制。也就是说，这些男性特

---

① ［英］查尔斯·达尔文著，叶笃庄、杨习之译：《人类的由来及性选择》，科学出版社1984年版，第731页。

② ［英］查尔斯·达尔文著，叶笃庄、杨习之译：《人类的由来及性选择》，科学出版社1984年版，第731页。

征在自然选择中是不会发生变异的，但在性选择中却由于被屡屡选择从而发生超常发展最终形成变异，所以费舍尔称其为遗传学上的"失控过程"。

扎哈维（A. Zahavi）认为这种雄性特征如同一种指示器，是性选择时的标志；雄性的缺陷恰恰是其交配状态和能力检视的标志。雄性处在交配的最佳状态时，会产生出最强烈的雄性特征，其标志也最为明确，也会被雌性认为是"最有价值的"和"最优质的"基因，所以扎哈维的理论又被称为"优质基因"理论或"缺陷原则"（handicap principle）。孔雀尾巴便是一个"优质基因"理论的经典例子。作为一个性选择的指示器，尾巴明确显示出该孔雀的优质与否。米勒（G. F. Miller）对此解释道，尾巴颜色单调的孔雀属于体质不发达的种类，逃生能力会相应差一些，从而更容易被掠食者吃掉。所以尾巴的好坏似乎更多地与逃生能力相联系，因此在交配选择时，孔雀的尾巴就是这种能力的显示器。此外多彩的孔雀尾巴也能吸引更多的注意力。

莱安（M. J. Ryan）认为在性选择过程中，雌性的偏爱和雄性的性特征并非共同进化的。某些雄性特征之所以在性选择过程中受到青睐，仅仅因为这些雄性特征正好符合雌性感官系统中早就存在着的偏爱和喜好，例如性选择时的审美作用，认为美的展示是交配时首先能在感觉上吸引对方注意力，诱发其激情，增强交配的欲望等。因为交配首先是一个感觉过程，所以美是性选择的首要因素。莱安认为雌性这些偏爱的进化与性选择无关，雌性的偏爱与雄性特征的异化并不是一个相互作用的进化过程。

最近南非学者科恩和米顿（M. Kohn & S. Mithen）在南非 1999 年总第 73 卷的《古物》杂志上发表了一篇研究手斧的专门文章，提出了一种新观点，认为手斧的作用不仅是屠宰野兽，而且也用于在择偶竞争中获胜。他们吸纳了扎哈维的缺陷原则，举证手斧同样也是"优质基因"的显示器。正如同孔雀尾巴一样，手斧也是"优质"象征。手斧制作得是否精致，两边是否对称，边刃是否平直等，乃是制作者寻找食物、营造住所、战胜对手等综合能力的体现。反过来讲，手斧从阿舍利时期两边刃对称发展到莫斯特时期的三角形对称和刃缘的进一步平直并非为了满足实用的需要，更多是出自性选择标识物的需要，是作为一种文化产品参与性竞争的需要。动物是通过体质器官的进化来实践优胜劣汰的法则，而人类除了通过体质器官外，还通过文化行为和文化产品来进行，如求偶歌舞、文身、佩戴饰品等，其中包括手斧及其制作。

科恩和米顿首先从学术界关于旧石器时代手斧几个学术疑问入手：（1）考古记录中的手斧为什么如此普遍？（2）为什么每个旧石器时代遗址都出土如此大量的手斧？（3）诸多遗址中为什么独独手斧费时费力地加以精心制作而其他石器却往往连简单的二次修理都没有？手斧是适用于屠宰、伐木以及其他活动的工具吗？（4）为什么大多手斧都被修制成对称性很高的工具？（5）如何解释手斧的奇特性，特别是那些特别巨大的手斧？特别是来自英格兰弗尔兹·普莱特（Furze Platt）和史拉布山（Shrub Hill）等地极为笨拙和非实用手斧；此外还有被罗伊称为"戏剧性器物"（dramatic objects）的来自奥杜维峡谷的石英手斧（其平均长度在28~30厘米）。科恩和米顿认为，虽然是蕞尔小斧，却表现出制作者4个方面的综合能力：资源配置方面的知识（Knowledge of resource distribution）、计划的实施和健康的体魄（Executing plans and good health）、社会意识（Social awareness）以及审美意识（Aesthetic displays）。这些综合能力正是原始社会作为性选择的标准。

能否制作出两边对称的精致手斧，首先展示了制作者对环境资源了解方面的能力。因为只有找到优质石料才能制作出精致的手斧。对石料资源的了解同时也展示制作者对环境资源方面的了解，诸如水源、动植物资源、食物资源，等等。其次，制作手斧将展示制作者对于计划的实施能力和健康的体魄。与其他器物相比，石斧的制作难度是很大的。首先需要一种计划和成功实施计划的能力。在这个过程中，制作者不仅需要智力，而且需要体力和技艺。第三，制作手斧的同时就是培养社会意识的过程。为了避免欺骗和其他社会缺陷以及保持地位，制作者在自己制作石斧的同时，还需时时监控其他人的制作行为，这便培养了制作者较强的社会意识。最后，也是最主要的，原始人（包括动物）在视觉感观上更能接受对称的形式，而这一视觉偏爱又在长期的性选择过程中得以强化。手斧的对称形式恰恰是利用了视觉偏爱从而引人注目，诱发激情和增强交配的欲望。

可以看出，科恩和米顿实际上糅合了前面的三种观点，平衡和综合了所有观点的主旨，概括出一个更为包容的总结，同时也回答了关于手斧的学术问题：（1）手斧之所以在整个更新世考古遗址中普遍出现，正是因为这个时期的人类社会已经具有一定规模，结构较为复杂，且富于竞争性，特别由于性选择的压力，使男性之间为交配而产生的竞争日趋激烈；（2）在单独遗址中之所以发现数量庞大的手斧，正是因为手斧所具有的社会功能，即男性成员必须通过手斧的制作来证明他的能力；（3）制作手斧所需的时间与精力远远超过其实用所需，这种现象正好说明手斧的文化和社会功能，即作为健康、智力以及审美的指示器；（4）手斧之所以强调其对称性，正是因为手斧强化了人们对于对称性的视觉需求；（5）关于异形手斧，太大和太小的以及异形的，则是一种精心制作的社会展品，如弗尔兹·普莱特等地出土的巨型手斧被制作出来是为了展示打制技术，或作为一种示范。[①]

科恩和米顿关于手斧的性选择指示器的理论似乎解答了手斧的所有问题，但问题在于作为实验性学科的考古学或人类学仅凭借一个纯粹的理论假说，是远远不能解决问题的——尽管这个理论是基于对考古材料的逻辑解释。对该理论的验证有待于更多的旧石器考古发现，有待于人类学的更进一步的发展，更有待于新石器时代以后考古资料、民族学材料以及文献的逆向验证和旁证。

---

① Kohn, M.& Mithen, S. 1999. Handaxes: products of sexual selection? Antiquity 73(281):518.

新石器时代石斧的认知考古学研究

一、新石器时代母系社会作为男性生殖器象征的石斧

毋庸置疑，如果手斧在旧石器时代确乎作为文化产品在性选择和性竞争中扮演着男性第二性征角色的话[①]，那么这种角色到了新石器时代其社会性会进一步普及，其文化内涵会进一步扩张，如在澳大利亚阿龙塔人（Arunta）的成丁礼上，长者会授予这些社会新成员一人一把石英石斧，作为成人的象征。情况确乎如此，新石器时代的石斧的文化意义和社会功能都被扩张和拓展了。

图 1　瑞典南部的阿尔瓦斯特拉（Alvastra）的新石器时代遗址出土的仪式斧（ritual axes），因其体积较小，亦称作微型斧。这种已没有实际功用，仅用于仪式或用作佩饰

---

① 　参见汤惠生：《旧石器时代的石斧的认知考古学研究》，《东南文化》，2004 年第 6 期。

　　美国著名的女考古学家金布塔认为，新石器时代早期的石斧与女神信仰相关，乃是女神生殖功能的象征。在丹麦、瑞典等北欧国家新石器时代的漏斗颈大口杯文化（funnel-necked beaker culture）以及纳尔伐遗址（Narva）中，流行一种仪式斧（ritual axes）。这种斧用玉石、琥珀、动物骨骼甚至是泥质制成，体积很小，有微型斧之称。如在瑞典南部的阿尔瓦斯特拉（Alvastra）的新石器时代遗址中，曾出土 40 余把这种微型斧（图 1），这些斧的长度仅在 3~6 厘米，其上均有穿孔，发掘者马尔默（M. Malmer）认为是一种佩饰，而非实用物品；而金布塔则认为这些仪式斧是女神生殖功能的象征。金布塔在她的《女神的语言》一书中专门辟出一章来讨论新石器时代早期的斧，她说用于祭祀的石斧在新石器时代早期的旧欧洲文化中是很常见的。用软玉制作的极为精致的三角或梯形的微型石斧普遍见诸希腊、保加利亚、南斯拉夫，以及意大利东南部等东欧地区，并且在这些地方发现大量的属公元前 7000~5000 年前的祭祀遗址。在这些遗址中，这种小型石斧似乎是作为祭祀的供品被成堆成堆地发现。此外，旧欧洲文化中还流行泥制斧。这种泥制斧不是实用物，而是专门用于祭祀的。希腊公元前 6300~ 前 6100 年新石器时代的塞司科洛文化中（Sesklo culture），这种泥制斧往往与鸟形女神像以及其他祭祀容器一起出土。

　　中国新石器时代遗址中也出现过这类微型的仪式斧，如万州胡家坝新石器时代遗址中便出土一件黄玉制成的长度在 3 厘米左右的斧；[①]湖北红花套新石器遗址出土六七件这类小型斧，有的上面有穿孔。[②]除了微型斧以外，那些巨型斧也应包括在仪式斧内。广西南部新石器时代遗址出土的双肩石斧（发掘者称作石铲），不仅个体庞大（最大的长度超过 60 厘米），而且出土时发现它们排列有序，均刃部朝天。[③]这些石斧肯定是作为礼器使用，其中有些是用软玉制成，并且没有使用痕迹。这样一个硬度颇低的巨型片状器物在任何场

---

① 　该遗址为作者发掘。

② 　承蒙发掘者张驰教授见告。

③ 　参见广西壮族自治区文物工作队：《广西隆安大龙潭新石器时代遗址发掘简报》，《考古》，1982 年第 1 期；广西壮族自治区文物考古训练班等：《广西南部地区的新石器时代晚期文化遗存》，《文物》，1978 年第 9 期。

a   b

图2　新石器时代玉铲（斧）：

a. 广西隆安县大龙潭遗址出土；b. 广西大新县康合村遗址出土

合都不可能作为铲、斧或犁来使用的[①]。

金布塔认为欧洲新石器时代以公元前 5000 年为界分成前后两个阶段，前段被称为旧欧洲文化时代，包括爱琴海克里特早期文明，此阶段为母系氏族社会；后段为印欧文化时代，为父系社会。前段母系社会的宗教信仰形式是女神崇拜，所以此时的石斧被认为是女神的象征。

不过这仅仅是金布塔的解释，而且金氏理论颇招物议，因为此间太多臆断。来自中国学者观点却与此完全不同，认为斧是男性阳物的象征。叶舒宪先生《诗经的文化阐释》专门论及早期斧的文化象征，而且讨论是在他所主张的三重证据法中进行的，利用中国独特的文献优势，有着鞭辟入里的分析和丝丝入

---

① 最近有学者认为桂南石铲与庙底沟文化发现的同类器物应该有渊源关系，因为庙底沟彩陶曾传播到两广地区，并断言大石铲遗存与中原礼制系统必有关系，首先瘗埋是中原礼制特有的传统；其次桂南大石铲仿效牙璋肩阑和齿饰的做法明显，因此当是中原礼制影响（参见卜工：《考古学文化传播的途径与内容——以大石铲、牙璋、彩陶为例兼谈中国文明的礼制根源》，《中国文物报》，2004 年 9 月 10 日第 7 版）。

扣的论证。我们在这里不用援引他的论证,只需摘录他的论点。《诗经·豳风·伐柯》:"伐柯伐柯,匪斧不克。娶妻如何?匪媒不得。"叶舒宪先生认为诗中先咏的他物与后咏的此物之间,绝不是风马牛不相及的纯粹起兴,而是具有象征等值意义的相关隐语:斧=媒;伐柯=性爱,两者之间可以相互指代。媒在这里不是指拥有三寸不烂之舌的媒婆,而是拥有像斧一样阳物的能完成"初开"任务的男性酋长或祭祀王。将该诗译为现代语就是:没有经过由社会性的教父(即"媒"之原始所指)所主持的"初开"礼,青年男女是不得擅自结合的。诗经中关于斧与阳物之间的指代是普遍但却晦涩的,如"破斧",叶舒宪先生用大量的文献和民族学材料证明斧与男性生殖器之间的关系,从而认为这是阉人之歌。[①] 对叶舒宪先生看法的考古学证据是广西南部发现的用于仪式的软玉石斧,

图 3　美国哥伦比亚河流域发现的印第安人石质斧形奴隶戮杀斧

完全是男性阳物的造型(图 2)。有趣的是美国哥伦比亚河流域发现的专门用于戮杀奴隶的柄首一体的石斧柄端,也雕刻成男性生殖器龟头的形状(图 3)。

　　与科恩和米顿关于旧石器时代的手斧解释相结合[②],叶舒宪认为斧是男性生殖器象征的观点可能更符合逻辑性。从男性第二性征到男性的第一性征,乃至后来指代男性、父权、王权等,包含在石斧中的文化意义在这样一种定向的发展和嬗变中进行,似乎具有更强的连续性和进化性。事实上这一点可

① 　参见叶舒宪著:《诗经的文化阐释》,湖北人民出版社 1994 年版,第 608~661 页。
② 　参见汤惠生:《旧石器时代石斧的认知考古学研究》,《东南文化》,2004 年第 6 期。

以从墓葬数据中得到佐证。姜寨遗址第一期出土单人葬共 298 座，随葬有石斧者仅 5 座，均为男性[①]；山东王因新石器时代遗址出土大汶口文化墓葬 4027 座，能明确男女性别并葬有石斧（或锛、铲）者 33 座，其中只有两座为女性。[②] 青海柳湾墓地出土马家窑、齐家、辛店等文化墓葬 1500 座，能明确男女性别并葬有石斧（或锛、铲）者 67 座，其中只有 7 座为女性。[③]

由此可见，新石器时代早期的石斧依然与性有关，由于象征男性阳物从而可以指代一般意义上的男性，因而不像金布塔所说的是女神生殖的象征。

二、新石器时代父系社会作为权力象征的石斧

按照金布塔的观点，从公元前五千纪末到公元前四千纪，由于来自东欧库尔干人（Kurgan）的入侵，新石器时代早中期旧欧洲以女神崇拜为特征的文化传统发生了变化，这些印欧人带来的是以父系为中心的社会结构和文化。反映在宗教上就是母系社会的女神崇拜被父系社会的象征男性战神的太阳崇拜所替代；与社会等级、部落战争等相应的考古学文化则是刀剑、战斧、战车、武士、雄鹿、涡纹、殉葬、大型城壕以及大规模的祭祀，等等。随着父权制的建立和等级社会的到来，石斧的男性象征也就自然而然地过渡和发展到等级、地位的权力的象征。

从中原地区的考古学文化来看，我国这种母系社会与父系社会交替的发生时间要晚于欧洲，约在公元前四千纪后期到公元前三千纪的仰韶和龙山文化之交。这样一个从社会到文化上的全面变革，同样也体现在我们所讨论的石斧上。在实际中手斧是一个多功能工具，可用于剥皮、切肉、砍木、挖洞、

---

① 半坡博物馆等编：《姜寨——新石器时代遗址发掘报告》（上），文物出版社 1988 年版，第 400~411 页。

② 中国社会科学院考古研究所编：《山东王因——新石器时代遗址发掘报告》，科学出版社 2000 年版，第 337~387 页。

③ 青海省文物管理处考古队等编：《青海柳湾》（上），文物出版社 1984 年版，第 310~403 页。

敲砸骨头，甚至用于对付野兽和其他人群的兵器，但发展到此时，其文化意义已经远远大于它的实用意义。从新石器时代晚期到青铜时代，斧便逐渐演变成一种纯粹的精神文化产品，这就是仪式斧，在丧葬、祭祀等仪式上使用，象征权力。从斧的考古类型学材料上来看，此时有一个明显的分界线体现出这场社会变革，这就是玉钺的出现。

《说文》云："戉，大斧也"，段注："俗多金旁作钺。"玉钺是石斧功能特化的产物，是中国的仪式斧；如同鬲、鬶、斝一样，也是我国特有的考古器物。玉钺最早出现于公元前四千纪的良渚文化[①]。从形制上来看，玉钺可能继承了崧泽文化等新石器时代中早期石铲的风格，即形体呈宽薄梯形，中间有孔；但从功能和用途上来看，玉钺与早期的石铲已毫无共同之处，完全演变成权力的象征，亦即礼器了。傅宪国先生认为石钺发源于长江下游的河姆渡和马家浜文化，其发展最初从圆盘形→梯形→长方形→亚腰形，最后到有内石钺，经历了一个完整的序列，同时认为："在长江下游的崧泽文化以后和黄河下游的大汶口文化中、晚期，石钺已逐渐丧失了它作为生产工具的功能，而成为武器和权力与威严的象征物。"[②]从目前考古资料来看，形制与玉钺相似的早期石铲最早出现在长江下游的新石器时代的早期；新石器时代晚期开始，玉钺首先出现于黄河下游的大汶口文化中晚期和长江下游的良渚文化[③]，然后同时沿长江和黄河北上西进。新石器时代末至青铜时代早期，玉钺进入全盛期，普遍见诸长江和黄河流域[④]。商代以后的有内青铜钺则完全继承了良渚玉钺的形制特征、社会功能与文化意义。通过玉钺的考古资料，我们可以看到新石器时代晚期东南文化对中原及北方其他地区文化的影响。

我们看到新石器时代的玉钺已经不具备任何实用价值，已完全成为象征

---

① ［日］林巳奈夫：《有孔玉、石斧的孔之象征》，载《良渚文化研究——纪念良渚文化发现六十周年国际学术讨论会文集》，科学出版社 1999 年版，233~241 页。

② 傅宪国：《试论中国新石器时代的石钺》，《考古》，1985 年第 9 期。

③ 张敏先生认为江淮东部无玉，所以江淮地区新石器时代文化的玉石料应该大多来自宁镇地区，只有少数来自太湖地区。如是，江苏宁镇地区很可能是玉钺的起源地。参见龙虬庄遗址考古队编：《龙虬庄》，科学出版社 1999 年版，499~507 页。

④ 这应该是一个逻辑性的认识，凡是我国特有的考古遗物，其起源一定是我国的南部或东南部，否则便无法成为我国所特有的。所谓超太平洋传播，目前尚无任何证据来证实这一假说。

权力和地位的礼器了，亦即欧洲的仪式斧。那么石斧象征的是什么样的权力与地位呢？既然玉钺是发生在新石器时代中晚期社会大变革的产物，那么它就应当与这场变革中新出现的父权制、私有制、等级社会、战争、国家，以及天神或太阳神体系的宗教信仰有关。具体地来看，可以分作父权、军权、王权和神权。关于斧（或钺）所包含的具体文化象征和意义，我们用不着对其进行逻辑分析和论证，而可以直接从我国古代文献中找到明确的解释来证明。

（一）父权

前面我们已经谈到旧石器时代手斧被认为是男性第二性征的标识，亦即（优质）男性的标识。有趣的是这样一个纯粹来自考古学和人类学材料的假说却完全得到了中国古文献材料的证实。"斧"字，《说文》云："所以斫也，从斧斤声。"这个"斧"，就是我们在此讨论的考古出土材料中的斧。毕沅注引《士冠礼》郑注："甫，今文作斧，甫斧字通。"《释名·卷四·释用器》云："斧，甫也。"郝懿行《尔雅义疏》云："甫者，男子之美称。"由此可见斧与男性在古代是紧密相关的。"斧"字从父，这个"父"字很重要，"父"也是古代男子之美称，《史记·世家第二》："齐太公文王崩，武王即位。九年，欲修文王业，东伐以观诸侯集否。师行，师尚父"，注："刘向《别录》曰：师之，尚之，父之，故曰师尚父。父亦男子之美号也。"它是长者、地位和权力的象征。"父"所拥有的权力当然也包括对女性的占有。众所周知的例子就是由部落长者对新婚女子进行"初开"，所谓"由父初开"。后来这个礼俗演变成由神父（神甫、教父）主持婚礼。所以在古代社会中，"父"的象征和标志就是斧。

（二）军权

钺的军权象征显然是从钺的兵器功能中演化而来。从文献上看，至迟在黄帝时，钺便作为兵器使用了。《马王堆汉墓帛书·老子乙本卷》："夫作争者凶，不争者亦无成功。亦不可矣？黄帝于是出其锵钺，夺其戎兵，身提鼓枹，以遇蚩尤，因而擒之。"到了商代，钺已经成为最主要的兵器之一，从而象征军队，《史记·殷本纪》："伊尹从汤，汤自把钺以伐昆吾，遂伐桀。"《尚书·牧誓》："王左杖黄钺。右秉白旄以麾。"这里的钺已经演化成军权的象征，孔安国曰："钺，以黄金饰斧。"钺在这里显然是仪式斧或礼器。正是黄钺白旄象征着武王伐纣的军队，后世便以"黄钺"指代军队，如汉代始设"假黄钺"军职。汉代君王授军权于他人时，须举行授钺和授斧仪式，《淮南子·兵略训》云："亲操钺，持头授将军其柄曰：从此上至天者，将军制之。复持斧，持头授将军其柄曰：从此下至渊者，将军制之。"此外尚有"旄钺""鈇钺"等词指代军队或军权，都是与钺有关。《三国志·魏书·武帝纪》："吕望因三分有二之形，据八百诸侯之势，暂把旄钺，一时指麾。"又，《三国志·蜀书·刘禅传》："今授之以旄钺之重，付之以专命之权，统领步骑二十万众。""鈇钺"亦可指代军权，《潜夫论笺校正卷十》云："圣王忧勤，选练将帅，授以鈇钺，假以权贵。"有时直接用"钺"指称军权，《庄子集释》卷八下云："将军孙衍，请专命受钺，率领甲卒二十万人，攻其齐城，必当获胜。"斧所象征的军权与下面我们讨论的王权在某种程度上是重合的。

（三）王权

吴其昌先生认为"王"字最早就是来自斧形："王字本义斧也……盖古之王者皆以威力征服天下，遂骄然自大，以为在诸侯之上而称王，以王本义为斧故……斧形即王字，故绘于戾。"[1] 甲骨文"王"字写作等，被学者们认为是个斧头形。林沄先生也从音韵学角度证明了"王"与斧的渊源关系。《诗·大雅·公刘》："弓矢斯张，干戈戚扬"，毛传云："扬，钺也"，古音钺、扬相通。《国语·晋语》："夫人美于中，必播于外而越于民。"韦注："越，扬也。"林沄先生认为扬与王亦通："扬王迭韵，又同为喻母字，然则王字之得声，当由于钺之本名扬，扬之音转而为王。可见王字之本像斧钺形。"[2] 日本人白川静也认为"王""钺"二字声义皆相关[3]。

《礼记·曲礼下》云："天子当依而立。"《觐礼》注云："依，如今绨素屏风也，有绣斧文，所以示威也。"《礼记·明堂位》："朝诸侯于明堂之位。天子负斧依南乡而立。"《仪礼·觐礼》云："天子设斧依于户牖之间，左右几，天子衮

---

① 吴其昌：《金文名像疏证》，转引自叶舒宪著：《诗经的文化阐释》，湖北人民出版社 1994 年版，第 621 页。

② 林沄：《说"王"》，《考古》，1965 年第 6 期。

③ 白川静：《说文新义》卷一，转引自叶舒宪著：《诗经的文化阐释》，湖北人民出版社 1994 年版，第 622 页。

冕负斧依。"孙冶让《周礼正义》云:"依者屏风之名,惟其饰为斧形。"贾谊《新书·孽产子》云:"黼绣是古者天子之服也。"黼绣是指用黑白线织有斧纹的丝衣。《汉书·列传第六六下》:"天子负黼依,袭翠被,冯玉几,而处其中。"师古曰:"依,读曰扆。扆如小屏风,而画为黼文也。白与黑谓之黼,又为斧形。"《尔雅·释器》:"斧,谓之黼。"

到了后来,特别是在中国古代文献中,斧每每作为王权的象征。《司马法》曰:"夏执玄钺,殷执白钺,周杖黄钺。"《日知录卷十二》:"武帝之末至大盗群起,遣绣衣之使持斧断斩于郡国,乃能胜之。"钺在此即指王权。

(四)神权

这应该是石斧所具有的最原始、最终极、最普遍并且是最具有文化意义的象征,所以关于石斧的神权或神性的讨论,我们把范围稍稍扩大一些。

我们之所以说神权和神性是石斧的原始、终极和普遍象征,是因为这里包含着一个历史的概念,石斧的这一象征贯穿整个石斧的历史,不仅中国,整个世界范围内,莫不如是。这种象征神性的石斧在我国古籍中被称为"雷石"或"霹雳斧",最早见于《后汉书》,不过最多见诸唐宋时期记载。唐刘恂的《岭表录异》云:"如霹雳处或土木中得楔如斧者谓之霹雳楔,小儿佩戴能避邪。"唐李石的《续博物志》云"人间往往见细石形如小斧,谓之霹雳斧,或谓之霹雳楔"。宋沈括的《梦溪笔谈》(卷二十)曰:"世人有得石斧、雷楔者云:雷神所坠,多于雷神之下而得之,而未尝得见。元丰中,予居随州,夏月大雷震,一木折,其下乃得一楔,信如所传。凡雷斧多以铜铁传之,楔乃石耳,似斧而无孔。世传雷州多雷,有雷祠在焉,其间多雷斧、雷楔。"

藏族把出自地下的石斧和石器,乃至铜器,举凡出自地下,也都称之为"雷石"。藏语叫"图恰"(thog rden),意思是"天降石"或"雷石",[①]雷与天在藏族文化中是极为神圣的概念,雷就是天。藏语另外一词"多杰"(Dorje),也与雷石有关,汉语译作"金刚"。不过汉语"金刚"一词掩盖了藏语"多杰"一词字面上的意义。该词字面上的意义是"贵族的或王族的石头"。《西藏王统记》称,吐蕃赞普是下凡入主人间的天神,所以这里的王族指的是天上的

---

① 汤惠生:《藏族饰珠"Gzi"考略》,《中国藏学》,1996年第2期。

神。① Dorje 一词应该来自梵文 Vajra，意思是"雷电""金刚石"，后来借喻为印度的密宗佛教。

国外亦然，斧与雷及天往往是联系在一起的，地下发现的石斧，均被称为"雷石"（thunderstone）。在古希腊神话中，石斧被认为是宙斯扔下来的霹雳和大树劈裂器（the Tree-splitter），由是而被视为神圣之物而供诸教堂和神庙，如在希腊古都特尔斐的阿波罗神庙，便供奉着两把古代石斧（这些石斧后来被基督教所毁灭）。在古代罗马，斧作为天神和雷神的杀敌工具。在金属时代的许多文化中，作为牺牲的大型动物常用斧子加以戮杀，斧子变成了血祭的象征，常代表天罚，如罗马的权标。斧在基督教时代成为圣徒约瑟夫（Joseph）和圣卜尼法斯（St.Boniface）的象征和标志，后者用斧砍掉格斯玛（Geismar）附近的橡树献给雷神多纳（Donar），故斧砍树根成为最后审判的象征。荷马史诗中提到希腊人的敌人在战场上使用战斧。这种战斧起初与泰坦女神瑞亚（Rhea）有关，后来奥林匹亚山的众神夺走它，将它献给宙斯作为他的闪电。西非的约鲁巴人用舞蹈纪念雷神尚戈（Shango）时，他们手持的仪式木棒类似东地中海地区古祭礼所用的双刃斧。巴西黑人在举行供奉雷电之神克桑戈（Xango）的迷信崇拜仪式中也用木斧。②

北欧凯尔特人（Celtic）的雷神叫塔兰尼斯（Taranis），意思是"雷电掌管者"。手里拿着的锤子和斧子是他的标志，这个斧子就叫"雷石"（Thunder stone）。挪威的雷神是托尔（Thor），他的象征也是一把斧子或锤子。而且挪威民间风俗认为，如果在住房下埋一把石斧，就不会被雷击了。

认为石斧是神器也可从另一种文化现象中得以观察。美国哥伦比亚河流域发现的专门用于戮杀奴隶的石棒（club）和石斧（monolithic axe），被称为"奴隶戮杀器"（slave killer）。这些石斧都是刃与柄一体的，用一块完整的石头制成（图3）。如同罗马的权标一样，印第安人也相信用这种专门特制的石斧行刑，代表着"天谴"或"神罚"。有些"奴隶戮杀器"的柄端刻有人面像，是为天神（图4）。

英国学者布林肯博格（C. Blinkenberg）经过广泛的调查研究后发现，把

---

① 索南坚赞著，刘立千译，《西藏王统记》，西藏人民出版社 1985 年版，第 33 页。

② ［德］汉斯·彼德曼著，刘玉红等译，《世界文化象征辞典》，漓江出版社 2000 年版，第 77~78 页。

石斧与天或雷联系在一起或认为石斧是天神打雷的工具等，是一个世界性的文化现象，这种现象是如此普遍以致他甚至想从历史和考古角度去考察其真实性。关于这种文化现象的世界性材料汗牛充栋，我们在此仅略举数段，我们应该还是回到我国的考古材料。

考古中有大量的材料可以证明斧与天神之间的关系。这首先从斧和钺造型的本身便可反映出来，越来越多的学者认为斧和钺上的圆孔象征着太阳[1]。林巳奈夫也认为斧和钺上的圆孔象征着太阳，而且整个良渚玉钺的造型就像汉字中的"皇"："从这些石斧的雕刻可以证实有孔石斧的孔表现了日月神的光明。而有时在其孔周围加上表现光线的放射状线条则是极其自然的事。如前所见，有孔石斧的周围用朱色描绘并从那里呈放射状地引出三条朱线，这样的造型是为了在斧上反映日月神的象征而加上去的。看到圆孔和其上的呈放射状的线条就立刻使人联想到'皇'字的金文字体。"[2]

岩画中有许多带柄斧的形象，而且斧的形象往往与人面像联系在一起。贺兰山岩画以人面像而著称，这些人面像被认为是天神或太阳神。[3]斧子一般刻凿在人面像的旁边（图5），斧子和人面像是用磨涮的方法制作在岩面上。制作方法、造型风格和内容主题均显示出这类岩画为新石器时代晚期的作品。[4]此外，在内

图 4　美国哥伦比亚河流域发现的印第安人刻有人面像的奴隶戮杀斧

---

① 　［日］量博满：《关于新石器时代的钺——论圆孔的象征意义》，载《良渚文化研究——纪念良渚文化发现六十周年国际学术讨论会文集》，科学出版社 1999 年版，227~232 页。

② 　［日］林巳奈夫：《有孔玉、石斧的孔之象征》，载《良渚文化研究——纪念良渚文化发现六十周年国际学术讨论会文集》，科学出版社 1999 年版，第 233~241 页。

③ 　汤惠生、田旭东：《原始文化中的二元逻辑与史前考古形象》，《考古》，2001 年第 5 期。

④ 　汤惠生：《凹穴岩画的分期与断代》，《考古与文物》，2004 年第 6 期。

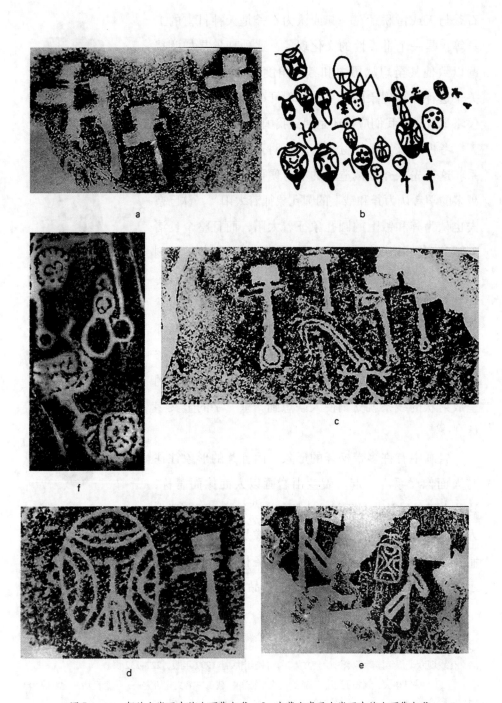

图 5　a~e：贺兰山岩画中的人面像与斧；f：内蒙古桌子山岩画中的人面像与斧

蒙古的桌子山岩画中也发现斧与人面像组合在一起的画面（图 5 : f）。无独有偶，在保加利亚西北部的玛古拉塔洞穴中（Magurata cave），也发现了人面像与斧组合在一起的岩画图案（图 6）。除了石斧以外，还有带柄的像镐一样的斧，而人面像则被明确地制作成发光的太阳形象。这幅岩画的时代被认为在公元前4500~ 前 4000 年之间。在意大利阿尔卑斯山的梵尔卡莫诺（Valcamuo）地区岩画中，也

图 6　保加利亚西北部的玛古拉塔洞穴发现的人面像与斧组合在一起的岩画

图 7　意大利阿尔卑斯山的梵尔卡莫诺地区岩画中的太阳与斧

屡屡可以见到斧与太阳（神）组合的岩画（图 7），阿纳蒂教授认为它们是公

图 8　第聂伯（Dnieper）河流域发现
的公元前 4000 年纪的天神石碑

图 9　瑞典布胡斯省福苏姆地点的青铜时代岩
画。画面表现手持战斧进行战争的神与魔。身
材高大者为天神或太阳神，其标志是画面左上
方的太阳。太阳与高大形象之间的脚印和圆点
是两者身份的指示和认同

元前 3000 年的作品。东欧新石器时代晚期岩画中的同类形象似乎朝着进化的
方向前进了一步，太阳神或天神终于以人的形象出现在岩画中（图 8），这些
天神（金布塔称他们为雷神）腰里佩挂着斧、锤、权杖、箭镞等。北欧瑞典
布胡斯省福苏姆地点的青铜时代的岩画中，天神出现在战争画面上。画面左
上方有一个散发着光芒的太阳，下面两个巨人手持板斧在战斗（图 9）。其中
身材高大者被认为是太阳神或天神佛赖尔（Freyr），或雷神托尔（Thor）。萨
满教认为天神与居住在地底下的恶魔一直处于敌对和争斗状态，故也被认为
是战神。[①] 如藏族和蒙古族对天神唐古拉和腾格里的供奉，便是在嘛呢石堆（即
敖包）上插以刀、矛、剑以及"风马旗"（印有带翼马形象的印刷品）等，每
当路人经过嘛呢石堆时，都要念颂"神必胜，魔必败"，这是对天神战斗及其

①　汤惠生：《昆仑山神话之考述——昆仑山神话与萨满教宇宙观》，《中国社会科学》，1996 年第 5 期。

图10 河南临汝阎村出土的仰韶文化彩陶缸。口沿下有六个鹰嘴形突钮,腹部用黑白两色绘以鹳鱼石斧图

战无不胜之神性的颂扬和祈愿。① 所以在许多文化中鹰吃蛇、鸟啄鱼都是作为神魔之争的形象表现,斧则是对神战胜魔的祈愿、颂扬和表征。对这一萨满教观念最经典的考古学脚注,就是河南阎村出土的新石器时代彩陶缸,其上绘有鸟啄鱼图和石斧(图10)。

不过最能表现斧与天神或太阳神相互关系的是良渚文化中的玉钺,其上极为精致地刻绘象征着太阳神或天神的形象(图11)。这些天神形象所强调的是眼睛,都有着像外星人一样的大眼睛。眼睛往往用比例很大的圆圈或同心圆来表现,其风格一如贺兰

图11 浙江余杭良渚文化墓葬出土的刻有天神形象的玉钺

图12 浙江余杭良渚文化墓葬出土的刻有天神形象的玉钺

① 石泰安著,耿升译:《西藏的文明》,西藏社会科学院西藏学汉文文献编辑室编印1984年版,第213页。

山岩画。所谓黄金四目和舜目重瞳，大概就是这个样子。这种大眼睛在中外许多文化中都被认为是天神或太阳神的象征[①]。大眼睛天神的艺术风格在商周时期发展到顶峰，这就是所谓的饕餮纹。在有些器物上，特别是在铜钺上，刻画着完整的天神（饕餮）面孔（图12），这与岩画中人面像与石斧并列的组合实为异曲同工。

石斧作为人类的第一把工具，陪伴着人类从诞生的那天起，一直走到了今天；石斧不仅开创了人类文明，而且也创造了人类文明。认知考古学就是要通过石斧来探究那些早已消失了的人类及其文明起源之谜，特别是那些已不复再现的思想、意识和观念的精神文明。俞伟超先生曾经说过："从考古发现中去探究古代社会的精神文明，是考古学中最精彩的。"[②]这是俞先生的遗愿，也是对我们的期待。

---

① 汤惠生、张文化著：《青海岩画——史前艺术中二元对立思维及其观念的研究》，科学出版社2001年版，第233~235页。

② 俞伟超：《中国古代文化的离合及其启示》，《民族艺术》，2001年第3期。

青藏高原旧石器若干问题的讨论

一、青藏高原旧石器时代的人类

晚更新世是人类发展史上的"地理大扩张时期"。在环境剧烈变动的背景下，晚期智人不但掀起了横贯旧大陆的迁徙浪潮，而且还首次踏上澳大利亚、北美和南美的亘古荒原。位于亚洲东西与南北交通"十字路口"的青藏高原理应不会"置之度外"，[①]青藏高原的情况亦然。近年来分子生物学通过对汉藏语系不同群体的遗传学研究的最新成果表明：在约距今 60000 年前，一个来源于东亚的南部携带 Y 染色体 D~M174 的人群最初向东亚北部迁徙；其中一个带 M122 突变染色体的群体，于距今 20000 年前最终到达了黄河中上游盆地，这便是汉藏语系群体的共同祖先。

20 世纪 80 年代，小柴达木湖旧石器遗址的发现实现了青藏高原有绝对测年记录的旧石器时代遗址零的突破。色林错旧石器进一步显示人类可能在末次盛冰期前的间冰阶已深入到青藏高原腹地。这些发现对于青藏高原第四纪研究无疑具有重要意义。另外，拉萨西北约 85 千米，海拔 4200 米的河谷山坡上发现的人类手印、足印和火塘遗迹光释光年龄为 21.1 ± 2.1 ka. BP，21.7 ± 2.1 ka. BP 和 20.6 ± 2.9 ka. BP，暗示进入末次盛冰期时人类并未离开高原。如果联系到上面提及的人类学家的推测，这些早期人类可能就是今天藏

[①] 参见袁宝印、黄慰文、章典：《藏北高原晚更新世人类活动的新证据》，《科学通报》，2007年第 52 卷第 13 期。

族人的祖先。当然，目前青藏高原及邻近地区旧石器考古材料还十分稀少，尚无人类化石记录，要准确地复原人类对青藏高原的开发史的时机还未成熟。

汉藏语系群体的祖先最初来源于东亚的南部。在约 40000~20000 年前，一个携带 Y 染色体 M122 突变的群体最终到达了黄河中上游盆地。在约 10000 年前，由于粟谷农业的出现，新石器文化开始在这个地区发展起来。人口的增长使群体必须扩增新的居住地，这样在约 5000~6000 年前便出现了两个语族的分野。其中一个亚群，被称为前藏缅语族群体，离开黄河流域，向西及向南迁移，最后在喜马拉雅山脉南北居住下来。这次迁移就是沿着著名的"藏缅走廊"进行的，这条通道始于黄河上游地区，向西到达青海省，向南到达喜马拉雅山脉。其中景颇语支一直向南，穿过喜马拉雅山脉到达今天的缅甸、不丹、尼泊尔、印度东北及云南省的北部。在与一支来自中亚或西南西伯利亚带有 YAP 突变的群体发生大范围混合后，藏语支向喜马拉雅进发并最终扩散到整个西藏。缅彝及克伦语支向南到达云南西北部，最后到达越南、老挝及泰国。在这 5000 年中，另一语族，即汉语族主要向东向南扩增，最后在中国各个地区居住下来。

从分子人类学方面的最新研究材料来看，人类最初移居青藏高原的时间在更新世末次盛冰期结束之后大约为 c.20000~14000cal. BP 这段时间之内。分子生物学家对含三个汉族—藏缅民族中较多的单倍型（H6、H7 和 H8）的个体用三个微卫星标记位点 DYS389，DYS390 和 DYS391 进行基因型分型，筛选并分析了 160 个携带有 M122 突变汉族特异性单倍型的个体，经分析表明 M122C 突变发生的年代大致是在 18000~60000 年前。在汉族和藏缅民族的 M122 突变个体中计算得出两者的分野为 5000 年前（此年代由 DYS390 推算而得出，是三个微卫星位点年代中最大的）。一般而言，单纯从遗传学角度对古代人类的群体迁移和基因突变年代的精确估算困难非常大，因为有效群体大小和突变率的估计带来的偏差会直接影响结果，但这样的年代估算与体质形态学和考古学在齿型、石器和化石的发现相符，从而证明这一年代估算的可靠性。人类学研究表明涵盖中国北方地区的北亚人种特有的蒙古齿型（Sinodont）发生在 18000~25000 年前，而这种齿型是由东南亚地区的类 Sinodont 齿型演变而来。此外，在西伯利亚、贝加尔湖和阿尔泰地区近来的考古学研究表明，这一地区的人类石器文明出现在 25000~45000 年前。如果西伯利亚和整个东亚群体由非洲起源并经东南亚迁移而形成，那么现代人类进入东亚地区应该在北亚出现石器文明之前。认为 M122C 突变估算年代的上限 60000 年前便更接近于事实了，因此研究者认为 18000~60000 年是早期现代人迁入东亚所造成的瓶颈效应的年代。据此，该研究认为随着冰川期逐渐消亡，非洲起源的现代人约在六万年前从南方进入东亚，在以后的数万年中逐渐向北迁移，遍及中国大陆，北及西伯利亚。大约在 8500 年前，在经历了漫长的蒙昧时期后，以仰韶文化为代表的最早的中华文明开始在黄河中上游地区萌芽。

最近，美国考古学家布兰廷汉等人提出"三步曲"的青藏高原早期人类的移居模式，几乎是精确地指明各个时期和各种经济类型的族群进入青藏高原的时间：

（1）在距今 5~2.5 万年的碳 14 年代中，活动范围很大的食物搜寻者（foragers）开始"漫游"（random walk）到低于海拔 3000 米的草原地区，亦即聚集在资源较丰富的地区进行狩猎和采集。

（2）在距今 2.5~1 万年的碳 14 年代中，亦即末次盛冰期之后，食物种类扩大了的搜寻者开始在海拔 3000~4000 米的地区建造固定的居所以供临时的、短期的和用于特殊目的的搜寻基地。

（3）距今 10000 年之后，以驯养动物为生的早期新石器时代的牧人为了寻找牧草开始全方位和永久性地居住在高于 4000 米的高原地区。

"三步曲"的移居理论不仅仅是建立在现有的考古学材料上——尽管还需要进一步的验证——而且是基于自然选择的理论指导，即作为一个人与驯养动物对于高海拔环境适应的全部过程，这对于今后青藏高原考古研究，颇富启示和参考意义。

二、石器的古老性

到目前为止所发现的考古学材料似乎也在证实这种分子生物学的观点。20 世纪 50 年代中期在青海霍霍西里地区首次发现了两件砾石砍砸器和一件刮削器，被认为是旧石器时代晚期的人类遗存。[①] 之后在青藏高原又陆陆续续发现了许多旧石器时代的石器地点。[②] 这些石器之所以确定为旧石器时代，是通过与周边地区发现的同类石器进行比对加以确定的，也就是通过交叉断代或横联法的类型学研究来加以判断的。例如：将苏热地区的旧石器与云南宜良的旧石器和宁夏水洞沟的旧石器以及巴基斯坦的索安文化晚期的旧石器加以比较，认为其中存在着一定程度的相似性，故将其定为旧石器时代中晚期；[③] 认为珠洛勒椭圆形的长刮器、长条形圆头刮器和尖状器等，均与宁夏水洞沟遗址出土的同类器物相近似或基本一致，故它们认为其时代相当于旧石器时代晚期；[④] 认为楔形石核起源于华北，其最早的层位不超过三万年，故出土楔形石核的多格则和扎布两个地点的年代只能在这以后，或可能是距今 10000 年左右。[⑤] 有些甚至通过石器制作与加工的技术方法的比较，以此来进行时代的确定，如对藏北色林错东南岸古湖滨阶地的采集石器，作者认为这些石器在制作技术与类型学上显示出浓厚的欧洲旧石器中期文化风格，加工时采用欧洲典型的"奎纳修整法"的"去薄"技术，从而认定色林错石器的大致年代"可能在 c. 40~30 ka BP 前后"[⑥]。

随着科学技术的进步与发展，现代科学断代技术也越来越多地运用于西藏旧石器的确认，如日土县的贡崩石器地点，石制品采自高出湖面约 30 米的第二阶地地表，阶地由以硅藻土为主的湖相地层构成，厚 20 米。经对硅藻土样的碳 14 测定，硅藻土下部的绝对年代为 23.5 ± 1.2ka BP，上部为

---

① 邱中郎：《青藏高原旧石器的发现》，《古脊椎动物学报》，1958 年第 2 卷第 2—3 期。

② 参见李永宪：《略论西藏的细石器遗存》，《西藏研究》，1992 年第 1 期；汤惠生：《略论青藏高原的旧石器与细石器》，《考古》，1999 年第 5 期。

③ 张森水：《西藏定日新发现的旧石器》，《珠穆朗玛峰地区科学考察报告（1966—1968）——第四纪地质》，科学出版社 1976 年版。

④ 安志敏、尹泽生、李柄元：《藏北申扎、双湖的旧石器和细石器》，《考古》，1979 年第 6 期。

⑤ 刘泽纯、王富葆、蒋赞初、秦浩、吴建民：《西藏高原多格则与扎布地点的旧石器——兼论高原古环境对石器文化分布的影响》，《考古》，1986 年第 4 期。

⑥ 参见袁宝印、黄慰文、章典：《藏北高原晚更新世人类活动的新证据》，《科学通报》，2007 年第 52 卷第 13 期。

11.7 ± 0.18ka BP，故认为贡崩石器的时代介于 23.5 ± 1.2~11.7 ± 0.18 之间 [1]；再如藏北的色林错石器地点，对石制品原生地层中所采集的无机碳酸盐样品（碳酸盐 "卵石" 或沉积物）进行碳 14 年代测定，认为石器的年代应该在 40~30 ka. BP 之间。[2] 采用同样的方法，各听石器地点的年代被认为是距今 24000 年。[3] 此外，青海小柴达木和乌拉湖发现的两个细小石器地点也有着同样的碳 14 测年。一例是青海乌兰乌拉湖畔发现的石器，对包裹在石器上的石灰华（俗称湖滩岩）进行碳 14 年代分析而得出的结果，碳 14 年代为 c. 18.4cal. ka；[4] 另一例是来自青海小柴达木湖的石器，通过对与石器地点地貌地层相当地层中采集的介形虫化石（Ostracods）和泥灰岩样品的测定，其碳 14 年代分别为 c. 23cal. ka 和 c. 32.5cal. ka。黄慰文认为石器采集地点的年代应该定在 c. 30 cal. ka 为宜。[5] 但是我们应该注意到，目前这些所谓的旧石器地点中尚无一例是对其石器本身进行直接断代而加以认定的，尽管采用了科学技术手段，但仍然属于间接断代，尚无法确凿无疑地说明石器的时代问题。所以以后青藏高原旧石器时代晚期考古学研究的主要任务之一，仍是时代确认的问题。

史前研究所依据的对象，主要是考古材料；而史前——特别是新石器时代之前的考古材料中，石器则是其基本内容，青藏高原情况亦复如是。石器作为人类从猿到人的转变过程中标志性的工具，一如人类自身的进化，同样

---

[1]　参见房迎三、王富葆、汤惠生：《西藏打制石器的新材料》，载董为主编：《第九届中国古脊椎动物学学术年会论文集》，北京海洋出版社 2004 年版，第 211~222 页；Fubao, Wang et al 1981. The Pliocene and Pleistocene enviroment on Qinghai Plateau. In Geological and Ecological Studies of Qinghai Plateau, pp.231~238. Beijing: Science Press.

[2]　袁宝印、黄慰文、章典：《藏北高原晚更新世人类活动的新证据》，《科学通报》，2007 年第 52 卷第 13 期。

[3]　黄慰文：《青藏高原的早期人类活动》，《中国西藏》，2001 年第 2 期。

[4]　胡东生、王世和：《青藏高原可可西里地区发现的旧石器》，《科学通报》，1994 年第 10 期；《可可西里地区乌兰乌拉湖泊环境变迁及古人类活动遗迹》，《干旱地区地理》，1994 年第 2 期。应该注意的是，这种根据无机碳的测年数据可靠性较差，只能作为参考。

[5]　黄慰文、陈克造、袁宝印：《青海小柴达木湖的旧石器》，载《中国—澳大利亚第四纪学术讨论会论文集》，科学出版社 1987 年版。在这里应该指出的是，小柴达木湖使用软体动物测年，其碳 14 年代往往会显得太老，参见 Goodfriend, G. A. and J. J. Stipp 1983. Carbon isotope analysis of land snail shells: Implications for carbon sources and radiocarbon dating, Geology 11: 575~577.

经历了一个逐步的技术积累与漫长的发展过程。英国考古学家克拉克（J.G. D. Clark）将石器技术分成五种模式：模式 I（奥杜威技术）、模式 II（阿舍利技术）、模式 III（莫斯特技术）、模式 IV（奥瑞纳技术）、模式 V（细石器技术）。^①这五种模式具有一种时间顺序，不过这个顺序并非像时间那样不可逆。克拉克的模式不能完全适用于中国的石器模式，也不能完全适用于青藏高原的石器模式，不过可以作为一个参照。从类型学和制作技术的角度来看，青藏高原石器的发展经历了细小石器→细石叶→打制石片石器三个有着时间顺序的不同阶段，绝对年代上大约从距今 20000 年前一直延续到公元前后。前两个阶段分别属于旧石器时代晚期和中石器时代，而第三阶段则进入新石器，并一直延续到大约中原地区的汉代。在这里主要基于石器文化的讨论是围绕着前两个阶段来进行。我们之所以在这里强调石器的技术模式，是因为不同的技术模式后面所代表的是不同的社会、文化和行为方式；不同的石器发展阶段，则是人类不同发展阶段和经济状况的反映。

三、旧石器时代晚期的随机性食物搜寻经济与社会

旧石器时代晚期，人类的生活方式和经济形态仍然以狩猎—采集形式为主。不过此时的狩猎—采集与以前的狩猎—采集在形式上发生了变化，由以前的集食者（collector）向觅食者（forager）发展。所谓集食者，即外出将狩猎—采集的食物带回到洞穴或营地享用；觅食者则相反，他们居无定所，像牧人逐草而迁一样，追随狩猎的动物，常常处在为了觅食的长距离移动之中。尼安德特人是典型的集食者，他们常年居住在洞穴中，故有"穴居人"之称。而晚期智人则从洞穴中走出来，最终成为觅食者。"走出洞穴"（out of the cave）寻找食物是旧石器时代晚期莫斯特文化和奥瑞纳文化之交的一个全球性的人类活动现象，晚期智人的这一行为最终成就了旧石器时代晚期的地理

① 汤惠生：《水洞沟与莫斯特——读水洞沟 1980 年发掘报告》，载宁夏文物考古所编《旧石器时代论集——纪念水洞沟遗址发现八十周年》，文物出版社 2006 年版。

大发现。青藏高原正是这次地理大发现的成果之一，这首先要归功于旧石器晚期的觅食者。

考古学家们又进一步将旧石器时代晚期的觅食或食物搜寻策略分成两种，一种是"随机游动"（random walk）或出于后勤储备考虑的觅食策略（a logistical or "random walk" foraging strategy）；另一种是"非随机游动"的或季节性系统使用资源的觅食策略（systematic seasonal strategies of landscape use）。换句话说，前者是没有目的地的随机临时行为，遗留下来的考古遗物数量较少，遗迹较单一，甚或很难发现；后者则是有明确目的地的季节性短期行为。人们在目的地进行季节性居住，遗留下来的考古遗存相对较为丰富，器物数量和种类较多，遗迹堆积也比较明显。为了便于理解起见，我们将前者称为"随机性食物搜寻"，将后者称为"季节性食物搜寻"。两者有着一个明显的共同点，即均出自觅食或食物搜寻的目的。

青藏高原旧石器时代晚期的细小石器正是随机性食物搜寻者们遗留下来的器物，同时也是青藏高原最早出现的文明形态。

所谓细小石器不仅是针对旧石器时代中期以前的石片石器尺寸相对缩小而言，而且由于间接打片技术的出现，出现了许多大石叶和似石叶，以及在此基础上加工而成的工具，故在最近的研究中又被称为"大石叶和似石叶技术"（Large blade & bladelet technologies）。[1] 此时的石器组合出现了箭镞、雕刻器、端刮器、小尖状器、石刀等新的器物类型，从而形成相对固定的"工具套件"（toolkit）。青藏高原的细小石器从类型学角度来看应该与上述的模式 III 相当，不过其绝对年代可能要晚得多。正如前面我们已经介绍的，通过现代科学技术手段的年代测定，青藏高原细小石器的绝对年代大致在距今 23000~15000 年之间。

考古材料据 20 世纪末的考古发现统计，青藏高原的细小石器地点大约在

---

[1]　P. Jeffrey Brantingham, John W. Olsen and George B. Schaller 2001 Lithic assemblages from the Chang Tang Region, northern Tibet. Antiquity 75:319~327. 关于"bladelet"一词，字面上的意义是"细小石叶"，不过这种翻译会使人感到是比"细石叶"（microblade）还要细小的一种石叶，这就正好与"bladelet"的本来意义完全相反了。实际上"bladelet"一词的原意是指比细石叶大，但接近细石叶的一种石器工具，我国传统称其为"似石叶"。所以这里的"似石叶"和"细小石叶"均指"bladelet"。

十个左右；[①]21 世纪初根据进一步的考古调查和发现，细小石器地点增加到 20 个左右。其中主要的细小石器地点包括：定日县南约 10 公里的苏热地点，[②]日土县多格则、扎布，[③]热角以及贡崩，[④]班戈县各听，[⑤]色林错。[⑥]吉隆县仲嘎乡哈东淌、却得淌，[⑦]申扎县珠洛勒，[⑧]阿里地区夏达错湖。[⑨]21 世纪初根据配合青藏铁路工程的考古调查所发现的细小石器地点包括：安多县的塘甘木大桥北，布曲河 1 号铁路桥南、错那湖东南岸、拨格弄 A、B、C 地点，那曲市的罗玛乡，香茂乡等石器地点[⑩]。

石器材料基本以片麻岩、角岩、硅质岩、燧石、火山岩、石英岩、灰岩等硬度较高的岩料为主。器物类型有箭镞、钻、雕刻器、端刮器、小尖状器、石刀、边刮器、鸟喙状器、凹缺器和锯齿刃器等。上述工具中以边刮器数量多，形式也较为丰富，诸如横刃、单凸刃、汇聚刃、两面修整器等。

西藏细小石器类型的主要特点为一般成型的工具体型相对较小，最大者长度（或宽度）不超过 10 厘米，多数在 5 厘米左右。从技术传统来看，主要为石片、石核以及制作过程中产生的废料。石器直接打片，然后进行二次加工。

---

① 李永宪著：《西藏原始艺术》，四川人民出版社 1998 年版，第 47~48 页。

② 张森水：《西藏定日新发现的旧石器》，载《珠穆朗玛峰地区科学考察报告（1966~1968）——第四纪地质》，科学出版社 1976 年版。

③ 刘泽纯、王富葆、蒋赞初、秦浩、吴建民：《西藏高原多格则与扎布地点的旧石器——兼论高原古环境对石器文化分布的影响》，《考古》，1986 年第 4 期。

④ 房迎三、王富葆、汤惠生：《西藏打制石器的新材料》，载董为主编：《第九届中国古脊椎动物学学术年会论文集》，北京海洋出版社 2004 年版，第 211~222 页。

⑤ 钱方、吴锡浩、黄慰文：《藏北高原各听石器初步观察》，《人类学学报》，1988 年第 1 期，总第 7 卷。

⑥ 袁宝印、黄慰文、章典：《藏北高原晚更新世人类活动的新证据》，《科学通报》，2007 年第 52 卷第 13 期。

⑦ 索朗旺堆：《西藏考古新发现》，《南方民族考古》，1991 年第 4 辑。

⑧ 安志敏、尹泽生、李柄元：《藏北申扎、双湖的旧石器与细石器》，《考古》，1979 年第 6 期。近年来在申扎县发现较多的石器地点，不过这些石器地点仅仅是被加以登记和著录，缺乏进一步的考古学研究，所以我们还无法对其进行类型划分，参见丹珠昂奔著：《藏族文化发展史》（上），甘肃教育出版社 2001 年版，第 72~74 页。

⑨ 霍巍：《阿里夏达错湖滨旧石器的发现》，《中国西藏》，1994 年第 6 期。

⑩ 西藏自治区文物局、四川大学考古系、陕西省考古研究所编：《青藏铁路西藏段田野考古报告》，科学出版社 2005 年版，第 15~52 页。

二次加工多是正反向的单面加工，双面加工技术极为少见，但尖状器和刮削器会出现错向或交互加工技术。可能会出现不占主流的间接打击技术，但几乎不见压剥法和软锤技术。

不过值得注意的是在青藏高原发现的三种典型的欧洲石器技术传统。首先是最近学者们在藏北草原观察到的"去薄"（thinning）技术。"去薄"技术指石器工具在加工前先对毛坯"去薄"，使工具更符合如安柄之类的使用标准。这是欧洲旧石器中期修整技术重要特征之一，以法国 La Quina 遗址的制品最有代表性，被称为"奎纳修整法"。这种修理方法即指刃部通过台阶状或"多层"修整（stepped or "multi-tiered" retouch）的片疤构成。色林错石器主要采用燧石板岩为原料，石片通常厚度较大，加工时需要对毛坯先"去薄"；另外，一些工具柄部"去薄"以便于装柄。学者们认为色林错的石器采用了"奎纳修整法"，对石器进行二次加工（图1）。

此外还值得注意的是与奎纳去薄修整法相关的极少数的双面修理技术，即手斧一类的两面器

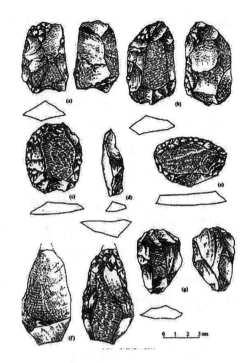

图1　色林错石器组合。左下角尖状器（f）即为"奎纳修整法"加工的尖状器，该器物作为箭镞或标枪头而用于复合工具。采自袁宝印等，2007年

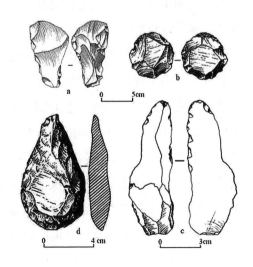

图2　西藏日土扎布（a）、羌塘地区（b）发现的似勒瓦娄哇石片和青海冷湖地区（c）发现的似勒瓦娄哇与石核；图d为阿里夏达错湖滨发现的手斧

（bifaces）。20世纪30年代曾经在青藏高原的甘孜地区发现过两件手斧，[①]80年代末在青藏高原西部阿里地区的文物调查时也发现了手斧（图2：d）。[②] 与上述两种欧洲传统石器技术相关的是勒瓦娄哇技术（Levallois technique），亦即石核的预制技术。勒瓦娄哇技术尽管到了青藏高原稍后的细石叶技术时代才变得发达起来，但最早在细小石器技术传统中便已开始出现，例如在日土的扎布和青海的冷湖两个石器地点中，便发现使用似勒瓦娄哇技术制作的石片石器（图2：a、b、c）。

尽管上述这三种欧洲石器技术种在青藏高原发现得非常零星，但这种技术存在的事实则是毋庸置疑的，童恩正认为青藏高原两面器技术和似勒瓦娄哇技术是受印度北部欧洲石器技术风格影响所致，[③] 美国的布兰廷汉（P. Jeffrey Brantingham）和中国的高星等考古学家则认为是由黄土高原西部甘肃、宁夏等地的似勒瓦娄哇技术传播而来。

（1）经济生活

我们之所以将青藏高原细小石器与克拉克模式Ⅲ进行比较，除了制作方法和技术上的相似之外，更重要的是器物组合上的相似，亦即工具套件的出现。石器工具套件的出现所反映的不仅是技术上的进步，而且更多的是人们社会组织形式和生活生产方式方面的变化，同时也反映了人类对气候变化和不同自然环境所做的文化适应。

作为更新世晚期和全新世早期日益变化的气候和环境的适应性策略，"走出洞穴"是一个比较普遍的全球性现象，并随即对人类自身及其文化的发展带来了巨大的影响。动物资源的剧减迫使晚期智人不得不改变传统近距离的围猎方式，从而进行远距离的逐猎和觅食。对于青藏高原最早的移民来说倒不是"走出洞穴"，而是走出黄土高原，"随机游动"到西藏草原。由于缺乏相关数据，我们只能根据后末次盛冰期的气候特征和后冰川文化的适应性来作出判断。首先我们有理由假设在后末次盛冰期时代青藏高原人口的密度很低。在距今18000年后由于环境的改善，人类和动植物都必须作出相应的改

---

① 童恩正：《西藏高原上的手斧》，《考古》，1989年第9期。
② 霍巍：《阿里夏达错湖滨旧石器的发现》，《中国西藏》，1994年第6期。
③ 童恩正：《西藏高原上的手斧》，《考古》，1989年第9期。

变来适应。中部草原的草料能够寻找新的生长地，尤其是在重要的河谷地带。而在东北角和东南角的森林扩展则意味着低纬度的动植物迁移到高纬度地区。与此相应地，这同样会促使河谷中的植物扩展或被带往青藏高原的边缘的高纬度地区，这种过程也曾发生在后冰川时期的安第斯高原的西翼。

考古学中最常见的适应性材料便是新型工具和器物的出现。既然是长距离的觅食，远程工具如箭镞和工具的细小化便势在必行。青藏高原的细小石器正是旧石器时代晚期觅食者或逐猎者们遗留下来的生活和生产工具。石器的细小化，正是为了方便携带，适合长距离的觅食移动；石器工具套件的出现也正是为了便于在移动过程中进行狩猎和宰割等各种经济活动。不过就青藏高原更新世晚期的气候来看，特别是藏北的羌塘地区，即便是在末次盛冰期后的温暖期，这些觅食者也只能是随机游动性地进行临时狩猎等食物搜寻，而不可能常年甚至季节性地居住。

学者们认为觅食者们狩猎的对象是有蹄类动物，有些学者甚至根据进一步分析明确指出主要是野牦牛。因为牦牛肉除了提供给觅食者们以食物外，牦牛粪还可提供给他们以必不可少的取暖和炊煮燃料。在整个青藏高原，特别是在羌塘高山大草原地区，牛粪在某种程度上甚至可以说是唯一的燃料。虽然目前的考古资料中尚未发现任何有可能是被猎杀的野牦牛骨骸，但学者们推测最初人类就是尾随野牦牛的迁徙路线进入到藏北高原的。若是，正如峙峪人被称为"猎马人"，萨拉乌苏人被称为"猎羊人"一样，[1] 青藏高原的觅食者则可称为"猎牛人"。不过在青藏高原除了野牦牛之外，还有种类繁多的羊和鹿科动物，包括狐狸，以及兔、旱獭甚至鼠类的小型动物。例如在西藏东部的拉乙亥细石叶遗址的灰烬中，发现狐狸、鼠兔、雉、沙鼠、旱獭等动物骨骼，许多骨骼上面都遗有火烧或砸击的痕迹。[2]

除了猎牛之外，青藏高原资源极为丰富的鱼类应该也是旧石器时代晚期觅食者们所猎取的对象之一。大多细小石器均出土于古湖滨阶地，如色林错、各听、小柴旦，等等。我们在细小石器工具套件中不仅发现有箭镞，还有各种形制不同的尖状器。像这种所谓的箭镞和尖状器形制较大，作为远程箭镞，

---

① 魏正一：《北大荒的"猎象人"》，《大自然》，1989 年第 4 期。

② 盖培、王国道：《黄河上游拉乙亥中石器时代遗址发掘报告》，《人类学学报》，1983 年第 1 期。

似乎太重；作为标枪一类的投掷器却又嫌太轻。有些学者推测可能应该作为鱼叉（harpoon）使用。

我们注意到在西藏的细小石器中，所谓的"不规范"石器占有很大比例，即指那些不宜分类或过多的石屑碎片等。这种"不规范"不仅表现在器型上，而且也表现在石料质地上，这种石制品考古学家们称其为"权宜石器"（expedient）。随机性食物搜寻者理论上是以本地原材料和本地石器使用方式为大宗，打制技术上也会出现许多不规范的权宜性，这种权宜性所反映的是原材料的地方特点，这种简单的和确定的关系已经由考古和民族学资料所证明。

（2）居住遗址

通过上面的考古材料分析，我们可以将青藏的细小石器地点归属于"随机游动"或出于后勤储备考虑的觅食策略。到目前为止，青藏高原尚未发现任何与人类居住营地相关遗迹的细小石器地点，虽然这与考古发掘的缺乏和原生地层的阙如有关，不过后来与细石叶相联系的火塘和灰烬遗迹却每每通过考古调查被发现。[①] 是故，我们目前没有任何证据可以将青藏高原的细小石器与季节性食物搜寻模式联系起来，而只能将其与随机性食物搜寻模式相联系。随机性食物搜寻模式的特征就是在考古资料上一般均缺乏相关的遗迹，其遗物则表现出地点分散、权宜石器比例较大，等等。

到目前为止，在青藏高原考古学家们尚未发现任何可以说明旧石器时代晚期人类居住情况的确切考古学资料。1995 年在距拉萨西北约 85 公里的曲桑（chusang），曾发现分属 19 个人的已经钙化了的手印和脚印，其中还包括一个火塘。通过对沉积在火塘和手脚印石灰华中的石英晶体的光释光断代，确定其年代在距今 c. 21.7 cal. ka 和 c. 20.6cal. ka 之间，不过有些学者认为非风化的石英碎屑可能在用于光释光断代时会显示出比实际时代更古老一些。由于这个遗址没有发现所谓火塘之外的任何其他遗迹与遗物，就火塘和人类手脚印记而言，除了将其视作旧石器时代晚期觅食者的临时营地之外，我们无法再做更多的分析与推断。这是目前青藏高原发现的石器之外唯一一处与人类及其居住相关的旧石器时代晚期遗迹的孤证，但是关于这个遗址需要更多的时代测定和进一步实地

---

① 青海省文物考古队：《青海龙羊峡达玉台遗址的打制石器》，《考古》，1984 年第 7 期。

调查，因为有些学者认为火塘与手印脚印分属不同的时代。[1]

结　语

关于青藏高原旧石器时代的考古学研究，目前只能说仅仅开始。青藏高原旧石器的古老性、人类移居的时间及其过程、文化渊源、文化的适应等问题，不是仅靠考古便可解决，21 世纪以后青藏高原旧石器时代考古学的发展，越来越多地结合了地质学、分子生物学、高科技断代、古气候与古环境学等相关学科，从而形成了一种跨学科的研究趋势。这种跨学科研究不仅极大地改变和修正了我们对青藏高原旧石器的传统认识，而且向我们揭示了越来越多有关旧石器时代人类在青藏高原移居和生活的信息。正是因为这种跨学科研究的趋势，青藏高原史前研究的独特性和必要性日益突出。随着研究的不断深入，相信青藏高原史前的神秘面纱会逐渐被揭开。

[1]　中国古脊椎动物与古人类研究所和西藏文管会曾对该遗址进行过复查，他们认为火塘的时代在距今 5000 年前左右，而手印和脚印的时代或许更晚。关于该遗址复查的正式文字尚未刊布，承蒙高星先生见告。

青海昆仑山山口发现的细石器考古新材料

近年来，人类早期对青藏高原开发成为史前考古学的热点问题之一。青藏高原东北缘为人类最早踏足高原和早期人类活动最活跃的地区之一，[①] 受青藏高原自然条件的影响，自晚更新世以来，史前人类 3 次向青藏高原东北缘扩张的历程均受气候环境变化的强烈约束。[②] 人类对高原环境的适应是早期人类是否能成功在高原生存的关键，而人类向青藏高原扩张的年代及人类生存与活动方式则是青藏高原早期人类活动研究的核心，野牛沟石器遗址则为此提供了实物证据。

一、野牛沟石器遗址

青海海西州地域主体为柴达木盆地，北靠阿尔金山、祁连山，南依昆仑山，属典型的高原大陆性气候。野牛沟位于青海省海西州格尔木市郭勒木得乡西

[①] 黄慰文、陈克造、袁宝印：《青海小柴达木湖的旧石器》，中国科学院中澳第四纪合作研究组编.《中国—澳大利亚第四纪学术讨论会论文集》，科学出版社 1987 年版，第 168~175 页；Madsen D B, Ma Haizhou, Brantingham P J et al. The late Upper Paleolithic occupation of the northern Tibetan Plateau margin. Journal of Archaeological Science, 2006, 33(10): 1433~1444.Brantingham P J, Gao Xing. Peopling of the northern Tibetan plateau. World Archaeology, 2006, 38(3): 387~414.Cui Zhijiu, Wu Yongqiu, Liu Gengnian. Discovery and environmental significance of neolithic trace in Kunlun Mountains Pass area. Chinese Science Bulletin, 1995, 40(17): 1451~1455. 周笃珺 , 马海州 , Brantingham P J 等：《晚更新世以来青海北部的人类活动与湖泊演变》，《盐湖研究》，2003 年第 11 卷第 2 期，第 8~13 页。拜永山、王进寿、常革红等:《青藏高原北部祁漫塔格地区发现古人类活动遗迹》，《地质通报》，2003 年第 22 卷第 3 期，第 369~370 页.

[②] 侯光良、许长军、樊启顺:《史前人类向青藏高原东北缘的三次扩张与环境演变》，《地理学报》，2010 年第 65 卷第 1 期，第 65~72 页。

北约70公里处的昆仑山北的一个峡谷地带,地处昆仑山的入口处。2009年7月,作者在野牛沟三道梁与四道梁之间的奈齐郭勒河北岸的第四台地上发现一处保存状况良好的石器地点,我们称此地点为地点 I。距地点 I 西南约 500 米处,我们在地表采集到两件石器,我们称此地点为地点 II(图 1)。下面我们分别来介绍和描述这两个地点及其石制品。

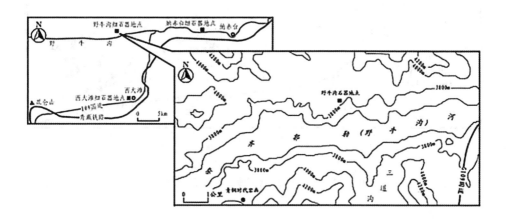

图 1　野牛沟细石器地点位置图

野牛沟细石器地点 I,海拔为 3800 米。该地点除发现类型较为丰富的石制品外(表 1),还发现两处保存完好的露天火塘遗迹。围绕着两处火塘,分布较为集中的细石器和制作石器所产生的石块废料(图 2)。

火塘保存堪称完好,略高出地表,呈圆形结构,中间微凹。内径约 40 厘米,外径约 80 厘米。对火塘解剖后,表层为 0.5~1 厘米厚的较硬的薄层黄土,下部 7~20 厘米为疏松的灰烬层。火塘内发现数块直径在 10~17 厘米之间的灶石,有的上面尚有灰黑色的烟炱。为了使分析更为真实、科学和准确,我们对火塘 I 周围 5 米范围内(图 2 虚线方框内)出露在地表的石制品进行了全面采集,还对该火塘进行了地表磁化率测定并采集了部分土质样品。

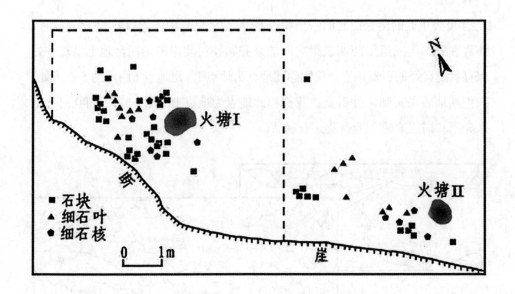

图 2　野牛沟细石器地点石制品与火塘分布示意图

二、典型采集物描述

（一）石核

野牛沟细石器地点 I 共采集到细石核及其坯料 10 件，岩性均为燧石。6 件细石核中，标本 QHY2009:01 等 2 件为锥形石核（图 3：1），长度在 25 厘米左右，台面经修整，有剥片留下的石片疤；标本 QHY2009:02 等 4 件为半锥体石核（图 3：2），比锥形石核略长，长度在 23~32 毫米之间，台面经过精心修整，台面角在 75~90 度之间，有 4~6 个剥制石叶产生的疤痕。

图 3　野牛沟遗址的石核：1 标本 QHY2009:01；2 标本 QHY2009:02

表 1　野牛沟细石器地点 I 石器类型统计

石料	细石核			细石叶		似石叶	石片石器		石核石器	石块	石片	共计	百分比
	锥形石核	半锥体石核	石核坯料	石叶	石叶残片		石片	刮削器	切割器				
石英				1	1	2	16			2	15	37	9.2%
水晶			4	4		4	5					17	4.2%
砂岩										8	8	16	4.0%
脉石英										89	8	97	24.2%
硅质岩	2	4	4	6	1	18	1	8			46	91	22.7%
辉绿岩								1	1	142		144	35.7%
共计	2	4	4	10	6	19	7	31	1	241	77	401	
百分比	0.5%	1.0%	1.0%	2.5%	1.5%	4.7%	1.7%	7.4%	0.2%	60.1%	19.2%		100%

（二）石叶

野牛沟细石器地点 I 共采集细石叶及其残片 16 件。10 件石叶中 4 件为水晶，6 件为燧石。石叶剖面为梯形或三角形。标本 QHY2009:07 石叶，长 20 毫米，宽 8 毫米，厚 4 毫米，水晶，剖面呈三角形，一面为劈裂面，另一面中间有凸起的一道脊，尾端被截断（图 4：1）。标本 QHY2009:08 石叶，长 18 毫米，宽 9 毫米，厚 4 毫米，水晶，剖面呈梯形，一面为劈裂面，另一面中间有凸起的两道脊，尾端被截断（图 4：2）。标本 QHY2009:11 石叶，长 15 毫米，宽 4 毫米，厚 2 毫米，黑色燧石，剖面呈三角形，一面为劈裂面，另一面中间有凸起的一道脊，尾端被截断（图 4：3）。

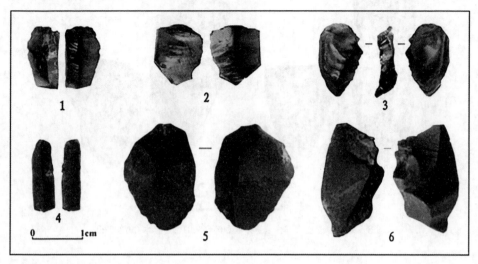

图 4　野牛沟遗址石制品：1 标本 QHY2009:07；2 标本 QHY2009:08；3 标本 QHY2009:11；4 标本
QHY2009:13；5 标本 QHY2009:17；6 标本 QHY2009:22

（三）石片石器

本次共采集的石片石器 39 件，其中水晶 5 件，燧石 7 件，石英 2 件。按石器类型来分，有尖状器、刮削器等。标本 QHY2009:13 尖状器，长 20 毫米，宽 10 毫米，厚 5 毫米，水晶，加工从两侧进行，其两侧经过二次修理，为更新石核台面模板（core tablet），即细石器工业常见的预制石核技术之一，其特点是厚的一个侧边上分布若干个打击轴与石片长轴垂直、只保留近端的片疤（图 4：4）。标本 QHY2009:17 刮削器，长 28 毫米，宽 19 毫米，厚 5 毫米，台面角 90 度，燧石，加工从两侧向中间进行，中间隆起形成龟背状，其两侧形成锋锐的边刃，没有使用疤痕，劈裂面打击点、半椎体均很清晰（图 4:5）。标本 QHY2009:22 刮削器，长 20 毫米，宽 15 毫米，厚 8 毫米，台面角 120 度，灰绿色燧石。加工从一侧向中间进行，中间隆起形成龟背状。没有使用疤痕（图 4：6）。标本 QHY2009:31 刮削器，长 55 毫米，宽 28 毫米，厚 17 毫米，是利用自然鹅卵石先将其边缘稍事修整，然后采用正反向的双面加工方式在一侧进行二次修理，形成锋锐的锯齿状侧凹刃。刃部有使用痕迹（图 5：1）。

此外还有石片 7 件，其中石英 2 件，水晶 2 件，辉绿岩 1 件。长度在

25~30 毫米之间，宽度在 10~15 毫米之间，零台面、自然台面或大角度台面，没有使用疤痕。

距野牛沟细石器地点 I 西南约 500 米处，亦即野牛沟细石器地点 II 处的地表采集打制石器两件。一件为石刀，长 60 毫米，宽 40 毫米，厚 10 毫米，利用扇形的辉绿岩石片制成，侧刃进行单面加工，二次修理疤痕很小，较为精致（图 5：2）。另一件是砍砸器，长 90 毫米，宽 75 毫米，厚 20 毫米，也是利用扇形的辉绿岩薄石片制成，一侧进行双面加工，形成锋锐的侧刃（图 5:1 标本）。这两件石器与上述细石器显然不是一个时代或同一文化传统。这不仅因其为采集地点不同，更重要的是加工技术和石料的选择的不同，而且器型较大。

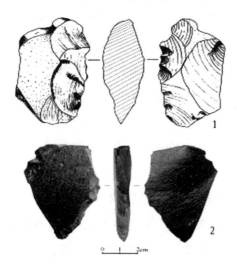

图 5　野牛沟遗址及其附近的石器

（1：标本 QHY2009:31，切割器，双面加工；2: 标本 QHY2009:32，石刀，单面加工）

三、讨论与结论

（一）沉积台地与遗址年代

21 世纪初，由中国科学院古脊椎动物与古人类研究所和美国亚利桑那大学组成的中美科考队在该地区发现了西大滩细石器地点，海拔为 4300 米。西大滩细石器地点位于野牛沟细石器地点南直线距离约 17 公里处。西大滩细石器地点两个断崖剖面的采样分析表明：在地点 I 的三个冰期沉积台地中，T5 的年代介于 12600 aB. P. 和 8100 aB.P. 之间，但未发现任何人类遗迹；地点 T4 的三个残存冰碛层上覆黄土堆积厚度从 0.3~2 米不等，石核、石片以及石器等发现于整个台地上的低洼处和地表之下深 0.3 米、冰期沉积层之上 0.15 米处。宇宙射线测年（CSE）揭示 T4 遗址的年代不老于 8100 a B. P.；T3 的年代为 6300 aB. P.，也未发现任何人类遗迹，也就是说发现人类遗迹的 T4 不会晚于 6300 aB. P.。西大滩地点 II 的光释光测年介于 8200~6400 aB. P. 间，确证了地点 I 宇宙射线的年代。

野牛沟细石器地点地处昆仑山的入口处，此地不仅是现代人类进入青藏高原的必经之地，同时也是古代人类活动迁徙的交通要道。我们在野牛沟细石器地点的两个火塘采集了三个灰烬样品，由北京大学第四纪年代测定实验室进行了加速质谱（AMS）碳 14 测年，其年代分别为：7515 ± 40 aB.P.、7675 ± 40 aB.P. 和 7475 ± 40 aB.P.，表明两个火塘属于同一时代。该测年结果与上述西大滩细石器地点的光释光年代与宇宙射线年代基本吻合，但野牛沟细石器地点所提供的年代更为精确，并且是直接与石器相关的火塘年代，这为该地区细石器年代确定提供了可靠的依据。

2003 年，青海文物考古研究所在该地区发现了纳赤台细石器遗址，共出土 100 余件细石器。该地点未进行测年分析，发掘者根据考古类型学研究认为应与青海贵德黄河流域的拉乙亥细石器遗址年代相似，[①] 即纳赤台细石器遗址年代应在为 6700aB.P. 左右。[②] 不过我们认为纳赤台地点细石器在类型上与野牛沟细石器更具有共同性，两者在空间距离上更近，也更具可比性。此外，经发掘观察分析后认为，纳赤台地点散落在地表上的细石器也为原生文化层，而非自然力或人力搬运所致，而野牛沟细石器地点的情况也恰好印证了这个分析。因此，我们认为昆仑山山口地区细石器的同位素年代应该在 7500

---

① 该发掘资料尚未发表，承蒙青海文物考古研究的陈海清、肖永明两位先生慨允观察和使用相关资料，在此谨表谢忱。

② 盖培、王国道：《黄河上游拉乙亥中石器时代遗址发掘报告》，《人类学学报》，1983 年第 2 期，第 49~59 页。

图6 野牛沟细石器地点Ⅰ采集的"长石片"（似石叶）

aB.P.。

20 世纪 90 年代，北京大学崔之久等人在野牛沟细石器地点东 8 公里左右的野牛沟沟口处的四级阶地上，发现五件打制石器和一块绳纹陶片。顶部热释光年代表明该级阶地形成的最晚年代为 31.65 ± 1.89 ka B.P.。[①] 本次考察作者在距野牛沟细石器地点 II 所采集的两个标本（QHY2009:31 和 QHY2009:32）与崔之久等在四级阶地上采集的五件石器，在类型学上有着更多的一致性，二次加工技术很突出，有一部分为双面加工，而这种技术特征不属于典型的青藏高原细石器传统，应属于更新世晚期青藏高原的细小石器传统。[②] 而与这种细小石器传统相呼应，野牛沟地点 I 的细石器传统则显示出文化上的一种延续，从而形成序列。

（二）石器特征与遗址临时性

野牛沟细石器地点的火塘从地面上可以观察出直径 80 厘米左右的圆形结构，两个火塘相距 7 米左右。经解剖，火塘灰烬厚度在 20~7 厘米之间，灰烬层很疏松，不见炭粒和其他包含物。目视观察似为草本植物的灰烬。其周围有些大小不一的石块，最大者在 15 × 8 厘米左右，估计作为灶石支垫炊具所用。21 世纪初，由中国科学院古脊椎动物和古人类研究所、青海省盐湖研究所，

---

① 崔之久、伍永秋、刘耕年：《昆仑山垭口区新石器时代人类活动遗迹的发现及其环境意义》，《科学通报》，1995 年第 40 卷第 7 期，第 624~627 页。。

② 汤惠生：《略论青藏高原的旧石器和细石器》，《考古》，1999 年第 380 卷第 5 期，第 44~54 页；袁宝印、黄慰文、章典：《藏北高原晚更新世人类活动的新证据》，《科学通报》，2007 年第 52 卷第 13 期，第 1567~1571 页。

以及美国亚利桑那大学等组成的科考队在青海湖畔也发现了全新世初期的食物搜寻者的火塘，火塘灶石较大，其原始结构保存尚好，而且火塘周围除了石器，还有动物骨骼。而野牛沟细石器地点火塘的临时性更为明显，其使用时间似乎更短。

野牛沟地点发现的细石器制品主要石料为石英、脉石英、水晶、燧石等，而附近有大量的砂岩石块，我们认为是加工细石器过程时所使用的加工工具及产生的废料。据表 1 的器类统计，制作石器产生的废料近 20%，而作为加工工具的各种石块高达 60%，这可能是由临时加工的权宜性所致。且细石器制品种类较单一，只有石核、石叶以及简单的刮削器，组合性差，也显示了遗址的临时性。其技术特征为间接或软锤剥制石叶，不见较为定型的或清晰的二次修理，即二次加工的技术特征极不明显，这与更新世晚期细小石器中发达的二次加工技术形成鲜明对比；但又与普遍见之于藏北高原的缺乏修理的石叶有着共同之处，从而为该地区缺乏地层的细石器时代确认提供了参照框架。

野牛沟沟口和野牛沟细石器地点 II 采集的石器与上述细石器形成对比，进而构成演化一个序列。所采集的石制品中不仅有细致二次修理的疤痕，而且有的还是两面加工（参见图 5：1），而后者是欧洲旧石器时代中晚期的典型石器制作技术，如藏北色林错发现了 35ka BP 的石器，研究者认为"其类型到技术都表现出浓厚的欧洲旧石器中期（相当于晚更新世早期，年代不晚于 35ka）文化风格"。[①] 两面加工技术同时还见诸青藏高原更新世晚期的其他地点中，有的学者认为这是"跨喜马拉雅"传播的欧洲石器技术和风格。[②] 但发展到野牛沟细石器地点 I 时，两面加工和二次加工的技术传统似乎开始式微，而那种新出现的无二次加工特征的长石片和细石叶作为主流普遍见诸青藏高

---

① 袁宝印、黄慰文、章典：《藏北高原晚更新世人类活动的新证据》，《科学通报》，2007 年第 52 卷第 13 期，第 1567~1571 页。

② 童恩正：《西藏高原上的手斧》，《考古》，1999 年；Aldenderfer, Mark S.2003Moving Up in the World: Archaeologists seek to understand how and when people came to occupy the Andean and Tibetan plateaus. American Scientist 91 (6): 542–550；吕红亮：《西藏旧石器时代的再认识——以阿里日土县夏达错东北岸地点为中心》，《考古》，2011 年第 3 期。

原。这被学者们认为是全新世初随机或季节狩猎者们对环境变迁的应对。

（三）环境变迁与人类活动方式

美国考古学家宾福德采用中程考古学理论的模拟方法、量化了的人口密度作为狩猎采集者生计选择的标准，认为当一个地区人口增多，狩猎和植物采集经济均难以支撑生计之时，寻找新的资源便成为解决资源不足的主要途径。寻找新的资源就是食物搜寻（forager），一方面是对资源的强化利用，资源强化利用就是对动植物的扩大利用，包括动植物的驯养，小型动物的猎获等；另一方面是扩大或开拓食物搜寻的范围和地区。这反映在考古学文化上，便是石器的细小化和细石器的出现。因为长距离的食物搜寻或小型动物和禽类的猎获，远程工具如箭镞和工具的细小化便势在必行，从而适应长距离的移动迁徙。这就是考古界所谓的发生在更新世末至全新世初旧石器时代末期的"广谱革命"（Broad Spectrum Revolution，简称 BSR）。

"广谱革命"认为从旧石器时代中晚期开始，随着气候和自然环境的恶化以及人类狩猎活动等原因，大型动物种类和数量不断减少，人类便从猎获大型动物逐渐转向小型动物。对小型动物（包括水生动物和飞禽）的猎取逐渐成为人类主要的生存方式。我国北方与细石器相伴的动物群是前郭动物群，碳 14 年代在 9800~7800B.P. 之间，主要有草原兔 (lepustolai)、松鼠（sparmophilus dauricus）、大仓鼠（cricetulus triton）、鼢鼠（myospalax）、獾（meles）、野马（equus przewalskyi）等动物物种。[①]青海贵德黄河流域拉乙亥细石器遗址出土的动物种属有环颈雉、鼠、兔、沙鼠、喜马拉雅旱獭、狐羊等，几乎也都是小型动物。这说明"广谱革命"时期对小型动物的猎取，同样是我国全新世初期所发生的事件，青藏高原亦然。

不过青藏高原史前"广谱革命"搜寻猎获的动物并不一定是小型动物。目前的考古资料显示，青藏高原发现的最古老的人类遗迹的时代在 30~40 ka B.P. ，也就是史前"广谱革命"时期，青藏高原才被人类所开发。此时的青藏高原也当不乏诸如野牦牛、野骆驼、野驴、野马一类的大型动物，所以野牛沟细石器遗存的居住者当时应该有着更多猎物种类的选择。比较我国其他

---

① 郑家坚，徐钦琦，金昌柱：《中国北方晚更新世哺乳类动物群的划分及其地理分布》，《地层学杂志》，2002 年第 16 卷第 3 期，第 171~190 页。

同类细石器遗存，野牛沟细石器地点Ⅰ中有4.7%的似石叶（图6），构成野牛沟细石器特点之一，同时也是整个青藏高原的细石器特征之一。似石叶又称"长石片"，比细石叶大。虽然我们目前还缺乏资料证明似石叶与青藏高原食物搜寻者们猎获大型动物的生活方式有关，但作为对环境的适应，似石叶当与青藏高原食物搜寻者们的生产和生活方式相关联。

（四）结语

人类在全新世先后进入了新石器时代，以温暖湿润为特征的全新世气候变化不断为冷干气候事件和弱季风事件所打断，特别是约8kaBP、6kaBP以及4kaBP左右的3次气候突变对人类社会发展产生了重要的影响，成为世界上许多地区全新世人类演化史上的重要转折点，对世界古文明兴衰具有重要的推动作用。[①] 由于青藏高原具有全球独一无二的自然地理环境，极端的气候环境条件对人类活动的制约作用更为明显，人类在高原生存与扩散表现出不连续性。青藏高原东北缘是人类最早踏足高原和早期人类活动最活跃的地区之一，而昆仑山山口地区所处的地理位置，加之此间所发现的从旧石器晚期石器的细小化、细石器，直到青铜时代灰烬层与岩画等史前遗迹，[②] 说明自古以来，这里都是通往青藏高原腹地的交通要道，也是人类活动活跃的地区。该地区有时间序列关系的考古发现及其时代的确定，为藏北高原腹地缺乏年代的同类考古学资料比较提供了参照。

随着全新世大暖期（Megathermal）的环境改善，[③] 青藏高原地区植被景观表现在分布高度上移及森林扩大，湖泊水面扩张，湖水变淡，高原泥炭发育，冰川退缩，多年冻土退化，[④] 一些高海拔地区也演化成适于更多动物生存的半荒漠地区。草场在很大范围内得以扩展，尤其是在河谷地带。森林扩展也意

---

① 吴文祥、刘东生：《5500aBP气候事件在三大文明古国古文明和古文化演化中的作用》，《地学前缘》，2002年第9卷第1期，第155~162页。

② 汤惠生、张文华著：《青海岩画——史前二元对立思维及其观念的研究》，科学出版社2001年版，第204页。

③ 刘光秀、施雅风、沈永平、洪明：《青藏高原全新世大暖期环境特征之初步研究》，《冰川冻土》，1997年第19卷第2期，第114~123页。

④ 张彭熹、张保珍、钱桂敏、李海军、徐黎明：《青海湖全新世以来古环境参数的研究》，《第四纪研究》，1994年第3期，第225~238页。

味着动植物得以向高纬度或高海拔地区迁移。^①此时人类自黄土高原"随机游动"到青藏高原，以寻求更为广阔的生存空间。野牛沟细石器地点应该就是史前"广谱革命"时期人类扩大食物搜寻范围所留下的遗存。该地点单一或权宜性的石器以及火塘的临时性等特征，充分说明该遗址居住者同样是季节性或临时性的食物搜寻者，细石器特征说明他们是不断游动地捕获动物的猎人，表明从更新世晚期到全新世早中期，游动至此的主要是以采集狩猎为目的的随机或季节性食物搜寻者。20世纪90年代西大滩的青铜时代灰烬层中发现牛（Bison sp.）和狗（Canis）遗骨，表明全新世晚期，亦即青铜时代以后，该地区成为游牧者的季节性牧场。

---

① 王富葆、韩辉友、阎革、曹琼英、周卫健、李升峰、D.J.Donahue：《青藏高原东北部 30ka 以来的古植被与古气候演变序列》，《中国科学》(D 辑)，1996 年第 26 卷第 2 期，第 111~117 页。

青海果洛下大武小清河细石器遗址调查
及其相关问题的讨论

　　小清河遗址坐落在青海省果洛州下大武乡小清河的二级台地上，地理位置 35° 0′ 12″ N，99° 15′ 28″ E，海拔 4000 米。此间高寒缺氧，年均气温 ~4℃，年均降水量 400~500 毫米之间。二级台地距河床高 25 米。小清河自南向北，注入清水河。遗址北距清水河约 2 公里。（图 11）遗址残存厚约 1.3 米。此地为藏族游牧部落居住。

图 1　位于小清河北岸的细石器遗址。
遗址几乎已被建筑取土破坏殆尽，仅存临近河边的一些残存文化堆积

一、地层与出土遗物描述

①表土层（草皮），13~20 厘米。包含物有石块、羊粪、现代玻璃、铁丝等。

②黄土：内夹细沙，土质坚硬，间有钙质结核，厚约 15~20 厘米，出土一件楔形石核。

③黄褐色土，土质疏松，40~50 厘米。在距地表 40 厘米处，普遍发现文化遗物，包括刮削器、细石叶、火塘、灶石、兽骨、木炭等。

④棕黄土，含砂，间有砂质透镜体，30~40 厘米。出土一件细石叶。

⑤生土，砂砾层。（图 2）

图 2　小清河遗址地层剖面图，红色为碳 14 采样位置

出土的石制品：

标本 XDW01，楔形石核。黑色硅质岩，高 2.6、宽 1.9、厚 0.8 厘米，出土于第②层。石核底端两面修理出刃部，台面稍事修整，从一侧剥制细石叶（图 3）。

标本 XDW02，侧刃刮削器。白色石英岩，高 2.4、宽 1.4、厚 0.7 厘米，出土于第③层底部。刮削器利用一石片，将其侧面修理成一侧刃刮削器（图 4：B）。

标本 XDW03，端刃刮削器。黑色硅质岩，高 3.2、宽 3.4、厚 1.3 厘米。出土于第③层底部。利用石片制成，在石片的远端采用单面二次加工法修理出一刃部（图 4 : A）。

标本 XDW04，残断石叶尖。黑色硅质岩，出土于第③层底部。高 1、宽 0.8、厚 0.4 厘米（图 4 : C）。

标本 XDW06，残断石叶。水晶，高 1.2、宽 0.9、厚 0.5 厘米，出土于第④层（图 4 : D）。

在距地表 97 厘米的第④层底部，我们清理出一个火塘遗址，周围有很多石块，可能是作为火塘支石来用。支石为火成岩，23 块，最小的只有几厘米，最大的 21 × 12 × 8 厘米（图 5）。在火塘西侧，发现一段兽骨，经鉴定为羊（Ovis sp.）骨。

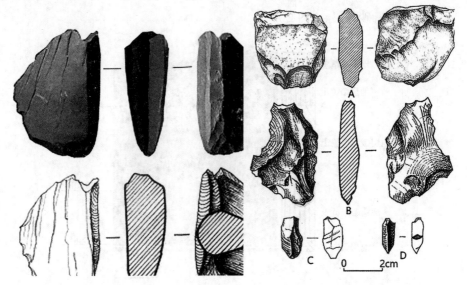

图 3　小清河遗址第②层出土的楔形石核　　图 4　小清河遗址第③层和第④层出土的端刮器（A）、侧刃刮削器（B）和石叶（C、D）

此外，我们在第②层、第③层和第④层采集碳 14 测年标本各一份，由北京大学加速质谱实验室进行测年：

木炭样本 BA111105，采自第②层：4110 ± 30，树轮校正 2700BP；

火塘灰烬样本 BA111106，采自第③层：5181 ± 35，树轮校正 4060BP；

灰烬样本 BA111107，采自第④层：9890 ± 40，树轮校正 9450BP。

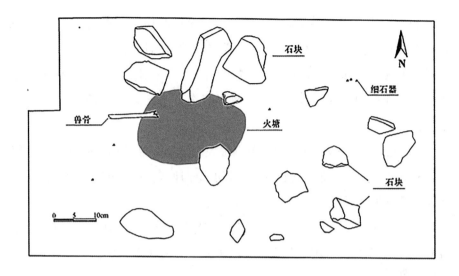

图 5 小清河细石器遗址出土的火塘遗迹

二、遗址地层堆积的形成

人类对居住地的选择如同水漫金山，先从低地开始，逐渐浸没高处。青藏高原是世界上最高的高原，当然也就是最晚进入的地方。有的学者认为更新世末期随着气候和自然环境的变化，在地中海地区发生了以猎取小型动物为对象的，包括水生动物和飞禽在内的"广谱革命"，并很快影响到全球范围。正是由于"广谱革命"引发了晚更新世人类发展史上的"地理大扩张"，正是在这次地理大扩张中，[1] 我国西北黄土高原的原始先民走出黄土高原，"随机游动"到西藏草原。[2]

---

① 参见袁宝印、黄慰文、章典：《藏北高原晚更新世人类活动的新证据》，《科学通报》，2007年第 52 卷第 13 期。

② David B. Madsen , Ma Haizhou, P. Jeffrey Brantingham, Gao Xing, David Rhode, Zhang Haiying, John W. Olsen 2006. The Late Upper Paleolithic occupation of the northern Tibetan Plateau margin. Journal of Archaeological Science 33:1433~1444；汤惠生：《青藏高原旧石器时代晚期至新石器时代初期的考古学文化及经济形态》，《考古学报》，2014 年第 4 期。

21 世纪以来，考古学家们开始关注人类是何时移居到青藏高原，以及如何移居到青藏高原的。美国亚利桑那大学和中国双古所的考古学家们于 21 世纪初联合考察了青藏高原的旧石器，并提出一个三步曲的青藏高原移居理论，几乎是精准地指明了什么时间以及各种经济类型的族群是如何进入青藏高原的：

（1）在距今 5~2.5 万年间，活动范围很大的食物搜寻者（foragers）开始"漫游"（random walk）到低于海拔 3000 米的草原地区，亦即聚集在资源较丰富的地区进行狩猎和采集。

（2）在距今 2.5~1 万年间，亦即末次盛冰期之后，食物种类扩大了的搜寻者开始在海拔 3000~4000 米的地区建造固定的居所以供临时的、短期的和用于特殊目的的搜寻基地。

（3）全新世以后，以驯养动物为生的早期新石器时代的牧人为了寻找牧草开始全方位和永久性地居住在高于 4000 米的高原地区。

尽管在不到十年的时间内，由于甘肃白石崖溶洞丹尼索瓦人下颌骨、川西皮洛遗址、尼阿底遗址、拉萨邱桑人类手脚印等一系列的考古重要发现和发掘，"三步曲"的移居理论被推翻了，但这个学说不仅仅是建立在已有考古学材料上的，而且还基于自然选择的理论指导，即作为一个人类与动植物驯养（包括文化）在高海拔环境适应的全部过程，因之对于今后青藏高原考古研究，仍富有引领方向和启示意义。其关键之处在于，它突破了以建立考古文化时空框架为宗旨的文化—历史学派的研究模式，建立起一种以动态过程研究为宗旨的新考古学范式。学者们至今仍沿着三步曲的思路，不断对其进行补充和修正。

2010 年，侯光良等人认为晚更新世以来，人类进军青藏高原东北缘的历程分为三次，分别发生在 40~30 ka BP、末次冰消期—全新世早期和全新世大暖期。他们认为环境演变在人类进军青藏高原东北缘进程中扮演了重要角色，环境演变推动了人类第一次和第二次向青藏高原进军，而第三次马家窑文化进军青藏高原的驱动机制是相邻区人口的膨胀与增长。[1]

---

[1] 侯光良、许长军、樊启顺：《史前人类向青藏高原东北缘的三次扩张与环境演变》，《地理学报》，2010 年第 65 卷第 1 期。

2016 年张冬菊等人通过整理和总结在青藏高原已开展的考古工作，提出史前人类主要通过河湟谷地扩散到青藏高原东北部再进一步扩散到整个青藏高原。其扩散过程可概括为四个阶段，分别为末次冰消期的旧石器时代晚期（距今 1.5~1.16 万年）、全新世早中期的中石器时代（距今 11600~6000 年）、全新世中晚期的新石器时代（距今 6000~4000 年）和全新世晚期的青铜时代（距今 4000~2300 年）。同样，张冬菊等人也认为第一次在显著的地理环境差异和气候波动背景下，自旧石器时代晚期开始在世界范围内发生的"广谱革命"，促成早期古人类登上青藏高原并季节性居住逐渐适应高原环境；而后几次迁徙则是由于农业的发展作为驱动而发生。[①]

2022 年，陈发虎等人把青藏高原史前人类迁徙活动概括成 5 个阶段：1. 至少在 190 ka 到可能晚至末次冰期中的 45ka 前，夏河人在青藏高原东北部长期生存；2. 40 ~30 ka 前的末次冰期温暖阶段，现代智人已经能够到高原腹地如色林错区域活动，开始了现代智人对高原面的占据过程；3. 至少从 15ka 前的末次冰消期到温暖的全新世早中期，使用细石器技术的狩猎采集人群在包括现代无人区的广大高原面上生活；4. 全新世中晚期约 5.5ka 前，粟作农业人群从黄土高原西部向高原东部地区扩散，5.2ka 前已经定居在高原东北的低海拔河湟谷地，4.8 ka 前定居到高原南部横断山区的海拔 3000 米的河谷地带；5. 约 3.5ka 前后，麦作农业人群大规模定居至高原东北部高海拔区域，高原南部几乎在同一时期经过了麦作—粟作混合农业再到大麦主导农业的过程，而且牧业经济成为重要的经济形式，青藏高原地区形成了自给自足的农牧混合经济。农业技术和人群除了从高原东部向高原南部扩散外，穿越喜马拉雅也可能是麦类—粟类作物的扩散路线。[②]

以上诸说都强调全新世，特别是中期以来青藏高原的游动和移居都是由农人发动的，也就是所谓的粟作和麦作农业的传播而引发的。事实上 21 世纪初，美国考古学家瑞恩（G. Ren）就认为距今 6000 年左右，来自东部地区的

① 张东菊、董广辉、王辉、任晓燕、哈比布、强明瑞、陈发虎：《史前人类向青藏高原扩散的历史过程和可能驱动机制》，《中国科学：地球科学》，2016 年第 46 卷第 8 期，第 1007~1023 页。

② 陈发虎、夏欢、高玉、张东菊、杨晓燕、董广辉：《史前人类探索、适应和定居青藏高原的历程及其阶段性讨论》，《地理科学》，2022 第 42 卷第 1 期。

一个"新石器包裹"（Neolithic Package）沿河谷地区逆流传播至高原，这个"包裹"中包括被驯化的动植物，有黍粟、牛、羊、狗等；器用包括陶器、磨光石器、渔网等等。另一位语言考古学家冯·德雷姆（van Driem）结合考古学资料、DNA 和语言学资料对高原新石器的出现进行全面的解释。他假定距今 11500 年前说藏缅语的祖先抵达长江中上游的四川地区，这个假定也被用于解释东部（裴李岗）黄河盆地和西部（大地湾）黄河盆地新石器群落的起源。荷兰莱顿大学的喜马拉雅民族语言学家德雷姆依据"语言与农业扩散"理论提出的一个大胆的猜想，认为青藏高原最早的人群——德雷姆称他们为"北部藏缅语"（Northern Bodic）的使用者——来自黄河流域的早期新石器时代文化，譬如甘肃的大地湾文化，距今 7000 年前左右，由四川盆地北上进入青藏高原。

即便是这种粟作或麦作的农业迁播真实存在，那也仅仅限于黄河、雅砻江、湟水河等河谷地带，而海拔 3500 米以上的绝大部分草原地区是不可能实施农业的。黍粟是一种旱作栽培植物，生长期需水量 290~310 毫米，黍粟作物要求全年最低降水量约 380 毫米；生育期间要求 ≥10℃ 积温 1600~3000 ℃，种子发芽最低温度 7~8℃，最适温度 15~25℃。[①] 所以就青藏高原 3500 米海拔以上的草原地区来看，≥10℃ 积温在 1000℃ 以下，都不适宜种植任何农作物，[②] 也只有更新世晚期以细小石器为代表的随机性食物搜寻者和全新世早期的以细石器为代表的季节性食物搜寻者以及公元 3000 年以后青铜时代的游牧部落才有可能是永久性的定居者。青海湖周边的全新世早中期遗址中发现了零星的陶片，很多学者便认为这可能意味着经济形态的转变。如江西沟 2 号地点还出土两块陶片，为夹砂粗陶，饰绳纹，分别出于厚度在 4.2~0.8 米之间的②a 层底部和上部。光释光测年显示上部陶片的绝对年代是 4973±254BP（编号 UW~1360)，下部陶片的绝对年代是 6542±472BP（编号 UW~1359），后者

---

① 方修琦、章文波、张兰生：《全新世暖期我国土地利用的格局及其意义》，《自然资源学报》1998 年 1(13)：16~22；侯光良、许长军、吕晨青、陈琼、兰措卓玛：《中全新世仰韶文化扩张的环境背景》，《地理学报》，2019 年第 38 卷第 2 期。

② 侯光良、张雪莲、王倩倩：《晚更新世以来青藏高原人类活动与环境变化》，《青海师范大学学报》（自然科学版），2015 年第 2 期。

被认为是青藏高原最早的陶片。与之类似、年代相近的遗址还有黑马河 3 号地点，发现了 1 个灶址和一些文化遗物，文化层位于距现地表 1.94 米处，介于沉积物和黄土之间。C14 测年结果为 8450BP，接近江西沟 2 地点的上限。根据这两片陶片和灶址，发掘者认为该地点文化内涵存在着一种经济转变的趋向，即从中石器时代末的狩猎采集向新石器时代的农耕和畜牧的过渡。实际上无论是粟作还是麦作，所有的农人只能是青藏高原草原地区的匆匆过客和季节性居住者，而不可能是这里的永久性居住者，只有食物搜寻者和游牧部落，才有可能永久性居住此间，这是地理环境以及气候所决定的。

如果是这样，那么问题来了，下大武小清河遗址 1.3 米的文化堆积是怎么形成的？分布在河流两岸和大湖边上的遗址堆积一般都比较发育，这与河流的泛滥和湖水的消长和冲刷有关，如青海湖周边的全新世早、中期遗址的堆积均较厚，一般都在 1~3 米之间，黄河岸边的同期文化堆积也比较发育，如拉乙亥遗址文化地层堆积超过 2 米。然而分布在山麓坡地的文化遗址，一般堆积较薄，通常都在 1 米或 1 米以下。小清河遗址的堆积显然要比青海湖周边和黄河两岸同期遗址要薄。

从我们发掘的地层剖面来看，小清河遗址地层深度在 1.3 米左右，从距今 9000 年前到距今 4000 年前的堆积为 30 厘米，从距今 4000 年前至距今 3000 年前的堆积为 50 厘米，从距今 3000 年前以后的堆积，很有可能原来的地层已被破坏，目前的厚度已不足为凭。在这里我们首先要强调的是，小清河的地层堆积都是人为的文化堆积，由此来看，与距今 9000 年前至距今 4000 年前的第④层相比，5000 年时间内的堆积只有 30 厘米，而第③层为 1000 年间的内黄土厚达 50 厘米的堆积表明，从距今 4000 年前至距今 3000 年前是人类活动最为频繁的时期。从地层堆积的厚度来分析，第④层堆积一定是"随机性"或季节性的游动所产生，以采集狩猎或简单的放牧为主要经济形态，而不可能有任何形式的农业，因为这里温度和海拔都不允许农业的发展；而第③层堆积由于没有大规模的发掘揭露，我们尚无从判断是临时游动还是长期定居所造成，但与青海湖周边的地层相比，临时或永久定居都有可能产生这个厚度的地层。在这里要顺便说一下，青海湖周边的"临时火塘"被认为是季节性占据的证据，是因为火塘附近没有发现房屋等建筑遗迹。不过没发现房屋建筑并不能证明就不是长期定居，因为至今草原地区的永久性居住者藏族牧民，仍以牛毛帐篷为主要居住形式，而帐篷可以随时搬迁和反复使用，所以不可能在考古遗址中有任何痕迹可以埋藏留存下来。由此来看以前学者们只根据火塘而确定的古人临时营地或季节性驻地的结论，都是需要进一步通过考古埋藏学或其他科技手段进一步进行确认的。

三、出土石制品的讨论

这次在小清河遗址出土石制品有细石叶、细石核、细石器等。石叶、刮削器以及石块等出土于第③④层中，而楔形细石核则出土于第②层中。

第④层是距今 9000 年前至距今 4000 年前的堆积，是这个地区时代最早的文化堆积。这个地层堆积表明更新世这里尚无人居住，全新世以后，人类开始居住于此。全新世以来冰期结束，气候全球性开始变得温暖起来，虽然这里是海拔 4000 以上的高原地带，不宜农人移居，但对于以狩猎—采集为生的食物搜寻者来说，这里有着广阔的天地。以温暖湿润为特征全新世气候变化不断为冷干气候事件和弱季风事件所打断，特别是约 8ka BP、6ka BP 以及 4ka BP 左右的 3 次气候突变对人类和人类社会发展产生了重要影响，成为世界上许多地区全新世人类演化史上的重要转折点，对世界古文明兴衰具有重要的推动作用。[1] 目前的考古资料显示，全新世以来代表着以采集—狩猎者人群的食物搜寻者遗留下来的细石器考古学遗存在青藏高原分布得最为广阔，这从图 6 的青藏高原细石器地点分布图中即可看出，这种细石器考古遗存似乎是作为青藏高原低温气候和恶劣环境的应对策略，充分显示出其移动性、权宜性、细小化、便携性、临时性和不确定性的特点。所以青藏高原的细石器地点几乎遍布全境，且分布十分密集。据不完全统计，仅西藏自治区内已

---

① 　吴文祥、刘东生：《5500aBP 气候事件在三大文明古国古文明和古文化演化中的作用》，《地学前缘》，2002 年第 9 期，第 155~162 页。

发现的石器地点即达 128 处，海拔最高达 5200 米。[①]

细石叶技术全新世在青藏高原的流行，就是人类对环境适应和文化对气候的响应。美国学者埃尔斯顿等人回顾了细石器技术作为应对亚洲北部晚更新世环境中不断增加的变化的策略，最后提出了进一步的研究路线。细石叶是用于镶嵌在骨或木质柄上的复合工具。经实验考古学研究表明，复合尖状器比双面尖状器更耐用。不仅在使用时不太容易损坏，如果磨损迟钝或损坏，也更容易修复。尤其是在像青藏高原这种低温环境下，双面尖状器的矛尖很容易由于低温而断裂破损，但复合尖状器就不存在这个问题。不过制作一个复合尖状器所需的时间，远远大于大多数双面制作的尖状器。然而，复合尖状器有着更长的使用寿命，人们可能会花更多的时间做一系列可消耗性的双面尖状器，而不是做一个复合尖状器。复合尖状器比双面尖状器造成的致命程度虽然要小一些，但其锋利的切割边缘会促使肌肉组织损伤和出血更多。

埃利斯等人在对 100 多个人类学案例的调查中评估了影响石片尖状器或复合尖状器选择的因素。他发现，石箭镞和投掷石矛几乎只用于大型和危险的猎物（熊和大型畜群），以及在以杀死敌人为目标的战争中。复合尖状器使用多针对以下几种情形：狩猎体型较小的动物时，[②] 战争中需要多动作的反复刺杀时，或在寒冷的天气中使用弓箭时（因为石片箭镞在寒冷的天气中很脆弱和很容易破碎），或当长矛扔在茂密的灌木丛时。

所以学者们认为细石叶技术与遗存一般发生在北纬 33 度到北纬 70 度以上，从遥远的中国西部和西伯利亚到太平洋海岸、库页岛和日本群岛。这种向北分布表明，亚洲细石器技术和嵌入复合武器在一定程度上解决了资源不丰富和难以获得猎物的漫长恶劣冬季，因为无法获得足够的资源会造成致命的后果。

---

① 吕红亮：《更新世晚期至全新世中期青藏高原的狩猎采集者》，《藏学学刊》，2014 年第 11 辑，1~27 页。

② 这与青藏高原的考古材料甚为相符，譬如经考古正式发掘的拉乙亥遗址，出土一些被砸击或烧烤过的动物骨骼，基本上都是中小型动物，能鉴定出的动物种属有：环颈雉（Phasianus colchicus stauchi Przewalski）、鼠兔（Ochotona sp.）、沙鼠（Meriones sp.）、喜马拉雅旱獭（Marmota himalayana robusta）、狐（Vulpes vulpes）、羊（Ovis sp.）等。小清河遗址第 3 层火塘边发现的羊骨，也是中小型动物。

距今 4000 年前至距今 3000 年前，青藏高原气候进一步转暖。施雅风等人研究发现，在 40~30ka B. P. 时段整个青藏高原气候都异常温暖湿润，温度比现代高 2℃~4℃，达到间冰期程度，降水比现代增加 40%~100% 以上，[①] 出现了许多湖面高出现代 30~200 米的淡水大湖。[②] 4000~3000aBP 期间，气候趋于湿润，孢粉组合中的乔木成分应该增加。在 3000~2000aBP 期间，气候趋于干旱，孢粉组合中的乔木成分应该减少。但从孢粉分析的结果来看，孢粉组合中乔木成分的变化趋势并非如此。有数据表明，[③] 4000~3000a BP 孢粉组合中乔木成分在持续减少，之后乔木成分波动上升，在 1800a BP 前达到峰值。显然，只用气候变化的原因是无法完全解释这一现象的。也就是说，除了气候因素之外，必然有其他因素影响了植被的变化。固然，甘肃、青海地区畜牧业比重的增加是气候恶化的结果。但自 4000aBP 以后，气候并没有大幅度地转暖，可以说，3000~2000aBP 时的气候比 4000~3000aBP 时更趋干凉。而在 3000~2000a BP 时孢粉组合中乔木成分增加，最有可能的就是当地转向以游牧业为主的经济方式，植被得到一定程度的恢复。[④]

就我们这里所关注的下大武地区情况亦然，人类的活动骤然增加。全新世晚期以来，3700~1800 cal.a BP 细粒炭屑浓度出现明显高值区，指示高原区域火的发生；1800 cal.a BP 以来各粒级炭屑浓度波动频繁，粗粒炭屑浓度的波幅最大，指示下大武地区人类活动增强。[⑤]

作为文化对气候的响应，此时出现的代表性石器是楔形石核。所谓楔形石核指的是双面加工（或刃部的双面加工）的石核，然后在石核上加工出台面，

---

① 施雅风、刘晓东、李炳元等：《距今 40~30ka 青藏高原特强夏季风事件及其与岁差周期关系》，《科学通报》，1999 年第 44 卷第 14 期，第 1475~1480 页；杨保、施雅风：《40~30ka B.P. 中国西北地区暖湿气候的地质记录及成因探讨》，《第四纪研究》，2003 年第 23 卷第 1 期。

② 李炳元：《青藏高原大湖期》，《地理学报》，2000 年第 55 卷第 2 期，第 174~181。

③ 杜乃秋、孔昭宸、山发寿：《青海湖 QH85 —碳 14 钻孔孢粉分析及其古气候古环境的初步探讨》，《植物学报》，1989 年第 31 卷第 10 期，第 803~814 页。

④ 安成邦、陈发虎、冯兆东：《甘青地区中晚全新世植被变化与人类活动》，《干旱区地理》，2002 第 25 卷第 2 期。

⑤ 赵亚娟、侯光良、鄂崇毅、杨龙、王青波：《青藏高原下大武地区炭屑浓度所反映的环境演变与人类活动》，《地球环境学报》，2016 年第 7 卷第 1 期。

最后沿着台面的一端压剥石叶，之后所剩下的石核依然可以用作刮削器或切割器，这是比船型石核所具备的更多的复合功能。除此以外，楔形石核之于船形石核的优势在于所产生的细石叶的均匀性更突出。楔形石核的细石叶宽度和厚度变化较小，更少的腹侧和横向曲率，其断面更多具有梯形交叉的单元。这意味着楔形石核所产生的石叶尺寸更标准、性能更稳定、与柄的复合更高效。但这也要求更苛刻的选料并在制作过程中更精密的制作技术。换句话说，由船型石核转变为楔形石核，可以进一步降低不可预期的变化和风险，从而确保最高质量的替换部件的可用性。特别是在环境和气候严酷的青藏高原，每次狩猎的成功性关乎生存。虽然猎人可以在狩猎旅行之前制造成批的细石叶，但它们的运输带来了迟钝、破碎和丢失的可能性。此外，运输的供应可能不足以满足狩猎的所有意外事件。因此，现场制作将是必要的，而现场制作时减少差异性的最佳方案就是从选料到制作工艺技术的标准化。在中国，船形石核较早出现，后来楔形石核出现后，与船形石核一起并行通用。

结　语

进入 21 世纪以后，青藏高原的史前考古研究取得了突飞猛进的发展，首先是美国考古学家阿尔丹德弗、布兰庭汉等人一改往日的编年考古学的建立文化时空框架的研究方式，着眼于新过程考古学关于人类的迁播与游动，考察建立在人地关系上的青藏高原史前文化的传播与发展，从而导致第四纪以来青藏高原的人群与考古学文化研究以多学科或跨学科的研究范式得以兴盛。特别是近十年以来，随着甘肃白石崖溶洞丹尼索瓦人下颌骨、川西皮洛遗址、尼阿底遗址、拉萨邱桑人类手脚印等一系列的重大考古发现和发掘，使我们对青藏高原史前考古学文化在时空方面的分布有了颠覆性的认识。不仅如此，由于地理环境学、第四纪研究、古气候、古动植物学、年代学等多学科的介入，我们对第四纪以来的人类及其文化，以及史前考古学文化与地理环境、湖泊河流、气候等之间的关系方面的认识，也不断深入。青藏高原的史前研究正朝着多学科和动态的方向发展，这不仅是青藏高原史前考古发展的方向，同时也是第四纪地质、地理和环境气候研究的方向，亦即科学的方向。

青海果洛下大武小清河细石器遗址研究就是在这一学术发展的背景下进行的，尽管只是调查和解剖的一处地层剖面，但给我们提供的史前人类活动信息还是非常确定和富有学术意义的。尽管青藏高原周边地区早期的考古发现此起彼伏，不断涌现，但4000米以上的青藏高原腹地的早期考古学文化，仍是我们研究的一个短板，特别是考古学文化层位可以发育到如此厚度者，更是少见。小清河遗址的地层堆积向我们显示，全新世以来这个地区经历了以采集—狩猎为经济形态的食物搜寻者的光顾，也曾被新石器时代放牧者和青铜时代游牧部落季节性或长期占据。这里发现石制品说明早期下大武人已经发展出一整套应对高原恶劣气候的文化策略和狩猎工具。如果有机会将来在此地做一个试掘，相信会有更多的资料和信息来补充我们对全新世以来高海拔地区人类生存和活动的了解。

考古学文化中的青藏高原史前经济与社会

绪 言

　　"史前"的概念在不同的民族和地区，有着不同的时间界定，[1]就本文所涉及的青藏高原而言，传统上将其界定在从青藏高原距今 30000 年左右旧石器时代晚期出现的人类遗迹开始，一直到公元 7 世纪中叶，即松赞干布建立的吐蕃政权为标志的这段时期。[2]从时间上来看，这是一个包括旧石器、新石器和青铜三个考古学时代的漫长过程。不过我们这里所要讨论的时代只限定在旧石器时代晚期至新石器时代初期，因为这段时期也正是被国际考古界称作"广谱革命"[3]的人类社会发展阶段。这种从经济发展史角度所作的区分，将会使我们的讨论主题更为集中。我们这里研究所依据的材料，只能基于文字之外的考古发现。从地理环境的角度来看，对于青藏高原史前的讨论，尽管不能局限于现在的行政区划，还应包括甘肃南部、四川和云南西北部草原地区在内的整个青藏

---

①　参见［美］保罗·G. 巴恩著：《剑桥插图史前艺术史》，山东画报出版社 2004 年版，第 2~3 页。

②　参见 Mark Aldenderfer and Zhang Yinong 2004. The Prehistory of the Tibetan Plateau to the Seventh Century A.D.: Perspectives and Research From China and the West Since 1950. Journal of World Prehistory, Vol. 18, No. 1； 李永宪著：《西藏原始艺术》，四川人民出版社 1998 版，第 5 页；丹珠昂奔著：《西藏文化发展史》，甘肃教育出版社 2001 版，第 41 页。

③　将在后文中进行详细讨论。

高原，[①] 但我们主要还是基于西藏和青海境内发现的考古资料。

就青藏高原而言，季节性食物搜寻模式在考古遗存上最富特征的物质表现便是细石叶，其时代属于中石器时代，其绝对年代在距今约 1.4 万 ~6000 年前之间。

关于细石器，国内通行的概念是"细石器""细石器技术""细石器工业""细石器组合"，乃至"细石器文化"等[②]。而目前的细石器研究趋势又将细石器进一步划分为"细石叶"（microblade）、"细小石叶"（bladelet，或似石叶）和"细石器"（microlith），用以与国际通用术语相统一。这些术语之间的区别更多是指不同地域发现的细石器遗存，如"细石器"主要指西亚和欧洲的几何形细石器传统；"细小石叶"则主要是对北非史前考古资料的称呼；"细石叶"则指东亚、西伯利亚以及阿拉斯加地区的以长条韭叶形石叶为特征的石器[③]。为了与国际学术界相一致，我们将原来的细石器改称为细石叶，同时对技术产品特征的强调也有助于与先前的细小石器相区别。

青藏高原的细石叶遗存的组合，学者们曾经分为三种情况：

1. 与细小石器共存的细石叶遗存。如藏北地区、雅鲁藏布江中上游地区等遗址。

2. 与陶器共存的细石叶遗存。如西藏的卡若、小恩达、曲贡等遗址。

---

① 张光直曾经谈到，鉴于旧石器时代人类文化的共性大于个性，所以现代意义上的国家和地区划分都无法从文化上加以区别（参见张光直：《对中国先秦史新结构的一个建议》，载臧振华编：《中国考古学与历史学之整合研究——中央研究院历史语言研究所会议论文集之四》，历史语言研究所出版品编辑委员会 1997 年版，第 1~12 页，）。同样，西藏、青海、甘肃等现代行政区划也很难将从青藏高原的史前文化中区分开来。所以我们在讨论西藏地区的史前文化时，往往会与青藏高原这一地理概念相交叉。

② 参见裴文中：《中国细石器文化略说》，《中国史前时期之研究》，商务印书馆 1948 年版 ；贾兰坡、尤玉柱、盖培：《山西峙峪旧石器时代遗址发掘报告》，《考古学报》，1972 年第 1 期；王健、王向前、陈哲英：《下川文化——山西下川遗址发掘报告》，《考古学报》，1978 年第 3 期；安志敏：《海拉尔的中石器遗址——兼论细石器的起源与传播》，《考古学报》，1978 年第 3 期；王益人：《关于下川文化的几个问题》，载《中国史前考古学研究——祝贺石兴邦先生考古半世纪暨八秩华诞文集》，三秦出版社 2003 版。

③ 陈胜前：《细石叶工艺的起源——一个理论与生态的视角》，载《考古学研究》（七），科学出版社 2008 版。

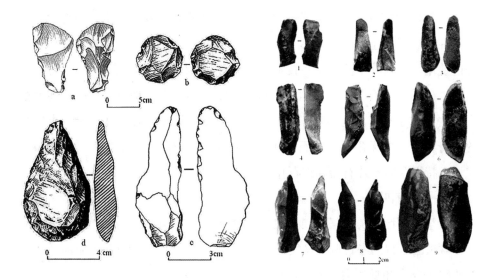

图 1　西藏日土扎布（a）、羌塘地区（b）和青海
　　冷湖地区（c）发现的勒瓦娄哇石器；(d) 西藏
　　阿里夏达错湖滨发现的手斧

图 2 青海省海西州三道沟地点发现的似
　　石叶（这批新发现的材料尚未发表）

3. 与青铜器共存的细石叶遗存。这种遗存多发现于青藏高原东部的青海地区，如青海湖畔卡约文化石棺葬、乐都柳湾辛店墓、互助总寨齐家墓等。[①]

我们在此所涉及的只是第一种组合，而第二、三种组合属于新石器时代和青铜时代的文化。所谓与"细小石器共存的细石器遗存"实际上就是我们要讨论的细石叶遗存或细石叶工业，区别于前面我们讨论的不含细石叶的细小石器工业。对细石叶遗存的理解，学者们一直有很多争议，但对其定义应该是清晰的，即使用软锤技术或压剥法来制作石器，常见的器形包括细石核、细石叶、石镞、端刮器、琢背石刀、雕刻器、小尖状器等。细石核是细石叶工业最具特色的器形，其形制较多，如扁体、漏斗形、楔形以及半锥体、船底形、铅笔头等；端刮器亦然，最典型者如拇指刮削器等。比之细小石器或似石叶，我们可以发现在器物种类上其实大同小异，只是由于加工技术的改进，器物更趋精细和规整。使用软锤技术和压剥法的意图就在于对石片或石叶进

---

① 李永宪：《吉隆罗垄沟等雅鲁藏布江中上游的石器遗址——兼论西藏高原细石器遗存的相关问题》，《南方民族考古》，1991 年第 4 辑；汤惠生：《略论青藏高原的旧石器和细石器》，《考古》，1999 年第 5 期。

行更为精确地控制。这个时期出现的新技术是石叶的镶嵌技术，即将细石叶镶嵌在木或骨柄上，作为切割一类的复合工具使用；此外，勒瓦娄哇技术已普遍使用。细石叶工业除了在技术方面更为精致外，在用料方面也更趋考究，燧石、硅质岩、石英、角页岩、玛瑙、石髓、碧玉等质地致密细腻、硬度很高的岩类被越来越多地运用于工具制作。青藏高原细石器工业中呈现出很强的自身特点，即无论是石片石器还是细石叶，普遍缺乏二次加工，这被描述成"无特征"的石片石器和细石叶。

（一）细石叶

截至 20 世纪末，西藏发现的细石叶地点已经有 70 处之多，[1]21 世纪初配合青藏铁路工程的考古调查又发现细石叶地点 10 余处，[2]包括青海省海西州境内的纳赤台[3]和野牛沟[4]两个地点。

比之细小石器，青藏高原的细石叶除了地点大量增多，分布的范围也有所扩大。雅鲁藏布江北岸地区很少或几乎不见细小石器，而细石叶地点在这里却分布得最为集中。此外羌塘和日土地区的细石叶分布范围也进一步扩展，尤其是 21 世纪初配合青藏铁路修建工程在藏北羌塘的安多和那曲市新发现了许多细石叶地点。

一系列细石叶地点经过考古发掘，较之先前的细小石器地点获得了更多的相关材料与信息，特别是断代研究更为充分，所以我们有关青藏高原细石叶的讨论将按照时代顺序围绕着青海格尔木的西大滩、青海湖畔的黑马河和江西沟，以及黄河上游的拉乙亥等一系列经过考古发掘的遗址地点和出土物

[1]　参见李永宪：《西藏原始艺术》，四川人民出版社 1998 年版，第 61 页；P. Jeffrey Brantingham, John W. Olsen and George B. Schaller 2001. Lithic assemblages from the Chang Tang Region, northern Tibet. Antiquity 75:319~327.

[2]　西藏自治区文物局、四川大学考古系、陕西省考古研究所：《青藏铁路西藏段田野考古报告》，科学出版社 2005 版，第 15~52 页。

[3]　该遗址于 2003 年由青海文物考古研究所进行发掘，但资料尚未发表，承蒙青海省文物考古所的陈海清、肖永明惠二位先生允观摩并同意引用发掘资料。

[4]　2009 年 8 月，作者对野牛沟细石叶地点进行调查，发现中石器时代营地一处。营地地面采集大量石器与石屑，并发现火塘两处。北京大学加速质谱实验室和第四纪年代测定实验室对火塘中采集的草木灰进行了加速质谱碳 14 测定，时代在距今 7515±40 年，经树轮校正为 6430 BC。调查报告详见另文。

品来进行。

21 世纪初，一支由中国古脊椎动物与古人类研究所、青海盐湖研究所和美国国家科学基金会、加利福尼亚大学、亚利桑那大学等组成的联合科考队对青藏高原东部青海湖畔的江西沟、黑马河、格尔木的西大滩，以及小柴旦的冷湖等一系列地点进行了小规模考古试掘，并运用现代科技手段进行精确断代，其中三个地点属于我们这里所讨论的细石器工业，另外两个点时代已进入全新世的新石器时代，但其文化仍属季节性食物搜寻模式，所以我们将其放在一起讨论。[①]

科考队在青海湖西南侧的黑马河和江西沟共发掘 5 个地点，发掘面积最大的 5 平方米左右，最小者仅 1 平方米。其中江西沟地点 I 位于青海湖西岸一条流入青海湖的小溪边上，海拔高度在 3330 米左右。中美科考队对这两个地点仅试掘 4 平方米左右，出土有火塘灰烬，其周围零星出土有碎骨、普通的石片石器和数量较少的细石叶。（图 3）出土的遗迹有火塘、灰烬层等。从该地点两处遗迹出土的木炭所产生的加速质谱碳 14 年代分别为距今 14,690 ± 150 和 14,760 ± 150 年。从附近的一个遗址中（地点 93~13）也获得了同样的年代。两个遗迹出土有临时的灶、鹅卵石、烧过和砸碎的动物骨头，还有小型石器，包括细石叶和相关的石片石屑。

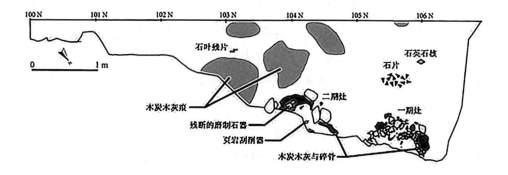

图 3　黑马河地点 I 细石叶遗址平面图。采自 Brantingham et al. 2006.

① 这个科考队的调查和发掘资料以及研究成果大部分用英文发表，我们在后面引用时会一一注明。汉语材料发表的极少，仅有一些介绍性的文章，参见周笃珺、马海州、P.J.Brantingham、谭红兵：《晚更新世以来青海背部的人类活动与湖泊演变》，《盐湖研究》，2003 年第 2 期，总第 11 卷。

江西沟地点 II 还出土两块陶片。陶片为夹砂粗陶，上面饰以绳纹。两块陶片分别出土于厚度在 4.2~0.80 米之间的 2a 层的底部和上部。光释光测年表明上部陶片的绝对年代是距今 4973 ± 254 年（编号 UW~1360），下部陶片的绝对年代是距今 6542 ± 472（编号 UW~1359）。后者是整个青藏高原目前发现的时代最早的陶片（图 4），而编号 UW~1360 的陶片

图 4　青海江西沟地点 2 出土的绳纹陶片，陶片的宇宙射线测年为距今 6542 ± 472 年。采自 David Rhode et al. 2007.

则是江西沟地点 II 作为季节性营地使用的时间下限。根据这两片陶片，发掘者认为江西沟地点 II 的文化内涵中存在一种经济趋向，即从中石器时代末的狩猎—采集向新石器时代的农耕和畜牧转变。江西沟地点 II 细石叶与陶片共出组合特征，同时也为安多错那湖东岸、当雄县的俄布、龙仁、那曲市门第乡等众多缺乏地层的细石叶与陶片共出地点，[1] 提供了年代上的参照和依据。

科考队在距江西沟不远的黑马河也试掘了三个地点，海拔为 3202 米。黑马河地点 I 和地点 II 的文化内涵也是细石叶工业。该地点试掘面积也很小，其地层、文化内涵与江西沟地点 I 很相似，出土物有细石叶、细石核、石料废片、石块、动物烧骨等；遗迹有火塘和灰烬层，该遗址灰层中出土的木炭经碳 14 测定为距今 1.3 万年。

西大滩细石叶地点位于青海格尔木昆仑山脚下一条小河流的三个冰期沉积台地上，海拔为 4300 米。科考队分两个地点对这三个冰期沉积台地的断崖剖面进行刮面观察、采样和实地考察。地点 T4 的三个残存冰碛层上面的黄土堆积厚度从 0.3~ 2 米不等，石核、石片以及石器等发现于整个台地上的低洼处和地表之下深 0.3 米、冰期沉积层之上 0.15 米处。根据表面暴露的宇宙射

① 　西藏自治区文物局、四川大学考古系、陕西省考古研究所：《青藏铁路西藏段田野考古报告》，科学出版社 2005 版，第 15~52 页。

线测年（CSE）来看，[1]T4 遗址的年代不会老于距今 8100 年。T5 的年代在距今 1.26 万年和 8100 年之间，但 T5 没有发现任何人类遗迹，T3 的时代的下限在距今 6300 年，也没发现任何人类遗迹，这说明发现人类遗迹的 T4 不会晚于距今 6300 年。西大滩地点 II 的光释光年代确证了宇宙射线的年代，其测年为距今 8200~6400 年间。

西大滩的细石叶组合从石料到打制技术均呈现出多样性。石料可以分为七大类，其中包括化学特性很特殊的黑曜石石片。从技术上来看，西大滩地点 II 的石器组合包括一系列石核剥制时产生的石片，但是没几个样品可以被确认为是二次加工的石器。石核可以分类为无特征石片或经典的北亚细石叶石核技术。无特征石片或细石叶是西大滩地点 II 的两种最常见的石片类型，而二次加工的石器还不能成为一种清晰的类型。西大滩地点 II 出土石器由于其确切的年代，从而为羌塘和可可西里自然保护区中那些没有散落在地表而无法断代的大量石器，提供了一种类型学与年代上的参照和对比。这些遗址中保存着与西大滩地点 II 一样的普通细石叶，其打制技术和石料也很相似。发掘者认为羌塘的细石叶组合中已经不见"大石叶和似石叶"技术，而且先前细小石器阶段所见到的似勒瓦娄哇扁平石叶技术也不再出现。[2]

在这里还需要提及的是黑马河地点 III 和江西沟地点 II。这两个地点出土的遗物和遗迹与黑马河地点 I、II 以及江西沟地点 I 基本上一致：江西沟地点 II 发现有 1.2 米厚的文化和灰烬堆积，其间出土丰富的细石叶（其中一枚是用黑曜石制作）、动物残骨等；黑马河地点 III 出土一个火塘，周围零星出土有碎骨、

---

[1] 宇宙线照射（暴露）年龄。天体物质在空间漫长的运行过程中，直接暴露于宇宙辐射场，接受宇宙线的照射，在天体内产生各种高能和低能的核反应，形成各种稳定的和放射性的同位素，如 3He、10Be、21Ne、22Na、26Al、36Cl、38Ar、53Mn、54Mn 和 60Co 等。根据这些宇宙成因的同位素产率与含量，可计算天体物质在宇宙线中受照射的时间，即宇宙线照射年龄或暴露年龄。铁陨石的暴露年龄为 2~10 亿年，石陨石的暴露年龄为 2~8000 万年。暴露年龄的频谱，反映了各类陨石母体在空间碰撞、破碎的历史。月壤和月岩的暴露年龄反映了月表浮土的形成年龄和月表撞击事件及月坑的形成年龄。

[2] 作者曾经对青海考古研究所 2003 年在西大滩一带的考古调查和发掘的细石器石制品进行过细致观察，发现这种似勒瓦娄哇扁平石叶技术或勒瓦娄哇技术非常盛行，这种技术在西藏高原东部地区甚至一直延续到青铜时代。

普通的石片石器和数量较少的细石叶。不过这两个地点的碳 14 测年时代要晚，江西沟地点 Ⅱ 的碳 14 年代表明这个遗址在距今 9140~5580 年期间持续使用；其碳 14 代为距今 8450 年。

拉乙亥是青藏高原东部青海省贵南县坐落在黄河岸边一个细石叶遗址群，遗址群包括六个地点，海拔高度为 2580 米。1980 年青海省文物考古队对其中的 8021 地点进行了发掘，揭露面积 236 平方米，出土各类文化遗物 1489 件。器物类型有石锤、石核、石叶、砍砸器、边刃刮削器、端刃刮削器、雕刻器、琢背石刀、磨石、研磨棒，骨器中有骨锥和骨针。此外还发现大量的石器加工废料。无论是石器类型还是加工方式，拉乙亥石器均显示出典型的细石叶工业技术，即以压剥技术产生的细石叶和细石核为特征，个别石核是采用勒瓦娄哇技术制成（图 5）。

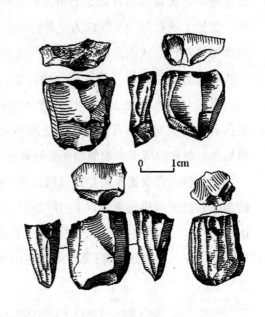

除了大量遗物外，拉乙亥还发现了 30 个火塘（原报告称作炉灶坑）。火塘大小一般为 40~50 厘米之间，火塘中央洼陷，呈锅底状，深约 4~10 厘米。火塘一般均有灰烬和木炭，个别底部有红烧土。有些火塘相互之间有叠压关系，上下间隔距离最小者仅 3 厘米。拉乙亥遗物基本上均出自灰烬中或火塘内。[①]除石器和骨器外，还出土带有火烧和砸击痕迹的动物骨骼。

图 5 青海省拉乙亥遗址出土的采用勒瓦娄哇技术剥制的细石核。采自盖培等 1983

现在我们对上面的这些考古学材料来做一个归纳。根据上述考古材料情况来看，青藏高原中石器时代的季节性食物搜寻文化模式可以分成早晚两期：早期是距今 14000~10000 年间

---

① 盖培、王国道：《黄河上游拉乙亥中石器时代遗址发掘报告》，《人类学学报》，1983 年第 1 期。

的更新世之末的前陶细石叶工业，代表地点有青海湖畔的江西沟地点 I、黑马河地点 II 和 III 等；晚期是距今 9000~6500 年间全新世之初与陶器共存的细石器工业，代表地点有西大滩地点 II、黑马河地点 I、江西沟地点 II 以及拉乙亥遗址等。这些有着精确测年并出土有丰富遗物和遗迹的细石叶地点和遗址，为我们进一步研究季节性食物搜寻族群和社会提供了可靠的依据，同时也为我们研究那些特别是广泛分布在羌塘大草原而没有地层的细石叶地点，提供了一个年代参照。[①]

（二）季节性食物搜寻

上面我们所介绍的季节性食物搜寻模式下的考古学材料，揭示了更新世末次盛冰期（H1，距今 15800 年）到全新世早期这段时间内青藏高原人类活动的情况。事实上从全球的角度来看，更新世晚期冰河期的几次气候波动，都会引起人类的回应，这种回应便反映在石器的形制、制作技术、组合和使用方式，以及分布方式等一系列变化上。这种回应是作为人类对气候和环境改变的适应而出现。

旧石器时代中期莫斯特到晚期奥瑞纳之间的过渡，也就是克拉克模式 III 到模式 IV 之间的转换，一直是考古学家们所关注的问题。尽管模式 III 到模式 IV 一般说来是一个时间上的先后关系，也就是说模式 IV 最终替代了模式 III，然而由于世界各地文化发展的复杂性，有些地区不仅二者并行，甚至有反逆的现象。如在南非格兰姆城（Grahamstown）的霍伟森·普尔特（Howiesons Poort）石器时代遗址中，属于后来模式 IV 奥瑞纳反而被早期模式 III 的莫斯特文化所替代。正是由于这种复杂性，学者对于考古学发展道路和规律的不同认识，也产生了不同的解释，比如旧石器时代考古学文化上著名的"莫斯特之争"，正是围绕着这种情况发生的。"莫斯特之争"中博尔特的系统发生说的理论依据是进化论，由模式 III 到模式 IV 是一个进化的发展过程；宾福德功能说的理论支撑是自然选择下的适应性，由模式 III 到模式 IV 是一个不同环境下适应的结果，也就是季节搜寻理论。后者对我们理解和解释青藏高原的细石叶工业是有启示意义的。

---

① 羌塘地区的细石叶工业和西大滩地点 II 打击技术和黑曜石石材的相似性表明很可能同样属于全新世早期的遗迹，西大滩细石叶地点的多种科学测年已经表明了这一点。

1. 广谱革命

细石器（间或与早期陶器或磨制石器如研磨器等共存）是该经济类型的主要考古学特征，主要分布于藏东北地区、藏西高原及雅鲁藏布江中上游流域地区，其分布高度均在 3000~4500 米左右。就青藏高原而言，这个经济类型的时代大致在全新世早中期。

在解释农业起源的诸种理论中，人口增长一直占据着主流地位。宾福德通过研究全世界范围内的狩猎采集者并采用中程考古学理论的模拟方法，将人口因素置于一个前所未有的高度，量化了的人口密度作为狩猎采集者生计选择的标准，如当每 100 平方公里人口密度达到 1.58 人时，依赖狩猎就不可能了，而当人口密度超过 9.098 人时，植物采集经济也难以为继了，也就是说这时人与自然资源之间的均衡被打破了。均衡模式（equilibrium model）被打破后，要应对这样一个人口增多和资源不足的难题，人类所能想到的途径只有两种：寻找新的资源或资源的强化利用。寻找资源就是我们上面所讨论的食物搜寻；所谓资源的强化利用就是对动植物的扩大利用或驯养，这就是考古界所谓的旧石器时代末期的"广谱革命"（Broad Spectrum Revolution，简称 BSR）。宾福德注意到在大约距今 12000~8000 年之间，欧洲高纬度地区人类的日常食谱突然呈现出极大的多样性，与此相适应的变化还包括小型动物狩猎工具、食物加工工具（如研磨器、石容器和陶容器等）和储藏手段（如腌制、晾晒防潮等）的增多，宾福德认为这是人类对于食物强化利用的物质证据。不过"广谱革命"这个明确的概念，则是美国农业考古学家弗兰纳利（K V. Flannery）在宾福德"均衡模式"的基础上于 1969 年提出，他认为西亚地区新石器的出现是以此前食物搜寻者食谱中多样性的大幅增加为前提的，故称其为"广谱革命"。

"广谱革命"的理论提出后，旋即在考古界产生了巨大的影响，在以后的四十年时间内，该理论在世界各地的考古研究中逐渐得以充实与发展。2001 年美国学者史密斯根据"广谱革命"学说，进一步发展了"植物强化利用"（plant-intensive subsistence）的概念，在"狩猎采集者"和"农人"这两个传统的认识分类之间提出一个"低水平食物生产者"（low-level food producer）阶段，亦即植物驯养阶段。史密斯不仅认为从狩猎采集到农业之间的过渡非常缓慢，而且还认为被认定为狩猎采集的族群有时也进行少量的食物生产，而农人有时也会回到狩猎采集的状态，尤其是收成不好时。不过史密斯确定，向农业的过渡一方面通过一套适宜关系的管理体系使低水平食物生产者性质上区别于狩猎采集者，另一方面也区别于完全的农人。与"植物强化利用"相关的还有社会制度、土地的管理与使用，以及私有制起源的问题，不过我们这里所论及的只是经济类型问题。

对于农业起源问题的研究，我国学者传统上只是根据考古发现的生产工具，将原始农业分成锄耕农业和犁耕农业，只是对植物驯化后形成规模的大小所做的一种区分；或根据形态学，对植物种籽进行区分；抑或对其经济类型进行区分等等。总之，只是简单地分类研究，缺乏对农业起源机制和具体植物驯化过程的探讨。而"广谱革命"的理论无疑会为我们对农业起源的研究提供一个新的视野，弥补研究理论的阙如。而与我们这里讨论相关的是，"植物强化利用"理论对于我们理解拉乙亥等考古学遗址有着十分重要的指导意义。

2. 小型动物搜寻

对小型动物，包括水生动物和飞禽的猎取是"广谱革命"的理论核心之一。据学者们对地中海地区的系统研究表明，实际上从旧石器时代中期开始，人类便从猎获大型动物转向小型动物了，不过那时猎获小型动物仅仅是某些地区性的食物补充手段。更新世末期随着气候和自然环境的变化，小型动物的猎取便成为人类主要的生存方式。所谓小型动物一般分为三类：陆上动物包括兔子、蜥蜴、有蹄类的羚羊、鹿等；水生动物包括鱼类、贝螺类无脊椎动物和龟等；飞禽包括鹌鹑、雉等。

这个时期青藏高原经过发掘的遗址都集中在青海境内的青海湖周围，江西沟地点 I、黑马河地点 II 和 III 以及拉乙亥。我们的分析也只能基于这几处地点。

江西沟地点 I、黑马河地点 II 和 III 这三个早期食物搜寻者遗留下来的遗址也充分反映了末次盛冰期（距今 15800 年）到新仙女木事件 (the Younger Dryas，距今 12800~11400 年）这一时间段内人类季节性的狩猎活动。与以前的细小石器地点相比，这三个地点可以称得上是遗址了，出土石器之外，还有能够说明当时人类生活情况的碎骨、火塘和灰烬堆积等考古资料。火塘和灰烬层中出土许多制作石器的废料，发掘者认为这三个地点是一个小型的季节性狩猎营地。

　　江西沟地点 II 出土的尺寸虽然小但却很丰富的人工制品组合表明，该遗址是某个新石器时代族群在青海湖畔一个季节性居住的营地。出土的瞪羚、鹿和羊等动物碎骨表明居住者或是为了狩猎瞪羚、野羊或鹿的猎人，或是牧羊人（无法通过羊的碎骨鉴定出是野生的，还是驯养的。不过根据目前的考古学材料，此时青海湖周围地区尚未发现驯养动物）。

　　同江西沟地点 II 一样，黑马河地点 III 也出土一灶面，周围零星还有动物碎骨（瞪羚等有蹄类动物）、普通的石片石器和数量较少的细石叶。这也是临时的搜寻者营地遗迹，这些人意在获取和处理类似瞪羚大小的有蹄类动物。

　　拉乙亥仅 200 多平方米的范围内出土 30 余个火塘，其间多有叠压和打破关系，并且几乎所有的遗物都集中出自火塘及其周围的灰烬中，这种考古学现象反映了该遗址曾被多次使用，而且每次占据使用的范围都很集中这样一个事实。拉乙亥中与文化遗物一起出土的还包括一些被砸击或烧烤过的动物骨骼，能鉴定出的动物种属有环颈雉、鼠、兔、沙鼠、喜马拉雅旱獭、狐羊等。[①]

　　由于拉乙亥遗址地处黄河岸边，且距湟鱼资源极为丰富的青海湖不远，我们有理由相信鱼也是当时人们所猎获和食用的对象，只是鱼骨太过细小，且骨质较软，保存不易而已，特别是在寒冷的北方荒原地区。[②] 青藏高原由于缺乏更为早期的发掘材料，所以我们无法比较。不过根据"广谱革命"的理论，这些当属旧石器时代末期小型动物的种类。我们前面谈到青藏高原细石器工业中有很多缺乏二次加工的石片石器，一方面说明古人打片技术在精准控制方面有了进一步的提高，但同时也说明由于细石叶的出现，石片石器的用途以及使用

---

① 　盖培、王国道：《黄河上游拉乙亥中石器时代遗址发掘报告》，《人类学学报》，1983 年第 1 期。

② 　比之人类和大型家畜的骨骼而言，鱼类的骨骼很难在考古遗址中保存下来。根据生物考古学的研究，一般而言，仅仅少于 10% 的中等尺寸的鱼骨，可以在遗址中保存下来（参见 Kevin Greene 2002. Archaeology: An Introduction.p200. Routledge, London and New York）。而在北方干旱寒冷的内陆荒原地区，鱼骨尤难保存，学者们认为只有 0.1% 的鱼骨能够保存下来。如在整个挪威的铁器时代以前，只有个别遗址发现有极少量的鱼骨，对于这种现象，学者们进行了一场激烈的争论，有的认为新石器时代的挪威人不吃鱼，有人则认为只不过是因为鱼骨难以保存而已，不能因为这种情况而推论古人的饮食。参见 Ingrem, C. 2000. The fish bones, in N. Sharpies (ed.), The Iron Age and Norse Settlement at Bornish, South Uist: an interim report on the 2000 excavations. 19~21. Cardiff School of History and Archaeology, Cardiff University.

的频率大为降低了。细石叶的出现，正是为了猎杀和加工小型动物所需。

3. 植物的强化利用

除了肉食之外，植物（尤其是小型的果实和种籽等颗粒）此时也被纳入季节性食物搜寻者们的食谱之中。拉乙亥遗址出土三块研磨器和八件研磨棒。研磨器用石英砾岩制成，形制为底部平整，工作面中间微凹，留有同心圆方向的研磨痕迹。与研磨器配套使用的是研磨棒，用砾石制成。研磨棒上有一到两个研磨面，有的有较深的星状疤痕，疑为敲击硬物所致。报告认为"这些器物可能用于加工植物的根、茎、果实之类，也可能用于砸坚果、调制食品等"。[①] 报告者之所以这样考虑，显然是因为当时在黄河上游的青海贵德地区尚未发现可以确认与距今 6745±45 年前农业相关的考古学证据。不过即使比全新世早期更加温暖的今天，我们也很难想象这个地区有什么样的植物根茎或坚果，需要用研磨棒和研磨器配套来加工。此外，在这样一个小型遗址中出土三件研磨器和八件研磨棒，可以说比例很高。这样一个高比例可以说明研磨活动在拉乙亥人的日常生活中进行的频繁程度。此时由青海湖东去仅几百公里的大地湾一期（距今 7800~7300 年）新石器时代遗址已经出现了以黍和粟为主要作物的农业，而且也出土大量类型相同的研磨器和研磨棒[②]推测，我们认为拉乙亥的研磨器和研磨棒应该是作为粮食谷粒的加工器具。[③] 与此相应的考古学佐证是江西沟地点 II 出土的陶片，黑马河地点 I 的磨制石器，这同样也是一个来自农业集团的文化因素。

根据考古资料我们可以确定当时这些猎人的活动范围是很大的，有时可能达上千公里。青藏高原黑曜石矿源和细石叶地点的分布，揭示了在全新世早期食物搜寻者在高海拔地区迁居与开发的重要信息。唐古拉山格拉丹东雪

① 盖培、王国道：《黄河上游拉乙亥中石器时代遗址发掘报告》，《人类学学报》，1983 年第 1 期。

② 甘肃文物考古所：《秦安大地湾新石器时代遗址发掘报告》，文物出版社 2006 版，第 704~707 页。

③ 这种磨盘（metate）与磨棒（mano）配套使用的研磨器在美国俄克拉荷马的印第安人遗址中出现很普遍，当地的民族学材料和实验考古学研究认为这种研磨器只是用于谷类的种籽加工，特别是研磨面上的疤痕，则是为了增加研磨系数而不致种籽颗粒移滑所进行的刻意打制；而同心圆的研磨痕迹则是研磨谷类种籽所遗留下来的典型痕迹。参见 Robert E. Bell 1980. Oklahoma Indian Artifacts Contributions from the Stovall Museum, p.73. University of Oklahoma. 考虑到拉乙亥研磨器上所遗留下来的打凿疤痕和同心圆磨痕，我们几乎可以确认拉乙亥人所研磨应该是黍粟之类的谷粒。

峰附近的米提江占木湖周边的细石叶地点中发现许多黑曜石制作的细石叶，这里同时也被认为是青藏高原黑曜石的矿源。西大滩地点 II 和青海湖南岸的江西沟地点 II 也出土有黑曜石制作的细石叶。西大滩地点 II 距离黑曜石矿源约 416 公里，江西沟地点 II 距矿源为 951 公里。由此可见全新世初期季节性食物搜寻者的活动范围是很大的。

拉乙亥出土的研磨器与研磨棒以及江西沟地点 II 出土的陶片表明：晚期食物搜寻者的身份与早期食物搜寻者的身份可能已经发生了变化。目前我们所能确定的是尽管这两个地点的季节搜寻者身份是猎人，但黍粟类的谷类也已经成为拉乙亥人日常饮食中的一个部分了；同样，江西沟地点 II 的食物搜寻者也受到来自农业文化强有力的影响。拉乙亥遗址和江西沟地点 II 均出土羊骨，目前我们还不能确定此时的羊是野生的还驯养的，不过有些学者认为全新世人类向青藏高山草原地区迁居的原因就是为了放牧。

磨制石器、陶器，以及与之相应的动植物驯养等，被考古学家们称作"新石器时代包裹"（Neolithic Package）。美国考古学家瑞恩（G. Ren）认为距今6000 年左右，来自东部地区的一个"新石器包裹"（Neolithic Package）沿河谷地区逆流传播至高原，这个"包裹"中包括被驯化的动植物有黍粟、牛、羊、狗等；器用包括陶器、磨光石器、渔网等等。另一位语言考古学家冯·德雷姆（van Driem）结合考古学资料、DNA 和语言学资料对高原新石器的出现进行全面的解释。他假定距今 11500 年前说藏缅语的祖先抵达长江中上游的四川地区，这个假定也被用于解释东部（裴李岗）黄河盆地和西部（大地湾）黄河盆地新石器群落的起源。这两个地区早在公元前 6500 年就被人所居住，冯·德雷姆称他们为"北部藏缅语"（Northern Bodic）的使用者。他认为青藏高原细石器被大地湾农耕文化突然代替，意味着"北部藏缅语"的使用者向青藏高原的移民。这些移民同时也带来了弦纹陶器和磨光石器，而这两者是具有文化和族群标记的东西。冯·德雷姆还认为创造出藏缅语言分支的族群应该与公元前 3900 年甘肃、青海东部马家窑新石器文化的出现相关联，这些使用藏缅语的移民带着他们的"新石器包裹"就这样进入到青藏高原。

无论如何，我们已经看到在距今 7000 年左右，青藏高原作为猎人的食物搜寻者身份开始发生变化，至少已经出现了由猎人向农业或牧业方向转化的趋势。拉乙亥研磨器与细石叶共存和江西沟地点 II 陶器与细石叶共存的考古现象,事实上反映的是农业(或牧业)与狩猎并行的经济模式,亦即所谓的"广谱革命"。这种农(牧)猎兼营的经济模式在后来的青藏高原,影响了从新石器时代、青铜时代,一直到吐蕃政权的建立所有史前的经济形态,其意义可谓极其深远。

不过,关于拉乙亥人,下面我们还要讨论另外一个问题:既然拉乙亥和江西沟以及黑马河地点都是季节性的狩猎地,那么这些人在其他季节中居住在什么地方?或者说他们在其他地方又是从事什么样的经济活动?

4. 贺兰组

上面我们已经讨论拉乙亥遗址的部分问题——季节性游动中关于狩猎(或放牧)的问题,这里我们所要涉及的该问题的另一部分:拉乙亥人在其他季节中居住在什么地方?或者说他们在其他地方又是从事什么样的经济活动?关于这个问题,我们无法从拉乙亥或江西沟地点 II 等遗址本身直接找到答案,不过来自青藏高原周边的考古学材料会给我们很多启示。既然拉乙亥等人的另一部分的季节性搜寻与最初的农业有关,那么我们的视线就应该暂时跳出青藏高原,集中在其周边地区有关农业的考古学资料,特别是与季节性的动植物利用相关的考古学资料。

同样,在距今 10100~7900 年之间,在宁夏贺兰山周围的沙丘与绿地交界地带,考古学家发现了一系列贺兰组时期的细石器地点。与先前旧石器时代晚期水洞沟遗址中石叶的制作和使用相区别,贺兰组时期石器工业中有各式扁球状箭头(array of spheroids)、石片工具、刮削器、圆凿(gouges)和一系列三角形、卵形(ovate)以及双尖(或单尖)两面器

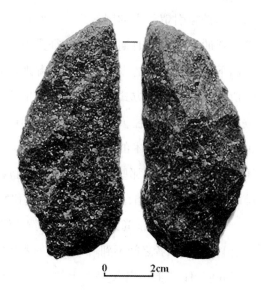

图 6　贺兰挖掘器(采集)

（bi-pointed bifaces，亦称贺兰尖状器图 6），该时期的命名也正是由此而来。此外，还发现一些采用本地产的含石英颗粒的变质火山岩（metavolcanics）制作的大型粗糙工具，也包括研磨器（millingstone）。研磨器的出现，表明小颗粒种籽的使用，是"低水平食物生产者"所使用的典型生产工具。

这些适宜于研磨种籽、挖掘根茎和剔取纤维以及获取小动物之用的形制多样的工具特征，说明这是一个比水洞沟族群活动范围更大、工具种类更多、对小型动植物更多利用，遗址在地貌多样性的广阔区域间零星分布和堆积的瘠薄则意味着一个比水洞沟人更富机动性游动的族群。遗址富有特征性地分布在接近黄土高原的广袤的风成沙丘的边缘，表明对不同资源季节性的灵活使用。正是这种灵活的移动，才能够直接接近水禽、小型动物、植物和沙丘间池水洼和湿地上成群的有蹄类动物，即使在营地亦可不时获得走散的有蹄类动物和山麓高地不同区域的植物，从而充分使用不同的资源。在夏秋之际的湿润季节，沙丘水洼和湿地是盛产食物的地方，人类可能居住在这里；而在冬春的干旱季节则由于干旱而没有什么吸引力，人类很可能转移到山麓地带或高原，那里的山泉可以提供水源，能更有效地猎取动物。贺兰高地遗址在数量上少一些，组合器形也大一些，更为多样化一些，这意味着人们在这里可能居住的时间更长久一些。研磨器意味着至少在气候温和的季节，种籽同样也是吸引贺兰人的因素之一，而且这些种籽很可能包含着植物驯化的因素。新仙女木事件时期的气候特征是忽冷忽热，气候变化幅度很大，此时湖平面下降，沙丘间的湖泊、水洼、湿地经常干涸，然后被风沙所掩埋。贺兰组似乎通过以下的方式回应这种气候的变化：对沙丘资源进一步地依赖，在位于沙丘中心的居住模式中使用逐渐向细石器转化的技术。植物的强化利用也促使了某种新技术的诞生，野生的或是最初的驯化的黍、粟，这时可能被用作季节性食物；那些为了延长沙丘间营地的居留时间，诸如烟熏、腌制、晾晒、窖藏等食物储存技术也随之产生和发展。

当然，我们目前尚无法确定宁夏贺兰组的考古学文化也是拉乙亥人创造的（或相反），但二者之间不到一千公里的距离完全在季节性食物搜寻的范围之内。所以我们可以推断，宁夏贺兰组的考古学文化可能是拉乙亥人或类似拉乙亥人的族群所创造的，抑或相反。目前就二者在考古学文化、社会生活方式以及经济形态等方面所表现出的相关性，则应该引起考古学家的高度重视。只有当我们找到青藏高原某个史前族群在不同季节中所进行的不同经济活动的考古学证据时，季节性搜寻的理论才可以说被全面和科学地加以验证了。

为了应对环境的变化，人类不得不通过提高对资源的利用率以扩大食谱种类，或开拓新的资源区域以求得生存，因此而发生了"广谱革命"；反过来，"广谱革命"所引发的生产力的大幅提高，又促使人类人口的激增，从而又最终导致了柴尔德所谓的新石器革命。从理论上来看，青藏高原的石器时代（从旧石器时代晚期到新石器早期）可以认为是东亚古人类"广谱革命"的成果。不过就青藏高原的具体情况而言，"广谱革命"的理论不能作为一种普世原理而一成不变地加以套用，因为文化的传播，特别是后来所谓"新石器包裹"的传播，在青藏高原还存在着一个高海拔地区的适应问题，即所谓的"新石器包裹"的限制。美国著名的高原考古学家马克·阿尔丹德弗（Mark S. Aldenderfer）认为"新石器包裹"从周边低海拔地区向青藏高原腹地高海拔地区传播时，由于海拔问题会产生种种限制，即在文化从低海拔向高海拔地区（海拔 2000 米以上）传播过程中亦会出现像生物一样的"高原反应"，这必须经过一个长期的高原适应过程。这个适应过程会涉及各个方面，如牦牛和青稞便是高原驯养生物的适应结果。那么文化也应该有一个适应过程，这就是马克所谓的"新石器包裹"的限制。这种文化的适应，包括过程、机制、内容与形式都是我们高原考古学和高原考古学家所要进行研究和解释的重点问题。高星和布兰廷汉等人提出"三步曲"的青藏高原早期人类的移居模式，似乎就是针对这种限制提出的解决方案。从低海拔地区到高原腹地的高海拔地区的人类移居和文化传播是通过三级跳一样，逐步和缓慢实现的；而高原地区文化传播过程中的"滞后性"的问题，[①] 在某种程度上可以通过"三步曲"理论加以解释。不过阿尔丹德弗认为由于青藏高原地理环境的复杂性，单一的理论模式恐怕无法囊括所有问题，我们需要一套更为复杂的模式，因为大多数现存模式无法合理地解释高原新石器出现的诸如环境因素、移居时人与文化的适应性、文化传播模式与机制等问题。他认为以后的建模更应该包括食

---

① 　汤惠生：《略论青藏高原的旧石器与细石器》，《考古》，1999 年第 5 期。

物生产、向高原传播的其他路线、高原对动植物驯养的生物和生理限制，以及食物选择进化等模式的考虑。

我们这里所讨论的青藏高原石器时代（从旧石器时代晚期到新石器早期）的各种考古学文化，鉴于发掘工作做得不够，缺乏层位关系，从而影响了研究的深入发展。传统的地层学和类型学对这些采集的石制品，似乎一筹莫展，无法进行相对年代的排序，也缺乏绝对年代测定的多样化手段，青藏高原旧石器晚期以来的早期人类历史至今仍处在迷雾之中。比如由于发掘资料的阙如，经过正式发掘的青海拉乙亥遗址，特别是 21 世纪初试掘的江西沟和黑马河遗址，不仅成了我们建立时空框架中几个弥足珍贵的控制点，而且也是我们对青藏高原史前社会解释理论和方法论赖以建立的基础。不过这个基础仍嫌薄弱，仍需在今后的考古工作中进一步地加强与充实；鉴于这种情况，除了加强田野工作外，我们还不得不另辟蹊径，采用多学科不同的理论和方法论，以期能够深入青藏高原的史前研究。此外，我们这里所运用的理论和方法论也有待于通过更多的考古材料加以检验，同时也有待于更为多样化的和科学性的理论和方法论，来指导今后的青藏高原史前考古与研究。

高原考古学：青藏地区的史前研究

一、青藏高原早期人类及其石器的古老性

从 20 世纪初以来，包括藏学家、历史学家、人类学家，以及考古学在内的学者们，一直不曾间断地探索着青藏高原的史前文明，然而由于空间上的距离和海拔上的高度，更加之时间上的久远，我们在认知青藏高原史前文明的道路上，依然脚步蹒跚。

地理学认为青藏高原是世界上最年轻的高原，这种观点是因为青藏高原是世界上最后隆起并形成了世界上最高的地方，青藏高原的隆起过程大约从1000 多万年前开始，至今尚未完全结束。[①] 元代藏族文献《红史》用藏族自己的语言，对这块最年轻的高原给予形象而准确的描述："三千世界形成之时，世界为一大海，海面上有被风吹起的沉渣凝结，状如新鲜酥油，由此形成大陆。"[②]

不过考古学家不这么认为，在考古学家眼里，青藏高原一度是一块与人类起源相关的古老土地。青藏高原史前文明的神秘性，给学者们带来了巨大的遐想空间。20 世纪初，当时其史前文化尚不为人知的青藏高原被认为有可能是人类最初的发源地之一。20 世纪前半叶，英国、德国和苏联学者认为，第三纪晚期喜马拉雅山急剧上升，青藏地区森林消退，从而迫使人类远祖——

---

① 赵希涛：《喜马拉雅山脉近期上升的探讨》，《地质科学》，1975 年第 3 期。

② 蔡巴·贡噶多吉著，陈庆英、周润年译：《红史》，西藏人民出版社 1988 年版，第 1 页。

古猿从森林转入地面生活，逐渐变成现代人。[①] 在 20 世纪中叶，特别是青藏高原东南边缘的云南元谋发现距今 170 万年的猿人化石以后，青藏高原人类起源的观点在中国学术界再次被重申。已故的著名人类学家李济[②]、贾兰坡认为："正当从猿变到人期间，青藏地区仍然是适合人类演化的舞台，到那里寻找从猿到人的缺环也是有希望的。"[③] 著名的考古学家童恩正也认为："中国的西部，特别是西藏高原及其邻近地区，有可能是从猿到人进化的摇篮。"[④] 直到 20 世纪末，乃至 21 世纪初，我国仍有许多学者在坚持和恪守这个说法。[⑤]

考古学家的说法并非想要耸人听闻，20 世纪下半叶以来越来越多的考古发现，似乎为人类青藏高原起源说提供了物质证据。考古学家们决心要找到青藏高原的"第一把石刀"，因为对于旨在建立时空框架的传统考古学来讲，找到这个序列的起始点则是至为关键的第一步。

1956 年 7 月至 8 月，中国科学院的地质学家在长江源头的沱沱河一带首次发现了十几件打制石器，其中包括被认为可能属于旧石器时代的打制石器；[⑥]1966 年至 1968 年，中国科学院西藏综合考察队在西藏定日县东南 10 公里的苏热山南坡，发现 40 件人工打制的石片以及用石片做成的刮削器和尖状器等；[⑦]之后又陆续在青藏高原腹地的申扎、双湖[⑧]、多格则、扎布[⑨]、夏达错

---

① 列·谢·瓦西里耶夫著，郝镇华、张书生、杨德明、莫润先、诸光明译：《中国文明起源问题》，文物出版社 1989 年版，第 116 页。

② 李济：《中国早期文明》，上海人民出版社 2007 版，第 97~98 页。

③ 贾兰坡：《我国西南地区在考古学和人类学研究中的重要地位》，《云南社会科学》，1983 年第 3 期。

④ 童恩正：《西藏考古综述》，《文物》，1985 年第 9 期。

⑤ 参见候石柱：《西藏考古大纲》，西藏人民出版社 1991 年版，第 137~147 页；张民德：《西藏高原是人类起源的发祥地或源头》，《西藏艺术研究》，1994 年第 3 期；任树民：《汉藏同根同源历史踪迹溯源考》，《西藏大学学报》，2004 年第 2 期。

⑥ 邱中郎：《青藏高原旧石器的发明》，《古脊椎动物学报》，1958 年第 2 卷第 2~3 期。

⑦ 张森水：《西藏定日新发现的旧石器》《珠穆朗玛峰地区科学考察报告（1966—1968）：第四纪地质》，科学出版社 1976 年版。

⑧ 安志敏、尹译生、李柄元：《藏北申扎、双湖的旧石器和细石器》，《考古》，1979 年第 6 期。

⑨ 刘泽纯、王富葆、蒋赞初、秦浩、吴建民：《西藏高原多格则与扎布地点的旧石器——兼论高原古环境对石器文化分布的影响》，《考古》，1986 年第 4 期。

湖滨①、各听②、热角、贡崩③、色林错④、哈东淌、却得淌⑤、乌拉湖⑥以及青藏高原东缘的小柴旦⑦、大柴旦⑧、冷湖⑨等地，发现越来越多旧石器时代的石制品。从考古类型学的角度来看，这些石制品与中原地区旧石器时代晚期，甚至中期的石器差不多，所以有些学者把青藏高原的旧石器归属到中原"周口店第一点—峙峪"石器系统里去，⑩也有人根据夏达错东北岸地点发现的手斧等石制品认为，从旧石器时代中期开始，印度西北部的阿舍利工业便翻越喜马拉雅山，传播到西藏腹地了。⑪旧石器时代中期是个什么概念呢，张森水曾经把周口店第 15 地点出土的石器作为中国旧石器时代中期的开端，并将其时代定在距今 20 万 ~10 万年之间。⑫虽然西藏出土的旧石器与我国北方旧石器时代中期的石器相似，那么这些石器的绝对年代是否也在距今 20 万 ~10 万年之间呢？不曾想到这样一个基础的问题不仅耗费了考古学家几十年的时间，而且更不曾料到这样一个顺理成章的问题却颠覆了关于青藏高原的古老认识。

目前对青藏高原旧石器采用现代科技手段进行年代测定的数据一共有四

①　霍巍：《阿里夏达错湖滨旧石器的发现》，《中国西藏》，1994 年第 6 期。

②　钱方、吴锡浩、黄慰文：《藏北高原各听石器初步观察》，《人类学学报》，1988 年第 7 卷第 1 期。

③　房迎三、王富葆、汤惠生：《西藏打制石器的新材料》，载董为主编：《第九届中国古脊椎动物学学术年会论文集》，北京海洋出版社 2004 年版，第 211~222 页。

④　袁宝印、黄慰文、章典：《藏北高原晚更新世人类活动的新证据》，《科学通报》，2007 年第 52 卷第 13 期。

⑤　索朗旺堆：《西藏考古新发现》，《南方民族考古》，1991 年第 4 辑。

⑥　胡东生、王世和：《青藏高原可可西里地区发现的旧石器》，《科学通报》，1994 年第 10 期；《可可西里地区乌兰乌拉湖湖泊环境变迁及古人类活动遗迹》，《干旱地区地理》，1994 年第 2 期。

⑦　刘景芝、王国道：《小柴旦湖旧石器时代遗址考察记》，载政协海西蒙古族藏族自治州委员会学习和文史资料委员会编：《海西文史资料》第十二辑，2000 年，第 9~15 页。

⑧　黄慰文、陈克造、袁宝印：《青海小柴达木湖的旧石器》，见《中国—澳大利亚第四纪学术讨论会论文集》，科学出版社 1987 年版。

⑨　高星、周振宇、关莹：《青藏高原边缘地区晚更新世人类遗存与生存模式》，《第四纪研究》，2008 年第 28 卷第 6 期。

⑩　钱方、吴锡浩、黄慰文：《藏北高原各听石器初步观察》，《人类学学报》，1988 年第 7 卷第 1 期。

⑪　吕红亮：《西藏旧石器时代的再认识——以阿里日土县夏达错东北岸地点为中心》，《考古》，2011 年第 3 期。

⑫　张森水：《我国北方旧石器时代中期文化初探》，《史前研究》，1985 年第 1 期。

例，包括青藏高原腹地的三例和青藏高原东缘的一例。藏北的色林错石器地点，对石制品原生地层中所采集的无机碳酸盐样品（碳酸盐"卵石"或沉积物）进行碳 14 年代测定，认为石器的年代应该在 c.40~30 cal. ka 之间。[①] 采用同样的方法，各听石器地点的年代被认为是距今 24000 年。[②] 青海乌兰乌拉湖畔发现的石器，对包裹在石器上的石灰华（俗称湖滩岩）进行碳 14 年代分析而得出的结果，其年代为 c. 18.4cal. Ka BP；[③] 日土县的贡崩石器地点，石制品采自高出湖面约 30 米的第二阶地地表，阶地由以硅藻土为主的湖相地层构成，厚 20 米。经对硅藻土样的碳 14 测定，硅藻土下部的绝对年代为 23.5 ± 1.2ka BP，上部为 11.7 ± 0.18ka BP，故认为贡崩石器的年代介于 23.5 ± 1.2~11.7 ± 0.18 ka BP 之间。[④] 青藏高原东缘的一例是青海小柴达木湖出土的石器，通过对与石器地点地貌地层相当地层中采集的介形虫化石（Ostracods）和泥灰岩样品的测定，其碳 14 最老的年代为 23.48 ± 0.38 ka。结合该地点湖滨阶地的其他测年数据和环境分析，袁宝印等人认为石器采集地点的年代应该定在 c. 30 cal. ka BP 为宜。[⑤]

对这四例数据我们还可进一步分析一下。首先我们可以将青海小柴达木湖地点暂时搁置在一旁，因为该地点位于青藏高原的东缘，其海拔不到 3000 米，可以不放在青藏高原旧石器之列。小柴达木湖使用软体动物测年，其碳 14 年

[①] 袁宝印、黄慰文、章典：《藏北高原晚更新世人类活动的新证据》，《科学通报》，2007 年第 52 卷第 13 期。

[②] 黄慰文：《青藏高原的早期人类活动》，《中国西藏》，2001 年第 2 期。

[③] 胡东生、王世和：《青藏高原可可西里地区发现的旧石器》，《科学通报》，1994 年第 10 期；《可可西里地区乌兰乌拉湖湖泊环境变迁及古人类活动遗迹》，《干旱地区地理》，1994 年第 2 期。应该注意的是，这种根据无机碳的测年数据可靠性较差，只能作为参考。

[④] 参见房迎三、王富葆、汤惠生：《西藏打制石器的新材料》，载董为主编：《第九届中国古脊椎动物学学术年会论文集》，海洋出版社 2004 年版，第 211~222 页；Fubao, Wang et al.1981. The Pliocene and Pleistocene enviroment on Qinghai Plateau. In Geological and Ecological Studies of Qinghai Plateau, pp.231~238. Beijing: Science Press.

[⑤] 黄慰文、陈克造、袁宝印：《青海小柴达木湖的旧石器》，载《中国—澳大利亚第四纪学术讨论会论文集》，科学出版社 1987 年版。在这里应该指出的是，小柴达木湖使用软体动物测年，其碳 14 年代往往会显得太老，参见 Goodfriend, G. A. and J. J. Stipp 1983. Carbon isotope analysis of land snail shells: Implications for carbon sources and radiocarbon dating, Geology 11: 575~577.

代往往会偏老；同样，贡崩地点所采用的单细胞水生植物测年，也会出现年代偏老的现象。这里最关键的问题在于这两例测年数据不能和石器直接对应，因为这三个地点的石器全部采自地表。虽然在理论上我们可以认为地表上的石器应该与所处的地层相关，但我们无法完全排除水流、冰川、侵蚀等自然的搬运因素。而乌拉湖畔的旧石器，是对其包裹在石器上的石灰华进行碳14年代分析，应该说是用直接断代法测定的石器下限年代，不过问题在于这种根据无机碳的测年数据可靠性较差，而且作为一个孤例，我们只能将其作为参考。显然，现有的测年数据无论从数量还是可靠性上都需要大幅度地提高和加强。

此外，即便现有测年数据是可靠的，然而这些数据并不支持人类青藏高原起源说，青藏高原石器的古老性也需重新加以审视。就目前的考古学资料来看，青藏高原还没有出土过一例人类化石。1995 年在距拉萨西北约 85 公里的曲桑（chu sang），曾发现分属 19 个人的已经钙化了的手印和脚印，其中还包括一个火塘。通过对沉积在火塘和手脚印石灰华中的石英晶体的光释光断代，确定其年代在距今 c. 21.7 cal. ka 和 c. 20.6cal. ka 之间。这是目前青藏高原发现的石器之外的唯一与人类相关的旧石器时代遗迹孤证。不过关于这个遗址需要更多的时代测定，因为不仅非风化的石英碎屑可能在用于光释光断代时会显示出比实际年代偏老，而且就所谓火塘本身以及手印和脚印的时代，学术界还存在着不同的看法。[①]

在这些发现得越来越多的考古证据面前，人们认识到青藏高原不仅不是人类最初的起源地之一，恰恰相反，是世界上最后一块被人类占据的土地。青藏高原虽然还没发现人类化石，但被认为是旧石器时代晚期的遗迹和工具似乎使多数学者认为直至旧石器时代末，人类才开始移居或永久性居住在海拔 4000 米以上高原腹地的羌塘地区了，不过也有人认为这个过程发生在新石

---

① 该火塘的年代后来又被修订为距今 11000 年，参见 M. Aldenderfer 2003Moving up in the World, American Scientist , 91 (Nov/Dec):542~549。不过对该遗址学者们尚有不同的看法，后来中国古脊椎动物与古人类研究所和西藏文管会曾对该遗址进行过复查，他们认为火塘的时代在距今 5000 年前左右，而手印和脚印的时代或许更晚，甚至有可能是现代的。关于该遗址复查的正式文字尚未刊布，承蒙高星先生见告。

器时代初，甚或新石器时代中期。

不过在这种建立在经验感觉之上的类比方法和个别的断代证据下的初期研究，还远远不能形成科学的论断和共识。鉴于青藏高原的恶劣自然环境，其实早在20世纪70年代国外便有人认为直到新石器时代晚期，人们才开始移居到青藏高原。20世纪末，中国学者也注意到这种通过交叉断代或横联法所做的类型学研究不太适用于青藏高原的早期石器分析，并认为将青藏高原发现的早期石器确定在旧石器时代还为时过早，或者说还缺乏更为有力的科学证据。此外，如果说旧石器时代末人类便开始移居青藏高原的话，那么这种移居是怎么、如何以及最初在哪里发生的？向高海拔地区移居时生物与文化的进化和适应过程又如何？这些高原考古学材料告诉我们的是一个怎样的史前史？等等，这些都是新世纪青藏高原考古学亟待解决的问题。

二、分子人类学的启示

近年来分子人类学的研究，也为青藏高原的早期移民绘制出一幅迁徙时间与路线。汉藏语系群体的祖先最初来源于东亚的南部，在约4万~2万年前，一个携带Y染色体M122突变的群体最终到达了黄河中上游盆地。在约1万年前，由于粟谷农业的出现，新石器文化开始在这个地区发展起来。人口的增长使群体必须拓展新的居住地，大约5000~6000年前，出现了两个语族的分野。其中一个亚群，被称为前藏缅语族群体，离开黄河流域，向西及向南迁移，最后在喜马拉雅山脉南北居住下来。这次迁移就是沿着著名的"藏缅走廊"进行的，这条通道始于黄河上游地区，向西到达青海省，向南到达喜马拉雅山脉。其中景颇语支一直向南，穿过喜马拉雅山脉到达今天的缅甸、不丹、尼泊尔、印度东北及云南省的北部。在与一支来自中亚或西南西伯利亚带有YAP突变的群体发生大范围混合后，藏语支向喜马拉雅进发并最终扩散到整个西藏。缅彝及克伦语支向南到达云南西北部，最后到达越南、老挝及泰国。在这5000年中，另一语族，即汉语族主要向东向南扩增，最后在中国各个地区居住下来。

从人类学和分子生物学等方面的最新研究材料来看，人类最初移居西藏高原的时间在更新世末次盛冰期结束之后大约为 c.20000~14000cal. BP 这段时间之内。分子生物学家对含三个汉族——藏缅民族中较多的单倍型（H6、H7和 H8）的个体用三个微卫星标记位点 DYS389，DYS390 和 DYS391 进行基因型的区分，筛选并分析了 160 个携带有 M122 突变汉族特异性单倍型的个体，经分析表明 M122C 突变发生的年代大致是在 18000~60000 年前。在汉族和藏缅民族的 M122 突变个体中计算得出两者的分野为 5000 年前（此年代由DYS390 推算而得，是三个微卫星位点年代中最大的）。一般而言，单纯从遗传学角度对古代人类的群体迁移和基因突变年代的精确估算困难非常大，因为有效群体大小和突变率的估计带来的偏差会直接影响结果，但这样的年代估算与体质形态学和考古学在齿型、石器和化石的发现相符，从而证明这一年代估算的可靠性。人类学研究表明涵盖中国北方地区的北亚人种特有的蒙古齿型（Sinodont）发生在 18000~25000 年前，而这种齿型是由东南亚地区的类 Sinodont 齿型演变而来。此外，在西伯利亚、贝加尔湖和阿尔泰地区近来的考古学研究表明，这一地区的人类石器文明出现在 25000~45000 年前。如果西伯利亚和整个东亚群体由非洲起源并经东南亚迁移而形成，那么现代人类进入东亚地区应该在北亚出现石器文明之前。如是，M122C 突变估算年代的上限 60000 年前便更接近于事实了，因此分子人类学家们认为，距今60000~18000 年间是早期现代人迁入东亚所造成的瓶颈效应的年代。据此，该研究认为随着冰川期逐渐消亡，非洲起源的现代人约在六万年前从南方进入东亚，在以后的数万年中逐渐向北迁移，遍及中国大陆，北及西伯利亚。大约在距今 8500 年前，在经历了漫长的蒙昧时期后，以仰韶文化为代表的最早的中华文明开始在黄河中上游地区萌芽。

三、青藏高原最早的人类迁徙

在这些诸多问题中，考古学家首先要确定的仍是考古学材料的年代问题，这不仅对于 19 世纪以来旨在建立时空框架的传统考古学是至关重要的，而且对于以问题导向为主旨的新考古学来说同样是基本的问题，同时也是当代考古学家所要解决高原考古学中人类移居和文化的适应过程中所涉及的一系列问题的基础。

21 世纪初，一支由中国古脊椎动物与古人类研究所、青海盐湖研究所以及美国国家科学基金会、加利福尼亚大学、亚利桑那大学等组成的联合科考队运用高原文化适应理论模式，对青藏高原进行了分区调查和文化层剖面的确认和采样。这个科考小组建立在更多的科学测年和调查数据以及明确的地层关系基础上的研究成果，在某种程度上几乎颠覆了关于青藏高原旧石器的传统认识。[①]

以我国学者高星和美国加州大学洛杉矶分校人类学系的布兰廷汉（Jeffrey Brantingham）为代表的考古学家们认为，人类移居青藏高原的行为最初发生在更新世末到全新世初，而在 4000~5000 米海拔的高原腹地的永久性定居，则是全新世以后的事。更为重要的是，向海拔 2500 米以上的高原地区的迁徙不仅仅是一般的文化传播过程，而且是一个生物和文化复杂而漫长的适应过程。由此布兰廷汉提出一个三级跳的移居理论模式，他认为全新世之前进入到高原的早期的季节性食物搜寻者（foragers）很可能是更新世晚期在低海拔环境周边地区适应性的副产品；全新世以后，出现在中国北方低海拔地区早期农业人口的搜寻者的排他性迫使部分人口永久性移居青藏高原，因为"高原中心完全适应性的居住应该在这些携带着能确保人们在高原地区生活的各

---

① 仪明洁、高星、张晓凌、孙永娟、P. Jeffrey Brantingham, David B. Madsen, David Rhode:《青藏高原边缘地区史前遗址 2009 年调查试掘报告》，《人类学学报》，2011 年第 30 卷第 2 期；高星、周振宇、关莹:《青藏高原边缘地区晚更新世人类遗存与生存模式》，《第四纪研究》，2008 年第 28 卷第 6 期；周笃珺、马海州、P.J. Brantingham:《晚更新世以来青海北部的人类活动与湖泊演变》，《盐湖研究》，2003 年第 11 卷第 2 期。

种资源的饲养者社会的充分发展时才发生"。不过从高原边缘季节性食物搜寻到高原腹地永久性移居，是一个逐渐的、分三步完成的过程：适应性扩散（Adaptive radiation）、定向选择（Directional selection）和竞争性排外（Competitive exclusion）。在这个理论模式的导向下，科考小组选择青海冷湖的小柴旦（海拔2804米，低海拔地区）、青海湖旁的江西沟和黑马河（海拔3202米，中海拔地区），以及格尔木野牛沟的西大滩（4000米以上，高海拔地区）分别进行小型试掘，用以确认和验证该移居理论的正确性。这不仅通过明确的地层关系，并且在多种断代技术的支持下，三个地区考古资料被加以精确测年：甘肃庄浪、宁夏水洞沟等地 c. 37 cal. Ka；青海湖 c. 13.0 cal. Ka；西大滩 c. 8.6 ± 7 cal. Ka。科考小组在这里所确定的不仅是更新世晚期至全新世考古遗存的时代问题，而且通过这种向高海拔地区的过渡，时代也越来越晚这一事实似乎在验证着布兰廷汉等提出的三级跳的高原文化适应理论。此外，从这些新发现的史前石制品的组合与特征来看，青藏高原不仅显示出与其周边地区有所不同，而且在高原不同的海拔地区，也存在着差异。布兰廷汉认为这种区别和差异便是人类在移居青藏高原时的适应性所导致。根据高原适应性理论和最新的考古材料，布兰廷汉描绘出一幅人类最初如何从青藏高原的东侧向青藏高原迁徙的过程：1. 高原东部低于2000米的低海拔地区的狩猎采集者最晚在距今25000年前的盛冰期开始向青藏高原进行临时性食物搜寻；2. 末次盛冰期 H1（c. 15.8 cal. ka）——新仙女木事件初期（c. 12.4cal. ka）为第二步，狩猎采集者在高原海拔低一点的高原边缘（3000~4000米）进行季节性食物搜寻；3. 大约在全新世初大暖期（c. 10 cal. ka~c. 8 cal. ka），早期新石器时代早期的农人和动物饲养者开始在高海拔地区（4000~5000米）全面和全年移居。

由几个地点的发掘和科学的断代数据加以验证的三级跳理论模式，似乎不仅解决了青藏高原石器的年代问题，而且也回答了文化传播和人类移居过程中的高原适应问题。最为重要的是，这种问题导向意识或假设—验证的科学方法不仅为我们的研究另辟蹊径，同时也开拓新的空间。必须基于丰富的考古学材料的时空框架或区系理论，很难在青藏地区加以实践，指导考古学研究，因为这个地区——特别是草原地区，经发掘的史前考古材料不是缺乏，而是阙如。不过在高星和布兰廷汉的这个迷你假说中，存在着一个考古材料上的严重冲突：如果全新世早期人类才永久性地定居高海拔地区，那么类似色林错、贡崩、夏达错以及青海乌拉湖等地发现的旧石器将如何解释？此外，这仅仅是一个"东边的故事"，[①] 而这个"故事"无法解释那些跨喜马拉雅的文化因素如手斧（夏达错等地）和"去薄"技术（色林错）等。

四、高原考古学的提出

尽管布氏的三级跳理论并未脱离由近及远或波浪式的文化传播模式，但我们应该充分认识到这一理论框架得以构建的思想基石——文化的适应性。与其说 21 世纪初青藏高原科考小组的工作和研究解决了某些问题，不如说提出了更多问题。比如，三级跳的假说是否适用于整个青藏高原地区？是否也适用于包括新石器农业和青铜游牧文化在内的史前？青藏高原来自其他方向的文化传播和适应过程又如何？高海拔地区与低海拔地区之间的文化是如何互动的？高原地区文化（包括人及其驯养的动植物等）的适应和传播变异以及进化之间的关系与机制是什么？等等，一系列需要多学科进行专门研究的文化生态问题。考古学家所面临的恐怕是一门新的考古学方向或分支——高原考古学。

国际上对于山地考古或人类学的研究最早于 20 世纪 70 年代便已开始，对欧洲阿尔卑斯山农牧兼营的人群的研究，以至"Alpine"（阿尔卑斯山的）一词成为专门用于山地研究的专门名词。稍后，山地研究的范围又扩大到喜

---

① 大约在 1200 万年前，非洲大陆东部下面的地壳沿着红海，经过今天的埃塞俄比亚、肯尼亚、坦桑尼亚一线裂开，形成了一条从北到南长而弯曲的峡谷。大峡谷的存在造成了两种生物学效应：一是形成了妨碍峡谷东西两侧动物群交流的屏障；二是进一步促进了镶嵌型生态环境的发展。这种东西向的屏障对于人和猿的分支进化是极为重要的，使人和猿的共同祖先的群体分成两部分。大峡谷西部的群体生活在湿润的树丛环境，最终成为现代的非洲猿类。而大峡谷东部的群体，为了适应开阔环境中的生活，发展了一套全新的技能（两足直立行走、解放上肢、开始使用和制造工具），从而经过南方古猿向人属方向转化。法国古人类学家科庞 (Yves Coppens) 将这种人类起源和演化的模式叫作"东边的故事"。

马拉雅、安第斯山以及埃塞俄比亚等地，这种山地研究曾经一度发展得很快，以至被称作是"唯生态论"（ecological particularism）。作为一个专业术语，高原考古学尽管尚未有人提出，但自20世纪以来，有些学者便专门进行这项研究，如加州大学默塞德分校的阿尔登德弗（Mark S. Aldenderfer）教授便是其中具有代表性的高原考古学家之一。

就我国情况而言，青藏高原考古学除文化之外，还关涉到藏族人种的进化、动植物驯养等一系列复杂的问题。如果像传统上所认为的卡诺人和曲贡人是真正的藏族，那么他们的文化最初是从哪里起源的？卡诺和曲贡人与驯养粟和猪的低海拔人群之间的互动关系又是一种什么样的性质？麦类农作物在青藏高原的起源或适应情况又如何？由于人种方面难以确定的问题，对这些问题我们不会只有一个确定或单一的答案。从科学的角度来看，试图确定远古的"藏族族群"是毫无意义的。在高原上某些文化的发展如果被认为是土著起源的，那么这些土著居民是什么时候到达高原的，以及在一段时间内土著居民与周边低海拔地区人们之间的互动关系便变得十分重要了，这尤其需要检视一下全新世以来传播和适应的各种不同过程，包括人口传播、特征传播（即来自另一人群的观念或某特殊文化特征的传播）、文化传播与适应、土著的进化与发展等类似的复杂问题。

高原考古学最终所要解决的事实上是一个关于高原民族及其文化在高海拔环境中的限制和适应问题。在高海拔地区长期居住的族群起初会创造出一种应对高原自然环境的文化适应，而最终会在生理上产生出一套针对缺氧环境的基因适应。不过移居到高海拔地区不同的初始生理状态决定了生理上的不同适应；同样，不同的初始文化内涵也决定了高原的文化适应模式。没有一个单一的泛人类应对缺氧状态的生存和文化适应模式。这些在人类学导向下建立的模式必须包括详细的古环境的重建，包括高海拔地区给人类生理、聚落迁移、人口繁殖以及文化适应所带来的限制等方面的思考。人类学家试图从以不同的方法来确定人类最早迁居高原的时间和路线。有些人类学家使用线粒体DNA技术，发现西藏人存在着不能确定其古老性的北亚和西伯利亚血统；有的人则根据Y染色体主张"大约一万年前生活在黄河盆地中上游的人们发展出东亚最早的新石器文化之一的人群便是中国西藏人的祖先"。但他们并没有推断出这些北方人口进入高原的时间与过程。后者是建立在东亚地区 Y 单模标本的分布上，他们认为距今 6000 年前，原藏缅语系从青海向高原中心移动，同时携带着东部地区的一个"新石器包裹"（Neolithic Package，诸如弦纹陶和磨光石斧等）沿河谷地区逆流传播至高原中心，也正是这个时候，单模标本的中亚因素便附加在这些移民身上。不过阿尔登德弗认为，假定一个可以回溯到距今 10000 年前或更早一点的被人们长期使用的聚落，这个模式进一步会意味着特征传播而不是人口传播，很可能是栽培物、驯养业及其他西藏新石器物质文化方面的源泉，因为如果是距今 6000 年以后的人口传播导致了西藏人的起源及其新石器适应的话，那么对于独特的基因适应和发展来说则没有足够的时间。

对于"新石器包裹"研究来说，迁徙和传播到青藏高原路线的重要性还在于其中所包含着的早期栽培物、其他驯养动物以及其他物质文化所出现的时间和适应信息。考古学已经发现了几种高原栽培物，即卡诺出土的粟（Setaria italica，俗称狗尾草）和昌果沟出土的裸麦（Hordeum vulgare，青稞）等。青稞何时成为主要食物的？其来源又是哪里？为什么粟会退出其主要的食物地位？此外，在"新石器包裹"中动物方面的限制同样也会引起许多争论。除了牦牛，高原上发现的所有其他饲养动物都被认为是在其他地方驯化的。这便意味着每种动物如猪、山羊、绵羊、驴、牛以及马都会像刚迁徙到高原的人类一样，需要一个适应过程。首先是高原环境导致的生育不蕃的限制问题，直到它们完全适应高海拔环境。这也许能够解释为什么新石器时代晚期的卡诺和曲贡等遗址出土有大量猪骨，而其后青铜时代却大抵为羊、牛骨等，因为猪的生育力较高（一窝产 6~12 只仔），会适应得快一些。由于多产，猪的存活率对于牛、驴、绵羊等来讲就会大大增加，这便使这些家畜在高海拔地区生长的数量相对大一些。然而，从另一方面来看，高原地区由于的农业限制却无法使人们以猪为主要饲养动物，所以当羊和牛适应了高原环境后，便迅速替代了猪的地位。此外，在高原可供人类利用的资源相对贫乏的环境中，羊和牛这种可以提供二级产品的动物可以大大降低环境的限制，从而加速人类的适应过程。

饮食同样是人类需要适应的一个方面。专一的牧业适应的主要特征是奶制品的大量消耗，以藏族为例便是黄油、奶酪、酸奶以及奶。这些产品主要来自三种饲养动物：牦牛、山羊和绵羊。现代藏族游牧部落日常饮食中至少50%是这些产品；相反，同样有饲养动物却不消耗任何奶制品的其他东亚人。这一饮食偏好上的区别在不同的人群基因实例中均有反映。特别是奶的消耗和乳糖酶（亦乳糖分解酵素 lactase）的存留量，在不同的族群中显示出指数不同。成人消化乳糖酶的能力被称作是乳糖酶存留量，学者们注意到这与单一地点遗传或起源的多形态现象有关，亦即作为一个显性特征而遗传和传播。奶制品饮食的历时越长，族群中这种乳糖酶存留量便越高。遗传被定义为母女系络间的垂直传递，传播被定义为邻里人群之间的生物文化特征的水平传播。畜牧业在欧洲的水平传播和垂直遗传两种形式已经被建模，这为我们思考青藏高原畜牧业的发生提供了一个基础。随着对西藏土著进行乳糖酶存留量的检测，定然会对青藏史前文化的研究大有裨益。

高原考古学作为考古学分支为我们开创了一个新的研究时代，这个时代同时也意味着一个新的领域、新的理论和新的方法论，更为重要的是，一个新的青藏高原考古学时代。

西藏青铜时代畜牧和游牧社会
相关问题讨论

距今 4000 年左右，西藏高原开始步入青铜时代。不过西藏高原的青铜时代情况比较特殊，尽管西藏高原出土青铜器的时代并不算晚，但其数量极少，及至青铜器普遍出现时，则又往往与铁器混同出现。由于青铜时代和铁器时代无法明确加以区分，学者们无奈，只好以"金属时代"加以命名（公元前 1000 年至吐蕃政权）；[①] 有些学者也往往使用"吐蕃部落时期"（公元前 800 年至公元 5 世纪）来加以命名，[②] 以期更趋科学。不过我们这里依然坚持使用"青铜时代"命名，只是再将其细分为早期青铜器时代和晚期青铜器时代。早期青铜时代指距今 4000~3000 年之间，以曲贡遗址为代表；晚期青铜时代从距今 3000 年至吐蕃早期（公元 7 世纪左右），以加日堂遗址为代表，晚期青铜时代也就是学者所说的"金属时代"或"吐蕃部落时代"。我们之所以这样划分，是因为晚期青铜时代不仅仅是某种新型技术和工具的出现，更重要的是游牧社会和游牧经济的出现。

青铜时代的西藏高原存在着多种类型的经济形态。同样是在高原地区的安第斯山脉，可以确认的经济模式有四种：专一的饲养业、饲养兼耕作、专一农业以及农业兼饲养业。不同饲养业经济的变体模式在今天的西藏高原也可以得到观察，即羌塘地区的游牧经济，以及家庭或村落基础上的饲养业，被称作 sa ma'brog 模式。这种模式是指牲畜季节性放牧至高海拔地区，与牲畜

---

① 基金项目：国家社会科学基金重点项目 (08AMZ001)；教育部人文社科规划项目 (07JA850004)。
童恩正：《西藏考古综述》，《考古》，1985 年第 9 期。
② 霍巍：《西藏古代墓葬制度》，四川人民出版社 1995 年版，第 42 页。

一起尚有简单的农人。Drok pa 是指纯粹的游牧人，而 Shing pa 则是指基于村落的农人。目前西藏高原青铜时代考古学材料所能观察到的经济模式有两种：

1. 以曲贡遗址为代表的农—牧业兼营的经济类型（青铜器早期）。

2. 以加日塘为代表的游牧—猎兼营的游牧经济类型（青铜器晚期）。

以曲贡遗址为代表的农—牧业兼营的经济类型　这一时期大致为距今3700~3000 年左右，属于这个时期的遗存主要以拉萨曲贡遗址为代表，此外还有琼结邦嘎遗址、贡嘎昌果沟遗址、拉萨河流域的堆龙德庆达龙查等遗址及曲水、林周、达孜、墨竹工卡等采集地点，主要分布于 3600~3800 米左右的雅鲁藏布江流域。

曲贡遗址从 1990 年到 1992 年三年间分别进行了三次发掘，海拔 3685 米，发掘总面积为 3187.5 平方米，共清理早期墓葬 3 座、灰坑 22 座、晚期石室墓29 座、祭祀遗址 2 处、祭祀石台 6 座，出土文化遗物 1 万余件，包括石器、陶器、骨器，以及大量的动物骨骼。[①]

曲贡遗址的出土遗物中，仍以石器为主要内容，石器仍是曲贡人的主要生产工具。曲贡遗址出土石制品 1.2 万余件，占出土器物总数的 95% 以上。整理所观察标本 1594 件，其中打制石器 1136 件，占 71.27%；磨制石器仅 20 余件，占 1.5%；细石器 51 件，占 3.2%，其余为涂色石、砺石，以及大量的石磨盘和石磨棒等。石器基本上是直接锤击打片的石片石器，少量的细石核和细石叶。报告者将石片石器分为敲砸器、砍砸器、切割器、刻刀、尖状器等十余种。这些石片石器——尤其是石镞和石矛头采用石核预制技术，打片后便直接使用，很少二次修理。这种石核预制技术使我们联想到前面我们所讨论的更新世晚期西藏高原细小石器中的似勒瓦娄哇技术。石器中的磨制石器和玉器数量很少，但制作颇精，如梳形器的磨制。石器的穿孔技术也很熟练。

据《卫藏通志》所说，雅鲁藏布江河谷地带的农耕文化是公元 2~3 世纪才出现的，主要栽培作物为青稞等。整个西藏地区适宜农耕的土壤面积很小，大约不到全部可利用土地的百分之十，[②]而且受地形、水源、气候的影响很明显，

---

① 参见中国社会科学院考古研究所、西藏自治区文物局编：《拉萨曲贡》，中国大百科全书出版社1999 年版。以下关于该遗址的材料均引自该书，不再另注。

② 中国科学院青藏高原综合科学考察队编：《西藏土壤》，科学出版社 1985 年版，第 273 页。

开发难度很大。但是考古调查和发掘证实，高原河谷地带的农业起源不算太晚。雪域农耕文化的出现不会晚于距今 4000 年前。

曲贡出土大量的砍伐类石器，许多石器可以直接用于砍伐灌木丛进行土地垦殖。地层孢粉分析结果看，灌木和小半灌木的植物孢粉占优势，说明当时生长着较为茂密的山林。出土的兽骨中鹿与麝的遗骸占有很大比例，这也都是山林灌丛动物，可见当时气候较之今天湿润，更有利于草本植物和木本植物的生长。孢粉中也可见到禾本植物的花粉，只是尚不能确定种属。遗址中出土大量的石磨盘和石磨棒显然是用于谷物加工的。这些磨具体型较大，显然是经过长时间的使用，磨槽深凹，磨棒也是长期用于或捣或研磨的加工，而遗留很多磨痕和敲击疤痕。

从地层上来看，曲贡遗址可分早晚两期，晚期所出双肩石铲是曲贡遗址晚期遗存中最富有特色的器物，在西藏地区也是首次发现。它是用较扁平的整块砾石打制而成，两面保留有砾石原面。双肩稍斜，柄部粗短，刃部呈舌状。有肩石器是我国西南地区新石器时代至青铜时代富有地方特色的石器之一，与西藏相邻的四川和云南很常见。云南地区的双肩石器主要发现于云县忙怀[1]和麻栗坡县小河洞洞穴遗址，[2]云南发现的双肩石器与曲贡的同类器物在形制上有所不同，云南石器用石片制成，体型瘦小，柄部窄长，刃部较宽。年代被确定为新石器时代。四川地区的双肩石器多发现于川西青衣江流域的雅安、荥经[3]、夹江、洪雅[4]等地。四川的双肩石器类型较多，有些与曲贡遗址出土的同类器物非常相似，其时代大约在商代。[5]曲贡出土的双肩石铲在年代和形制上均与四川雅安出土的同类器物很接近，故二者之间可能有着渊源关系。[6]

不过我们在此更为感兴趣的是双肩石铲作为典型的农业生产工具，以及

---

① 云南省博物馆文物工作队：《云南云县忙怀新石器遗址调查》，《考古》，1977 年第 3 期。

② 云南省博物馆文物工作队：《云南麻栗坡县小河洞新石器时代洞穴遗址》，《考古》，1983 年第 12 期。

③ 魏达议：《雅安石器调查记》，《文物参考资料》，1958 年第 1 期。

④ 中国社会科学院考古研究所四川工作队：《四川乐山市考古调查报告》，《考古》，1988 年第 1 期。

⑤ 四川省文物管理委员会、四川省文物考古研究所、四川省雅安地区文物管理所：《雅安沙溪遗址发掘及调查报告》，《南方民族考古》，1990 年第 3 辑。

⑥ 中国社会科学院考古研究所、西藏自治区文物局编：《拉萨曲贡》，中国大百科全书出版社1999 年版，第 217 页。

双肩石铲与诸多典型的农业遗址发生联系这种语境下所透露出的有关曲贡农业比之卡若更为进步的信息。这种双肩石器的使用方法是在柄或榫的部位安装以木柄使用，或用作锄，或用作铲，较之未安柄的石器，生产力由此而大大提高。双肩石器无论是横向安柄还是竖向安柄，均作为开垦土地或田间管理的农具使用。之所以在南方，特别是西南地区包括东南亚地区多见，^① 与该地区植被茂盛有关。尽管曲贡尚未发现任何农作物，但由于类似双肩石器（与此相关的还有石铲和犁形器）的发现，可见曲贡农业在生产力和生产技术上比卡若大有进步，因为卡若尚未出现明确可以用于安柄的大型石器。只有当农业出现一定规模或发展到一定阶段时，这种双肩的或有段的用于安柄的大型石器才会出现。

曲贡遗址没发现农作物，但在比曲贡时代更早的昌果沟遗址中却已经出现了青稞。也就是说曲贡时代，西藏高原农业技术的发展已经由二棱大麦的祖本成功培育出青稞这一新品种（该讨论详后）。这是农作物对西藏高原干旱、寒冷和高海拔环境的适应结果，或野生植物对驯化过程适应的结果。无论如何，适应都是一个逐渐发展的长期过程；适应的完成，也就是新品种的诞生，便标志着一个发展的高度。所以对于西藏高原的农业发展史来讲，青稞的出现，是一个里程碑式的标志。由此我们可以推定，曲贡时代的农业除了粟之外，应该也包括青稞。

就陶器而言，曲贡与卡若有着很大的区别，素以陶器类型学为标准的考古学家们据此认为："曲贡文化和卡若文化之间，虽然可以找到一些相似点，但二者不论在时代上还是在文化内涵上，都有很大不同，它们是分布在不同地域的两支不同类型的高原史前文化……一定还有一支在年代上与文化内涵上同卡若文化有更明显联系的新石器文化，它就是曲贡文化的渊源之所在。换句话说，卡若文化虽早于曲贡文化，二者却没有直接的发展关系。"^② 然而，曲贡与卡若遗址在石器的打制技术和石器类型之间却有着诸多的相似之处，并就打制技术

---

① 参见杨复兴：《试论怒江中游新石器时代的双肩石器》，《云南民族大学学报》（哲学社会科学版），1990 年第 1 期。

② 中国社会科学院考古研究所、西藏自治区文物局编：《拉萨曲贡》，中国大百科全书出版社1999 年版，第 222 页。

而言，有一种在我国其他新石器文化中几乎不见的石核预制技术，表明了卡若和曲贡之间的传承关系。卡若遗址中也曾发现这种石核预制技术，童恩正先生曾敏锐地将其与欧洲的勒瓦娄哇技术联系起来。[①] 不过卡若遗址出土的采用勒瓦娄哇石核预制技术制作的石器数量不多，而在曲贡遗址出土的石器中，则广泛采用这种加工技术。[②] 正如前面我们提到的，实际上这种石核预制技术早在西藏高原旧石器时代晚期的细小石器中便已经出现。在西藏高原这块独特的地理环境中，勒瓦娄哇石核预制技术从旧石器时代晚期一直沿用到青铜时代，除了在西藏高原邻近的新疆地区和青海东部农业区也曾存在外，[③] 我国其他地区则绝无仅有。在这里我们所要强调的是，卡若与曲贡之间是否有传承或所谓的"直接发展关系"，仅以陶器类型学来确定的方法，可能有失偏颇。但从经济史或经济类型的角度来看，二者之间的传承关系是显而易见的。

如果说卡若遗址中以猪为主的饲养业仅仅是一个辅助的经济门类的话，在曲贡遗址中畜牧业已经发展到足以与农业并驾齐驱的程度。曲贡遗址畜牧业发展的首要标志是驯养动物种类的增多，其次是数量的增多。遗址早期地层和灰坑中出土大量的动物骨骸，多为曲贡人当时的食余垃圾，杂有一些用火烧烤过的骨渣，也有一些制作骨器剩下的残料。这些动物骨骸大多比较破碎，虽然也能见到较为完整的骨架，但数量很少。经鉴定表明，驯养动物包括牦牛（Bos grunniens L.）、藏系大角绵羊（Ovis aries L.）、猪、狗等。在数量上较多的是牦牛、绵羊，遍布每个探方与灰坑；猪和狗的骨骸发现较少。比之野牦牛，曲贡出土的家养牦牛牛角较细，个体也较小，是目前所知年代最早的家养牦牛的证据。

与青稞一样，牦牛与藏系大角绵羊出现，也是西藏高原驯养动物适应性

---

① 童恩正：《西藏考古综述》，《文物》，1985 年第 9 期。

② 西藏自治区文物局编：《拉萨曲贡》，中国大百科全书出版社 1999 年版，第 221 页。

③ 王博：《乌帕尔细石器遗址调查报告》，《新疆文物》，1983 年第 3 期。在这篇文章提到的苏勒塘巴俄遗址中发现青铜器与细石器，尽管调查者没有提及勒瓦娄哇技术，但文中所描述的石核修理技术即为勒瓦娄哇技术。青海东部的大通县田家沟齐家文化遗址出土的石器中，也普遍存在勒瓦娄哇技术，参见汤惠生：《青海大通田家沟齐家文化遗址出土石器的研究》，《史前研究》，2003 年卷。勒瓦娄哇石核预制技术从旧石器时代晚期一直沿用到青铜时代的情况在我国北方草原地区也可能存在，不过目前尚无考古资料证明。

的标志。据目前研究认为，牦牛是西藏高原的野牦牛驯化而来（详后）；藏系大角绵羊则是由野生大角盘羊（Ovis a 毫米 on L.）驯化而来。[1] 我们知道，驯养吃杂食的猪和食草动物牛羊有着本质区别，猪是处在与人争食的地位，而牛羊不仅不与人争夺食物，而且还可给人类提供除了肉以外的二级产品如奶、皮毛、驮运、耕种等。所以饲养牛羊一类的动物，反映了人类饲养业发展的一定阶段。

此外我们还应提及的是曲贡遗址出土的石墙房屋与石围圈等遗迹，这与曲贡人的放牧方式相关。这种石墙房屋与石围圈后来成为西藏高原东部青铜时代卡约游牧民族的典型遗迹特征，即便在现今的西藏草原地区，这种游牧民族的建筑遗迹也比比皆是。尽管新石器时代的猪也都是放养，但与后来牛羊的放牧方式很不相同：猪可以早出晚归自己寻食，而牛羊放牧需要有专人照管，此间便包括草场寻找、规划与安排及其管理等社会结构方面的问题。虽然我们还没有证据说明曲贡人小规模和小范围的放牧是不是季节性的游牧性质，但有一点可以明确，曲贡时期的畜牧业已远远发达于卡若时期。

造成由农向牧转变的重要因素是气候和环境。一方面是公元前 2000~ 前 1000 年全球气候的干冷化，使得原始农业受到打击；另一方面，由于长期以来的农业定居生活，造成人口扩张与资源分配不平均，人们逐渐向自然索取更多的资源与产品。整个中国西北地区新石器时代末均发生由农业向牧业转变的普遍现象，学者们已经充分认识到这个问题并进行过深入的讨论。[2] 我们以这方面研究较为深入的天水西山坪遗址为例，便可更进一步地了解人地关系及其对人类经济生活的影响。

天水西山坪遗址通过花粉、农作物和植硅石等农业活动生物指标记录研究，结合高精度的 AMS 测年数据，表明 4650 cal BP 以来一个重要的变化是

---

[1]　周本雄：《曲贡遗址的动物遗存》，参见西藏自治区文物局编：《拉萨曲贡》，附录2。中国大百科全书出版社 1999 年版，第 237~243 页。

[2]　参见俞伟超：《关于"卡约文化"与"唐汪文化"的新认识》，载俞伟超《先秦两汉考古学论集》，文物出版社 1985 年版；李智信：《试论马家窑至卡约文化经济转变的原因及影响》，载《青海考古五十年论文集》，青海人民出版社 1999 年版，第 91~97 页；霍巍：《论卡约遗址经济文化类型的发展演变》，《中国藏学》，1993 年第 3 期；王明珂：《华夏边缘——历史记忆与族群认同》，台北允晨文化实业股份公司 1997 年版，第 95~151 页。

针叶乔木特别是云杉林的突然消失和阔叶乔木（主要是栗）的扩张。这一阶段恰好对应了小麦、燕麦和荞麦的相继出现和粟、黍、青稞、大豆以及湿地作物水稻的共同被栽培时期，禾本科和荞麦花粉的高含量也显示了农业活动强度大，先民通过砍伐和焚毁林木开垦土地，栽培栗子以获取更多的食物。然而对自然植被这一更改，却迅速导致了西山坪遗址的衰落和消亡；[①] 大地湾遗址的情况更为典型：动物骨骼、骨器出土数量以及动物种群的数量不断下降，表明环境的逐步恶化。如二期鹿科动物的标本尚有 2757 件，而第四期发掘面积大于第二期，但鹿科动物标本只有 1472 件；第一期出土的苏门犀、苏门羚，不见于其他各期；第二期发现的虎、豹、象、猕猴等在四期以后的地层中踪影全无。与此同时急剧发展的是人口的数目和聚落的规模。聚落到第四期发展到最高峰时，占地 50 万平方米；第五期以后，居民大多生活在半山上。这种变化的一个重要原因就是由于森林的过度开发导致洪水的泛滥。[②] 通过新石器时代晚期人地关系的研究表明，以农业为主的新石器时代考古学越发达，对周围乔木的破坏就越严重，这对于那些生态环境非常脆弱、植被恢复能力很差的地区来说，情况尤为如此。

除农牧之外，狩猎在曲贡遗址中也至少是一个辅助性的经济类型。遗址中发现有鹿（Cervus sp.）、麝（Moschus moschiferus L.）、野猪（Sus scrofa L.）、藏野驴（Equus hemionus kiang Moorcroft）等几个动物种属，则为当时曲贡人的猎获物。狩猎工具有细石叶、各种质地的箭镞等。特别值得一提的是曲贡遗址 H12 出土一枚青铜箭镞，距今年代为 3500~3700 年。经检测，该铜镞为铜锡合金，本地铸造而成。从铜镞的形制来看，是仿自扁平骨镞的造型，与中原夏商时期的铜镞相似。报告者据此认为："生活在高原的藏族先民，在距今 4000 年前后，就已经迈开了跨入青铜时代的步伐。"[③] 此外，在几座灰坑中出土有鱼骨，说明捕捞业也是曲贡人所从事的经济门类。

以加日塘为代表的游牧兼猎的游牧经济类型，这一时期大致为距今 3000

① 李小强、周新郢、周杰：《甘肃西山坪遗址生物指标记录的中国最早的农业多样化》，《中国科学》（D辑）2007年。

② 郎树德：《甘肃秦安县大地湾遗址聚落形态及其演变》，《考古》，2003年第6期。

③ 西藏自治区文物局编：《拉萨曲贡》，中国大百科全书出版社1999年版，第225页。

年至公元 7 世纪左右。这种经济类型以加日塘为代表，主要分布在西藏北部和西北部 4300 米以上的高海拔草原地区。

加日塘遗址地处当雄县羊八井镇桑萨乡的切隆多村，海拔 4234 米。该遗址在青藏铁路工程中进行文物调查时发现，于 2003~2004 年间进行了三次发掘。[①]三次共发掘 2902 平方米，出土石制品包括细石核、细石叶、石片、石片工具、钻孔石球 1 件、磨制石器 4 件以及少量的陶片，共 2800 余件；发现并清理火塘遗迹、灰坑遗迹各一处，以及被称作"敷石"的遗迹两处。加日塘文化层的堆积共分两层，厚度不到 30 厘米，其内涵均为同一时期。据碳 14 测年表明，加日塘遗址的年代在距今 3200~2900 年之间。

尽管从遗址所出土的烧骨碎屑中无法辨认出动物种属，但从遗址所出土的细石叶工业和石片石器等考古学物证来看，加日塘遗址的居民主要从事以纯粹的放牧为主和狩猎为辅的经济活动。目前发现的火塘和柱洞遗迹说明这些牧人应该是居住在中间用木柱撑起简易棚屋中。而所谓的"敷石"遗迹，现虽用途不明，但推测很可能与畜圈和放牧有关。[②]石器中的细石核、细石叶以及大多石片石器与其他遗址和时代出土的相同器类差别不大，不过加日塘遗址中出土的凹缺器、锯齿状器，以及各种带有齿状的小型（3~4 厘米）切割器非常引人注目，这应该与切割动物皮肉一类的生产活动有更多的关系。该遗址没有发现任何除工具外的人工制品，加之火塘与柱洞的简陋性，以及其他遗迹的贫乏，正如报告者所推测的："可能是季节性往返迁徙的临时居住点。"不过，需要进一步指出的是这是游牧人的临时居住点。

遗址虽然出土有表现农业文化因素的陶片、磨石，以及磨制石器等，但由于遗址的海拔高度，我们知道该遗址的居民不可能从事任何形式的农业经济活动，但这并不表示加日塘遗址没有受到来自农业文化的影响，因为此时

① 参见西藏自治区文物局、四川大学考古系、陕西省考古研究所编：《青藏铁路西藏段田野考古报告》，科学出版社 2005 年版，第 53~124 页。加日塘资料的引用均来自该书，不再另注。

② 这种"敷石"遗迹时代在至少进入公元 10 世纪以后的那曲蔡秀塘等地也多有发现，只是规模稍小，而且常常在遗址中发现马、牛和狗的头骨，其上有古藏文墨书，明确表现出遗址的祭祀性质。参见《青藏铁路西藏段田野考古报告》125~152 页；这种"敷石"遗迹在史前澳大利亚也多有发现，被认为与宗教仪式和祭奠相关。参见 Mulvaney. J and J. Ka 毫米 inga 1999 Prehistory of Australia, p.26. Allen & Unwin Pty Ltd.

雅砻江、拉萨河等河谷低地农业经济依然占有很大比例。

我们不知道距今 4000 年前的曲贡人是否也利用海拔 4000 米以上的广袤草原来放牧他们的牛羊，无疑加日塘人已经这么做了。布兰廷汉等人认为距今 10000 年之后，以驯养动物为生的早期新石器时代的牧人为了寻找牧草开始全方位和永久性地居住在高于 4000 米的高原地区。在本章开始时我们谈到的布兰廷汉等人关于西藏高原史前移居的"三步曲"的理论，事实上是一个人类与驯养动物对于高海拔环境适应的完整过程。布兰廷汉认为最初的牧业有可能来自西藏高原的东北部地区，他认为柴达木盆地的干旱可能会为了寻求草场而直接从第二级（海拔 3000~4000 米）跳到第三级（海拔 4000~5000 米），而没有一个适应的过渡时间，并且这种跳跃有可能发生在距今 12000~10000 年间。事实上不管在哪个阶段，牧人都很有可能扩展到高原上资源最丰富草场。其实在这个时期，青藏高原东部的河湟地区，已经出现了专门化的游牧社会，亦即考古学上的卡约文化。与先前的马家窑文化和齐家文化相比，卡约文化墓葬中出土大量的牛、羊、马骨；遗址发现得很少，出土的也只有柱洞和石块垒的灶，没有墙和屋顶，有些遗址还出土大量的羊粪，[①] 很有可能是游牧部落的冬季居所。

从考古学和民族学材料中我们在狩猎社会中有纯粹的食肉民族的存在，但进入新石器时代以后，世界上很少有纯食肉性的畜牧人群。学者们研究中亚的游牧社会时发现，一方面土著十分依赖黄油、奶酪、酸奶和肉，而另一方面他们从农人那里交换来的谷物中获取 50% 的卡路里摄入量。所以我们推测，尽管加日塘是一个纯粹的游牧和狩猎为经济活动的遗址，但加日塘与当时的农业集团之间仍有着交换与往来，该遗址出土的重石与磨石表明了这一点。由于资料的缺乏，目前我们还不能推测加日塘经济模式的更多细节，不过我们所能肯定的是延续至今的西藏高原逐水草而居游牧经济生活方式，在加日塘时期业已开始。

（一）青稞的驯化与出现

从汉文文献上来看，大麦引进中国，至迟应该在商代（甲骨文、金文、《诗

---

① 　高东陆、徐淑珍：《青海湟源莫布拉卡约遗址发掘简报》，《考古》，1990 年第 11 期。

经》）就发生了。我国最早关于麦类的文字记载，始于殷墟甲骨文（公元前 13世纪）的"来"和"麦"，然后《诗经·周颂》有"贻我来牟"的诗句。学者们对麦、来、牟这三个字曾有不同的解释，对我国麦类的起源产生了不同的见解。其中对麦的解释大体一致，即：它包括大麦、小麦和其他麦类，有时专指小麦或大麦。对来和牟的解释，至今仍有异议。最早解释"来，小麦；牟，大麦"的是三国魏张辑《广雅》（公元 3 世纪）一书，后人也多沿《广雅》的解释。当前有关我国麦类历史论著，多数认为来是小麦，牟是大麦，然而古今文献也有二者相反或来牟本一物的看法。西汉毛亨在《毛传》中谓："牟，麦率用也"，可以理解为牟是麦的直率称呼、俗称或方言；清马瑞辰《毛诗传笺通释》认为"来牟是一麦二峰，即有双歧之麦"，视来牟为一物；石声汉在他所著《中国农学遗产要略》中对"贻我来牟"的注释为"天赐我们以大麦（来）和小麦（牟）"，恰与《广雅》所释相反。究竟牟是大麦还是来是大麦，或二者是一物，学者们各执所见。据徐廷文等人考证，"来"为大麦，并云藏语和世界上很多地区都将青稞都为"nei"，而藏语中的"nei"即为汉语中的"来"。[①]张亚生等人认为藏语中"乃羌"（青稞）在卜辞亦出现，指羌人被商殷征服后向商殷纳贡之物，由此证明商殷时期羌人向商殷的纳贡便是青稞了。[②]

根据《贤者喜宴》《红史》等藏文古籍记载，在第九代赞普布德贡杰时代，雅隆河谷已能"烧木为炭，炼矿石而成金银铜铁，钻木为孔做成犁及牛轭，开掘土地，引溪水灌溉，犁地耦耕，垦草原平摊为耕地……耕种庄稼之事始首于此"。[③]

但考古材料证明，西藏农业的起源时间更早。1994 年西藏自治区文管会在贡嘎县昌果乡的昌果沟遗址发现大批农作物。农作物出土于一个直径约 1.6米，深 1.65 米的灰坑中（H2），出土农作物为 3000 粒古麦粒，为粟（Setaria italica，俗称狗尾草）和青稞（Hordeum vulgare），其中 4 粒类似于小麦属（Triticum L.）四倍体、六倍体种成员种子的碳化粒，而其中一颗已确认系普通小麦（Triticum aestivum L.）种子的碳化粒。此外还在另外的灰坑内发现一

---

① 参见徐廷文、冯宗云：《从来牟的释义谈中国栽培大麦起源问题》，《西南农业学报》，2001年第 1 期，总第 14 卷。

② 张亚生、占堆：《从"蕃"和"乃"的词源看西藏农业起源》，《中国藏学》，1996 年第 2 期。

③ 黄颢：《'贤者喜宴'译注》，《西藏民族学院学报》，1986 年第 2 期。

些似为青稞麦茎"节"部的碳化碎块，即青稞叶枕（叶片与叶鞘的过渡部位）的碳化物。该遗址经碳 14 年代测定为距今 3500 年左右。[1]

不过鉴于西藏高原不可能是普通小麦的初生起源地，有些学者认为昌果沟遗址中的小麦"只能是混生于大、小麦的初生起源地——西亚。若非如此，西藏新石器时代晚期混生普通小麦的物种由来就很难解释。而由于混生普通小麦来西藏的载体只能是大麦，因而昌果混生普通小麦的发现同时也暗示了藏青稞不是本土起源的。"因为中东新石器时代的大麦驯养是众所周知的事，特别是在肥沃的新月地带。这个地区被认为是距今 9000 年前大麦起源的唯一中心，大麦被认为是通过种子交换而分别传播东方（包括中国北部）和西方，并且这种传播的时间可以确定在公元 1000 年以后才发生。与我国学者相反的观点中许多倒是来自国外的学者，他们认为青稞的驯化很有可能发生在西藏高原。20 世纪 80 年代西藏高原发现了大麦野生祖本（Hordeum spontaneum），联系到高原上 H. vulgare（本土的）完整的、被称作赤裸（驯养的）花轴（rachis）形式——与中东和印度完全不同的基因型——的存在这一事实，有些学者认为西藏高原见证了早在 5000 年前便已发生的一个大麦本土驯化的过程。尽管学者们尚远未达成一致，而且争论颇为激烈，但有些学者相信这些证据已经足以将西藏视作大麦驯化的另一个中心。

如果是这样，那么通过前面的考古资料我们便可以看到这个驯化过程所发生的时间。昌果沟发现的碳化大麦粒经碳 14 断代时代为公元前 1370 年。这些麦粒尽管在最初的发掘时未能识别，但后来由一组科学家在一个灰坑遗迹中又发现了一些高原野生大麦茎。值得一提的是这个灰坑遗址被曲贡文化所叠压，但昌果沟遗址发现的大麦、青稞却不见于曲贡文化，[2] 曲贡文化从昌果沟继承下来的只有粟。昌都卡若遗址也只发现粟，不见青稞。根据昌果沟遗址的发掘来看，尽管其考古学文化面貌与卡若遗址和曲贡遗址均不尽相同，

---

① 傅大雄、阮仁武、戴秀梅、刘咏梅：《西藏昌果古青稞、古小麦、古粟的研究》，《作物学报》，2000 年第 7 期。

② 傅大雄、阮仁武、戴秀梅、刘咏梅：《西藏昌果古青稞、古小麦、古粟的研究》，《作物学报》，2000 年第 7 期。

但应介于二者之间，^① 从时间上来看亦复如此。据此，我们有理由推测西藏高原青稞驯化的过程应该始于距今 4000 年前左右。

（二）牦牛的驯化与出现

根据藏族古代传说，到了松赞干布的祖父达日年色时代，畜牧经济中方出现犏牛、骡子等杂交配种的牲畜，到了松赞干布的父亲囊日论赞时代，驯养野兽为家畜，将野牦牛驯化为家养牦牛。^② 不过有关牦牛的记载，汉语资料似乎在时代上要早得多。《尚书·牧誓》载"右秉白旄"；《荀子·王制》说："西海则有皮革文旄焉，然而中国得而用之"，说明先秦时期牦牛产品已成为与西部地区商品交换的内容之一。《吕氏春秋》中"肉之美者，……牦象之肉"，说明牦牛自古也供肉用。而目前的考古资料显示，早在新石器时代晚期或青铜时代早期，西藏腹地拉萨的古代居民便已经驯化牦牛了。

从动物种类史的角度来看，牦牛是牛属，与野牛或欧洲野牛相似。不过与其最亲近的种属目前尚不清楚，有些地方显示出与黄牛（Bos）相近，有些地方则有表明与野牛（Bison）相似，不过一般认为可能是黄牛的亚属。遗传学表明牦牛与牛的分离至少发生在 100 万~200 万年前，这正是西藏高原隆起的时候。学者们对不丹、尼泊尔、蒙古国和中国的驯养牦牛进行过 DNA 线粒体的检测，确定了两个不同的单组，由此推测一如其他黄牛以及有蹄类动物一样，经历了两次驯化。经分子钟检测，学者们估算出驯养牦牛与其野生源头的分化，应该发生在距今 5000 年前。不过目前有关牦牛最早的考古学资料是曲贡遗址出土的牦牛角，距今 3700 年。^③

有一点我们必须认识到，只有当人们在高原地区定居之后，牦牛的驯化才变得至关重要。生物学告诉我们牦牛在海拔 3000 米以下的地区便生育不蕃了。由于有其他牛种的竞争，低海拔地区的人们一般不选择饲养牦牛，而牦牛正是 3000 米以上海拔地区最佳的饲养动物，人们若想长期定居高海拔地区，牦牛便是唯一的驯养动物。那么牦牛的驯养很可能发生在全新世中期西藏高

---

① 何强：《西藏贡嘎县昌果沟新石器时代遗存调查报告》，《西藏考古》，1994 年第 1 辑。

② 格勒著：《论藏族文化的起源形成与周边民族的关系》，中山大学出版社 1988 年版，第 37 页。

③ 周本雄：《曲贡遗址的动物遗存》，参见西藏自治区文物局编：《拉萨曲贡》，附录 2。中国大百科全书出版社 1999 年版，237~243 页。

原边缘的农耕与畜牧集团，如宗日文化。正如有些学者所注意到的，除了牦牛，所有中国西北部的饲养动物被认为都是在其他地方驯化的。这意味着每种动物——猪、山羊、绵羊、驴、牛以及马——都会像低地人一样地进化。这些动物也会像人一样存在生育不蕃的高原限制问题，直到它们完全适应高海拔环境。不过猪（一窝产 6~12 仔）和山羊（一窝 1~3 仔）会适应得快一些，因为它们是一胎多产。由于多产，这些家畜的存活率对于牛、驴、绵羊等来讲就会大大增加，这便使这些家畜在高海拔地区生长的数量相对多一些。不过，人类如果仅仅依靠二级产品，如来自牛和绵羊的奶和毛来替代肉食，这种限制将会被削弱。如果肉食的主要来源是这些饲养动物，那么饲养业的发展规模便缓慢一些。

此外，牦牛的驯养应该发生在这样一种状态下，即为将来的使用超过了现时猎杀的情形。当然，饲养大型动物的成本是增多了，特别是低生育力的话，驯养的获利是不可能超过现时宰杀的。由于巨型身躯和低生育力，野牦牛无疑应该属于被猎杀的行列而不是饲养动物。这样的话，饲养野牦牛应该不仅仅是出于单一的肉类食用的原因。如是，我们便不得不考虑牛粪和驮运（我们称其为二级产品）、弱化风险，以及为将来的长期计划等因素。对西藏高原的居民而言，其中二级产品如牛粪和驮运便是直接获益的东西。如果在皮和肉之外，饲养还可获得更多的二级产品，那么饲养便和狩猎一样具有更大的经济价值了。此外，在全新世中期高原恶劣的环境中，驯养动物会使生活变得有保障。距今 4500 前西藏高原的气候和环境是非常寒冷和严酷的，而这样一种降低风险的行为应该是确保生存的手段之一。

全新世中期的末尾，游牧人开始在高原的草原地区进行季节性的放牧羊群。高原游牧羊群开始于何时我们还不能确切知晓，但中国西北部驯化羊的考古学证据表明至少在距今 4000~5000 年之间，羊已经驯化了，距今 6000 年前在高原边缘地区出现了农牧混合经济的人群有了驯化的黄牛。高原上出现畜牧羊群应该刺激了野牦牛的驯化，牧羊人肯定在高原上遭遇到野牦牛，也可能捕获或驯化过单个的野牦牛，从历史文献上来看，这些牧人有可能是羌人。驯化过程也可能通过另外一种方法来实现：牧人将捕获的野牦牛卖给低海拔地区养殖家牛的农人，而农人则将野牦牛与黄牛一起养殖，这不仅驯化了野牦牛，而且通过野牦牛与黄牛的交配产生了犏牛（藏语称"dzo"）。

（三）马的驯化与游牧社会的出现

所谓游牧社会，简单地说就是"逐水草而居，不常厥所"的游动生活。不过需要注意的是这个说法只强调了"牧"，而忽略了"游"。对于游牧民族来说，两者同样重要，因为游动迁徙不仅仅让牲畜在各种季节中都能利用环境资源，同时也是牧人逃避各种自然与人为风险以及利用更大外在资源的手段。[①] 从畜牧到游牧是一种经济和社会模式的革命，在这场变革过程中，马的驯化并作为骑乘是一个关键性的因素。汤因比曾经说："为了使干旱草原能供养尽可能多的牲畜，游牧民不得不按照周期性的季节轨道不断地把畜群从一个牧场赶到另一个牧场。如果没有诸如马和骆驼这样的非人力助手的帮助，他们要在周期性的迁徙中管理好他们的牛和羊是不可能的。"[②]

俄罗斯学者库兹明纳也认为欧亚草原游牧离不开马，牧人们骑着马才能控制大量的牲畜群，并且利用远距离的草场。在马作为骑乘的文化形成之前，游牧是不可能实现的。

有关马的驯养的最早考古学材料出自俄罗斯南部草原。在距今 4200~3700 年前的德雷夫卡（Dereivka）遗址中，曾出土大量马的骨骸，学者们由此推断马的驯养至少始于公元前五千纪。公元前 2000~1800 年左右，高加索地区的古人群已知将马作为乘骑。在叶尼塞河流域，属于阿凡谢夫（Afanasjevo）文化的几个遗址中，也曾发现马作为坐骑的遗迹。这种考古文化遗存的年代，被估计在公元前 2500~1700 年间。在更接近华北的阿尔泰—萨彦地区，最早马作为乘骑的考古学证据被断代在公元前 1500 年左右。[③]2009 年 3 月，Alan K. Outram 等人在《科学》杂志上发表了《最早带挽具和挤奶的马》一文，介绍了他们的课题组在哈萨克斯坦波太遗址 (Botai Culture) 发现距今 5500 年的驯化马情况。考古人员对波泰遗址出土的马的骨骼进行分析后发现，这些马的

---

① 王明珂著：《游牧者的抉择——面对汉帝国的北亚游牧部族》，广西师范大学出版社 2008 年版，第 20 页。

② ［英］阿诺尔德·J. 汤因比著：《人类与大地母亲》，上海人民出版社 2001 年版，第 352 页。

③ 王明珂著：《华夏边缘——历史记忆与族群认同》，台北允晨文化实业股份有限公司 1997 年版，第 142~143 页。

脚骨与青铜时代已驯化的马相似，而与同一地区的旧石器时代野马不同。某些古代波泰马的头骨还揭示了这些马牙齿上有戴马嚼子的印记。通过采自波泰陶器碎片的同位素数据分辨出来的来自马奶的油脂，考古人员甚至能确定这些马是在夏季被挤得奶。其中一个重要的证据是在出土陶片上提取到了可能是马奶脂肪酸的有机物残留物。以往研究证明，人类在将牛、绵羊和山羊驯化之后不久，很快便开始了乳制品的利用。若果真在波太遗址陶器表面提取到马奶类残留，无疑应该是马被驯化的直接证据。

不过马被驯化，甚至被作为骑乘，仍然不能说明就是用于游牧。学者们推断马背上的游牧生活至少到公元前一千纪的初期，才形成规模。

根据先秦时期文献来看，夏人已经驯养了马。《世本·作篇》："相土作乘马"；《尚书·甘誓》："御非其马之正，汝不恭命"；《礼记·明堂位》："夏后氏骆马黑鬣"；《诗经·绵》："古公亶父，来朝走马"等，都说明夏代马已经是驯养动物了。不过考古资料显示马在中国作为坐骑，其时代要晚得多。在华北地区，约在公元前1300年以后马的驯养与利用才逐渐普遍。虽然殷墟小屯等遗址中已发现马具及马车，但在长城以北的中国北方地区，最早的马具（马衔、马镳）约出现于西周晚期。而且，这最早阶段的马具表现出来自北方的文化因素。到了春秋时期，中国长城以北地区的马具，仍接近南西伯利亚马具的风格。[①] 因此，在长城内外地区，马被利用为坐骑可能要晚到公元前800年左右，此后才逐渐流行。[②] 无论是由欧亚大陆马的驯养与利用的发展序列，以及马具的形态及其渊源，都证明马的利用在中国出现较晚，而且深受南西伯利亚草原骑马文化的影响。从目前的考古资料看来，已知最早的游牧人群，在公元前1000年左右出现在东欧及中亚一带。南俄草原的一些人群，在公元前800年左右也开始过着游牧生活。公元前8世纪侵入南俄草原的斯基泰人，

① 翟德芳：《北方地区出土之马衔与马镳略论》，《内蒙古文物考古》，1984年第3期。
② 宁城南山根出土的锚状有倒刺的马衔显示了驯马初期对马衔的刻意加工，其两端倒刺的外端有可以转动的环，只要马头偏离方向，倒刺便刺入嘴中，任何野马也容易被驯服。与铜器的功能和类型吻合，夏家店上层文化出土的动物骨骼明显多于夏家店下层文化，其种类除了夏家店下层文化常见的牛、羊、猪、狗、鹿外，还有前所未见的马（参见田广金：《内蒙古长城地带诸考古学文化与邻境同期文化相互影响的研究》，《内蒙古文物考古》，1993年第1、2期）。

更是以游牧著称。在阿尔泰地区，考古发掘显示，至少在公元前 6 世纪时这儿已出现从事游牧经济的人群。由于地理上的接近，以及这时有南俄草原特色的动物纹饰主题早已出现在中国的北方青铜器文化中，因此草原游牧的技术与观念，也可能在此时影响鄂尔多斯及其邻近地区专化游牧业的产生。①

文献中有关西北地区的专业化的游牧业，至少在春秋羌人时期还看不到。《后汉书·西羌传》所载，羌无弋爰剑在秦厉公时（前 580~573 年）由秦国亡归诸羌中，其时"河湟间少五谷，多禽兽，以射猎为事，爰剑教之田畜，遂见敬信，庐落种人依之者日益众"。有些学者据此认为羌人到春秋时还未必有专业化的游牧业。②专业化的游牧业到了汉代，便可见诸文献的字里行间了。《汉书》中记载公元前 61 年当河湟各羌人部落结盟准备对汉军作战之时，负责羌事的赵充国和酒泉太守辛武贤分别辩论自己的看法，认为何时击羌最合适，辛武贤上奏建议七月从张掖、酒泉出兵攻击青海湖附近的羌人，其云："虏以畜产为命，今皆离散，兵即分出。虽不能尽诛，鄯夺其畜产，虏其妻子，复引兵还。冬复击之，大兵仍出，虏必震坏。"

这里的"畜产为命，今皆离散"，便是游牧性质。以牲畜为生的羌人七月正是分散成各个小的群体，分别寻找水草的时候，没有战斗力，此时攻击羌人，肯定能"夺其畜产，虏其妻子"。而赵充国主张正月击羌，因为冬末初春之际是羌人的马最羸弱的时候。通过对这些记载的分析，王明珂认为羌人已经从事专业化的游牧业了。③

考古学材料显示在卡约文化（公元前 3700~前 600 年）的中期，便已出现了专业化的游牧经济与社会。卡约文化早期阿哈特拉类型墓葬中尚有殉猪习俗，但在晚期便不见猪殉葬，几乎全部以马、牛、羊代替，④前面我们谈到

① 王明珂著：《华夏边缘——历史记忆与族群认同》，台北允晨文化实业股份有限公司 1997 年版，第 142~143 页。

② 林沄：《夏至战国中国北方长城地带游牧文化带的形成过程（论纲）》，《燕京学报》，2003 年第 14 期。

③ 王明珂著：《游牧者的抉择——面对汉帝国的北亚游牧部族》，广西师范大学出版社 2008 年版，第 169~170 页。

④ 高东陆：《略论卡约文化》，载苏秉琦主编：《考古学文化论集》（三），文物出版社 1993 年版；许新国、格桑本：《卡约文化阿哈特拉类型初探》，《青海省考古学会会刊》，1993 年第 3 期。

的青藏高原东部河湟地区的莫布拉遗址[①]和湟源大华中庄卡约墓地[②]即为此例，研究人员迪·科斯莫认为这种变化反映了由较安定的混合农业向游牧的转变。[③]在西藏高原，除了前面讨论的加日堂遗址外，青铜时代的游牧遗址发现得极少，不过墓葬倒是数量不少。同样，这些墓葬出土的考古学材料也向我们透露出游牧社会的文化特征。

西藏高原的史前墓葬大抵为石构墓，包括石棺墓、石丘墓等，其时代从新石器时代至青铜时代晚期。尽管早在距今年代为 3500~3700 年的曲贡遗址便出土一枚青铜箭镞，但西藏高原青铜器的普遍出现是来自石构墓葬。西藏目前所发现年代最早的石构墓是隆子县石棺葬，根据人骨的碳 14 测定，其年代为 2500~3000BP，[④]最早有关马的考古学材料也出自这个时期。[⑤]昌都香贝石棺墓 M4 的石棺盖板上，出现了人为放置的马牙与马骨。[⑥]1999 年，四川大学和西藏自治区文物局组成的联合考古队对札达县境内的东嘎遗址区墓群、皮央格林塘墓地和皮央萨松塘墓群的部分墓葬进行了考古试掘，共发掘墓葬 26 座，一处列石遗迹，和殉马坑一处。该墓群的碳 14 年代为距今 2700 年。[⑦]此外，还有一些关于马作为骑乘的考古学材料，西部阿里石丘墓出土有铁马掌。[⑧]由于没有碳 14 年代，根据考古类型学的比较研究，学者们将其年代确定在"吐蕃部落时期"。[⑨]以此推论，西藏高原专业化的游牧社会至少在青铜

① 高东陆、徐淑珍：《青海湟源莫布拉卡约遗址发掘简报》，《考古》，1990 年第 11 期。

② 青海省湟源县博物馆等：《青海湟源县大华中庄卡约文化墓地发掘简报》，《考古与文物》，1985 年第 5 期。

③ Di Cosmo, N. 2002Ancient China and its Enemies: the rise of nomadic power in East Asian history, pp.45~46. New York: Cambridge University Press.

④ 参见：中国社会科学院考古研究所实验室：《放射性碳素测定年代报告》（十九），《考古》，1992 年第 7 期。

⑤ 学者们认为，对于游牧遗址的判定，马骨是一个非常重要的指标，郑君雷：《关于游牧性质遗存的判定标准及其相关问题》，《边疆考古研究》，2003 年第 2 期

⑥ 西藏文管会文物普查队：《西藏贡觉县香贝石棺墓葬清理简报》，《考古与文物》，1989 年第 6 期。

⑦ 四川大学中国藏学研究所、四川大学考古系、西藏自治区文物局：《西藏札达县皮央·东嘎遗址古墓群试掘简报》，《考古》，2001 年第 6 期。

⑧ 霍巍：《西藏高原史前时期墓葬的考古发现与研究》，《中国藏学》，1994 年第 4 期。

⑨ 参加霍巍著：《西藏古代墓葬制度》，四川人民出版社 1995 年版，第 31~56 页。

时代晚期便已经出现。

（四）父名母姓的部落命名制

西藏高原青铜时代部落社会的制度与结构，由于文献阙如，很难做到全面观察。王明珂对西藏高原东部河湟地区的史前羌族社会和吐蕃七天王传说时代曾做过一些非常精辟的研究与分析，我们可以借助王明珂的分析，对西藏高原史前部落社会的制度与结构做一豹窥。

《汉书·西羌传》云："其俗氏族无定，或以父名母姓为种号。十二世后，相与婚姻，父没则妻后母，兄亡则纳厘嫂，故国无鳏寡，种类繁炽。"如羌人始祖无弋爰剑的子孙中出了一个英雄"烧当"，于是该部族便被称作"烧当羌"。虽然文献中羌族的名号复杂、"种类繁炽"，不过其中也有一些规律可循，比如以"滇"为名号的羌部族有"滇良""滇吾""滇岸""滇零""滇那"等；以"吾"为名号的有"滇吾""号吾""东吾""迷吾""吾良""零吾""乌吾"等，这就是所谓的"以父名母姓为种号"。王明珂认为这是一种父子联名命名制度的变体，这种命名制度往往是父亲名字的末一字作为儿子名字的头一个字。而羌族的名字则是由"父名"和"母姓"两部分组成，而且领袖或英雄的名字又可成为部落名，那么这意味着这个领袖或英雄的名字应该不是个人名，而是一组同父同母或同父异母弟兄的共名。若是，王明珂推测道，滇良的两个儿子滇岸与滇吾，便是一对同父异母的兄弟。也就是说滇良娶了两个妻子，一个是来自"吾"部族的，生下"滇吾"一支；另一个来自"岸"部族，生下"滇岸"一支：

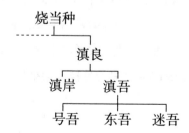

根据羌族的这种命名制度，王明珂进一步推断出传说中吐蕃祖先的世袭。聂墀赞普以下共六代赞普，根据"父名母姓"命名制度，其世袭应该为：

聂墀赞普 △====○ 囊穆穆

穆墀赞普 △====○ 萨丁丁

丁墀赞普 △====○ 索唐唐

索墀赞普 △====○ 托莫莫

莫墀赞普 △====○ 达拉嘎莫

达墀赞普 △====○ 斯拉云莫

斯墀赞普 △

（注：△代表男性；○代表女性；====代表婚姻生子）

这种"父名母姓"命名制度与文献之间的契合绝非偶然，这不仅说明文献记载的准确性，同时也说明藏族传说中关于七天王谱系的记载并非齐东野语，而且还证明羌藏之间的文化联系也是源远流长的。[①]

（五）酋邦社会结构

王明珂认为汉代西羌与匈奴最大的不同在于后者是有国家组织，至少进入到早期国家社会，而前者为许多不相统属且经常相互掠夺的部落。[②] 来自考古学的材料也表明西羌是分枝部落社会。到目前为止，无论是卡约文化还是吐蕃之前的考古学文化中，均没有发现任何大型的墓葬或祭祀遗迹。随葬品中没有悬殊的差别，只有动物殉葬，没有殉人。无论是石构墓还是土坑墓，随葬品数量都很少，葬式葬俗均很简单，而不像匈奴墓，不仅有"金银衣裳"，而且"近幸、臣妾从死者多至数十百人"[③]

河湟地区羌人部落的领袖在汉代史籍中称为"豪酋"；而部落则称为"种"或"种落"。这种"种落"也应该是吐蕃部落时期的社会结构，史书记载9世纪时候的吐蕃社会同样是"种族分散，大者数千家，小者百十家"[④]。汉籍中的"种落"，可以理解为与游牧部族相关的分枝社会结构特征之一。

---

① 王明珂著：《游牧者的抉择——面对汉帝国的北亚游牧部族》，广西师范大学出版社2008年版，第182~184页。

② 王明珂著：《游牧者的抉择——面对汉帝国的北亚游牧部族》，广西师范大学出版社2008年版，第179页。

③ 《汉书·匈奴传》（上），卷九十四。

④ 《宋史·吐蕃传》卷四九二。

以资料较为丰富的"烧当羌"为例，它是指一个大范围的血缘部族群体，其下均奉"烧当"为始祖。烧当种中的滇良家族是一个大部落，在滇良死后，这个部落分裂成"滇岸"和"滇吾"两个次部落。滇吾死后，该部落又分成"号吾""东吾"和"迷吾"三个小部落。这三种部落形式也就是《汉书·西羌传》中所说的"大豪""中豪"和"下豪"：

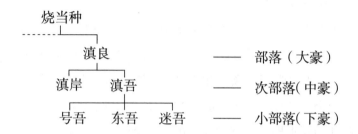

这种部落形式表面上是父子传袭或弟兄并立的血缘关系，有时他们联合应敌，如汉帝国曾同时对付"号吾""东吾"和"迷吾"三个小部落，但实际上在更多的场合下各个部落都是独立行事，他们分别有各部落自己的选择和决策权。

当一部落豪酋死后，每一级次部落之豪酋及其弟兄们，帅其亲属和附落独立组成一次部落。这种次部落之母便是团结这些兄弟及其儿子、亲属、部众的"共同起源"象征。"父名母姓"的命名制度在社会结构中这里所扮演的角色和功能是非常明确的：大部落由父名统领；次部落与小部落则以母姓为号召。这种大部落中又有次部落和小部落的组织形式，王明珂认为这便是典型的游牧社会的所谓分枝性社会结构。①

这种分枝性社会结构与游牧的生活方式相呼应的，游牧生活不仅改变了人与自然的关系，同时也改变了人与人之间的关系。学者们将游牧社会的组织原则归结为分裂（segmentary）和平等自主（egalitarian），所谓分裂即指为了适应水草资源的缺乏和不稳定的生态环境，河湟地区的游牧部族必须结合在聚散有弹性的人类社会群体中。社会群体可以随时分裂成小型群体，以此来应对各种自然灾害、利用各种资源环境包括应对战争的需要。这种可以随时分裂的社会结构是游牧社会的特征之一。与这种分裂结构相呼应的另一个

① 王明珂著：《游牧者的抉择——面对汉帝国的北亚游牧部族》，广西师范大学出版社 2008 年版，第 189~190 页。

特征，即平等自主，也就是《汉书·西羌传》所说的"不立君臣，无相长一"。在这样的社会结构中，决策权分散在每一个族群团体中，甚或每个游牧家庭中，这就是游牧部族的"平等自主"原则。因为要随时进行小规模的和机动灵活的游动以应对各种变化和需要，则必须拥有自主决策权。《汉书·西羌传》中常有几百位羌族首领聚集商议大事的记录，这都表明每个基本的游牧单位，都拥有自己的决策权。[①]

这样一个在平等自主原则运行下结构松散的部落游动社会与国家一类的复杂社会是格格不入的，后者需要的是高度集中制（centralization）和阶层制（stratification），需要强烈的领地和边界感。所以学者们认为游牧部落一般很难自发由分枝社会进入到国家社会，除非有外部环境强烈的互动要求。[②] 这个强烈的外部互动要求即指与其相邻的国家社会的互动，如后来的汉朝之于匈奴，唐朝之于吐蕃。西藏高原青铜时代直到晚期，由于地理环境的原因，始终缺乏这种外部环境的互动要求，而游牧社会的分散和平等自主的特性又阻碍西藏高原从新石器时代末便进入国家社会，所以西藏高原的分枝社会一直延续到公元后。

不过需要进一步指出的是，虽然西藏高原在这种分裂和平等原则下运行的分枝性社会结构从卡若新石器时代晚期一直持续到公元前后，但在青铜时代晚期之初，这种分枝性结构便应该是在酋邦社会的模式下运行，至晚在先王时代，西藏社会应该明确进入酋邦社会形态。所谓的"豪酋""大豪""中豪"和"下豪"，已经是典型的酋邦社会。相关的考古学材料，也可以说明青铜时代晚期西藏高原的酋邦社会性质，即琼结县先王陵和昂仁县布马村墓地发现的人殉。

根据藏文文献记载，最早的止贡赞普到松赞干布建立统一的吐蕃王朝这段时间经历了二十几代，即所谓的"上丁二王""地贤六王""中德八王""五赞王"等。从上丁二王开始，藏族便开始修建大型陵寝，《雅隆尊者教法史》称："早期二上之陵墓建于草丛与山岩中，茹拉杰为监工"；又："自赞字五王之后，

---

① 王明珂著：《华夏边缘——历史记忆与族群认同》，台北允晨文化实业股份公司 1997 年版，第 114~118 页。

② 王明珂著：《游牧者的抉择——面对汉帝国的北亚游牧部族》，广西师范大学出版社 2008，第 55~61 页。

建陵墓于农区，农区名穷隆阿拉塘。"[①] 其中提到以"茹拉杰为监工"，可见肯定是有一定规模的。穷隆阿拉塘即为现在的琼结藏王墓。据学者们研究，琼结藏王墓可分为两个陵区："额拉塘"陵区和"顿卡达"陵区。前者即"五赞王"的埋葬陵寝；"顿卡达"则是赤涅桑赞时期开辟，是达日年色、朗日伦赞等吐蕃先王的陵寝。[②] 尽管这些陵墓尚未发掘，甚至墓主人有些也不能确定，但作为吐蕃先王陵区已经被文献和考古两个方面加以证实。

《旧唐书·吐蕃传》提道："其赞普死，以人殉葬"；《旧唐书》卷197"东女国"条也提道："国王将葬，其大臣亲属殉死者数十人。"而日喀则北部昂仁县布马村墓地一号墓的发掘则为我们提供了人殉人祭的考古学材料。该墓地范围约20万平方米，共39座墓葬。墓葬一般都有坟丘，一号墓坟丘最大，高4米，底径19米。墓室是典型的吐蕃墓葬的制法，用檩条、石块和石板砌筑。墓室内葬有五具人骨：三人在墓室西侧头像位置；两人居中埋藏。在三人葬的东侧，有一儿童尸骨。值得注意的是墓室东北角上还葬有一人，出土颅骨、下颌骨、颈椎及肢骨、肋骨等，出土时骨骼位置凌乱，且与牛、羊的肩胛骨等动物骨骼混同一起，推测可能是在被肢解后埋葬。此外，在墓室的西南角，还发现用陶罐盛装着一具人头骨，头骨下枕有装饰品一件。该头骨上保留着明显的"环锯"的痕迹。痕迹为两道，一道锯去顶骨，但顶骨不见；第二道环锯去额骨一周，被锯去的额骨宽约0.02米，也置放在同一陶罐内。[③] 该墓的碳14年代为公元260~530年。[④]

在整个青藏高原（包括河湟地区），无论是新石器时代还是青铜时代早期，其墓葬随葬品的差别不是太大，而且没有发现过任何大型墓葬，所以王明珂据此认为羌人是分枝性社会。进入青铜时代晚期，青藏高原墓葬最大的变化就是大型王陵和人殉便开始出现了，这都是典型的酋邦社会的物质证据和考古学遗存。[⑤] 也许以后随着对此时大型墓葬的发掘，我们还会出土更多的相关

① 释伽仁钦德著，汤池安译：《雅隆尊者教法史》，西藏人民出版社1989年版，第31页。

② 参见霍巍著：《西藏古代墓葬制度》，四川人民出版社1995年版，第132~139页。

③ 参见霍巍著：《西藏古代墓葬制度》，四川人民出版社1995年版，第69~77页。

④ 参见中国社会科学院考古研究所实验室：《放射性碳素测定年代报告》（十九），《考古》1992年第7期。

⑤ ［英］科林·伦福儒、保罗·巴恩著：《考古学——理论、方法与实践》，文物出版社2004年版，第176~177页。

证据。因此，我们可以确定，西藏高原在公元前后进入到酋邦社会。

（六）社会生活

曲贡遗址没有发现任何与定居相关的房屋或聚落遗迹，而曲贡以后的西藏高原便主要以季节性的游牧生活为主要经济形态了。游牧民族过着"逐水草而居"的游动生活，除墓葬、岩画和祭祀遗址外，很难留下日后可供考古学家观察和发掘的居住遗址，即或有，其堆积也很瘠薄，且往往缺乏连续性和完整性。所以对于我们考察青铜时代以后西藏高原游牧社会生活而言，材料的极度匮乏使我们每每浅尝辄止。

加日塘遗址出土大量的遗物，并发现一处柱洞及一处火塘，由此推测遗址的性质可能是季节性往返迁徙的临时居住点和石器加工点。可以说，加日塘遗址是目前发现为数极少的高海拔地区游牧部落的季节性居住遗址。由于遗址中仅发现柱洞，而未曾发现其他相应的建筑遗迹和遗物，我们推测当时加日塘人居住的很可能是兽皮或毛织帐篷。附近发现的敷石遗迹或作为畜圈使用，抑或作为祭祀点使用。作为畜圈使用的石围在西藏高原东部的卡约文化中很常见，即便在今天的西藏草原地区也比比皆是。由于季节性的放牧，圈畜的石围和人们临时居住的平顶石屋常常被闲置着，所以《旧唐书·吐蕃传》说"其人或随畜牧而不常厥居"，《册府元龟》也说"随水草而居，不常厥所"。

这种石结构的碉房建筑很可能起源于距今 4000 年左右世界范围内的气候干旱时期。王明珂认为，约在公元前 2000 年时，由于气候的变化和人口的扩张，自然资源日趋贫乏，为争夺资源的部族之间的战争持续不断。在整个北方草原地区，人们将其聚落建在较高的台地或断崖之上，纷纷筑城堡，建石墙以自卫，比如川西涉藏地区那些高大的碉房建筑，便是出自军事目的修建的。[①]

作为祭祀或宗教遗址的石堆或石结构更是从距今 3000 年青铜时代以来的西藏高原屡见不鲜，其中最为著名的就是青铜时代的独石和列石遗迹，以及今天仍在流行的嘛尼石堆。前面我们谈到的在那曲察秀塘与石堆（或敷石）一起出土的马、牛和狗的头骨上书有古藏文经咒，即表现出了遗址的祭祀性质。

受整个欧亚草原大陆游牧文化和萨满教的影响，独石、列石和岩画遗迹大

---

① 王明珂著：《华夏边缘——历史记忆与族群认同》，台北允晨文化实业股份公司 1997 年版，第 119~150 页。

约在距今 3000 年出现在西藏高原，精神生活的重要性在某种程度上超过了物质生活。与物质需求无关的大规模的石构建筑遗迹、岩画遗迹，包括随身佩戴的各种佩饰就是随着游牧文化的传播来到了西藏高原，并一直走到今天。

《唐会要·象雄条》记载："辫发毡裘，畜牧为业。"《新唐书·吐蕃传》亦记载："衣率毡韦，以赭涂面为好。妇人辫发而萦之。其器屈木而韦底，或毡为槃，凝麨为糌，实羹酪并食之，手捧酒浆以饮。"尽管这些记载描述的是吐蕃时期的生活习俗，不过其中许多均可追溯到吐蕃部落时代，乃至新石器时代。比如"以赭涂面"的尚红习俗，应该能够追溯到新石器时代末或青铜时代初、山南昌果沟遗址①、邦嘎遗址②和曲贡遗址。曲贡文化出土的打制石器中有五分之一均涂以赭色，发掘者由此推测赭色在当时可能还用于刷房和涂面。③ 西藏西部皮央·东嘎遗址格林塘墓地也发现在墓主尸骨和随葬器物之下，都铺垫有一层红色的朱砂，④ 这些考古发现均与藏族的"尚红"习俗相关。至于"辫发而萦之"的簪、"凝麨为糌"的青稞、大麦以及小麦等等，从新石器时代晚期到"金属时代"均有很多考古发现。

游牧是人类利用边缘性资源环境的一种适应手段。在这样的边缘环境中，人们尽可能以各种手段得到资源，其中包括对外掠夺与贸易以突破资源边界的限制。这样的一个游动的生活方式决定了游牧部落的许多生活习俗，其特征可以归结为"权宜性"，也就是一种比农业生活更为方便和快捷的生计模式。炒面、酥油、风干肉、砖茶等"方便"食品，可以自行走动的"财产"（牲畜）和披挂在身上的珠宝，可以携带的帐篷以及可以临时搭建和反复利用的石构房屋，随时可以分合的社会结构，器型很小的青铜器和陶器，甚至在墓葬中也随葬马或牛蹄以象征"游动"的葬俗⑤ 等等，都必须是方便和权宜的。

劫掠和战争同样也是游牧部落社会的特征之一，也体现了方便和权宜的

---

① 何强：《西藏贡嘎县昌果沟新石器时代遗存调查报告》，《西藏考古》，1994 年第一辑。

② 李林辉：《山南邦嘎新石器时代遗址考古新发现与初步认识》，《西藏大学学报》，2001 年第四期。

③ 西藏自治区文物局编：《拉萨曲贡》，中国大百科全书出版社 1999 年版，第 224~225 页。

④ 四川大学中国藏学研究所、四川大学考古系、西藏自治区文物局：《西藏扎达县皮央·东嘎遗址古墓群试掘简报》，《考古》，2001 年第 6 期。

⑤ 青海省湟源县博物馆等：《青海湟源县大华中庄卡约文化墓地发掘简报》，《考古与文物》，1985 年第 5 期。

特性。不过需要强调的是这并不意味着游牧民族好战，而是对资源环境的一种适应手段，是一种生计。在边缘环境中，人们尽可能以各种手段得到资源，其中包括对外劫掠与贸易以突破资源边界的限制。游牧民族的劫掠除了生计因素外，学者们还认为是在某种生态情景下的经常性和制度化交换和平衡。斯威特认为在以骆驼游牧的贝都因人中，经常发生掠夺和战争，用以不断强化部落组织以及部落间的血缘谱系与结盟。著名的人类学家伊文思·普里查德对非洲努尔人的掠夺研究后发现，劫掠不仅仅只是为了牲畜等物质利益，而是两个部族间结构性关系的体现。

文献记载中把羌人对汉帝国属地的劫掠称作"寇边"，王明珂根据《汉书》和《后汉书》归纳出羌人寇边的相关记载，以及寇边所发生的时间、季节和地点（表1）。

季节 时间	春 1 2 3	夏 4 5 6	秋 7 8 9	冬 10 11 12	发生地点	资料来源
B.C.42					陇西	《汉书》
34A.D.					金城、陇西	《后汉书》卷一
35A.D.		+			临洮	《后汉书》卷一
57A.D.		+			陇西	《后汉书》卷二
86A.D.		+			陇西	《后汉书》卷三
87A.D.			+		金城	《后汉书》卷三
92A.D.			+		金城	《后汉书》卷四
97A.D.			+		陇西	《后汉书》卷四
101A.D.			+		金城	《后汉书》卷八七
107A.D.			+ +		陇西	《后汉书》卷五
108A.D.					北地、三辅	《后汉书》卷五
110A.D.					汉中	《后汉书》卷五
111A.D.			+		河东、河内	《后汉书》卷五
114A.D.		+			雍城、武都	《后汉书》卷五
115A.D.		+			益州	《后汉书》卷五
120A.D.		+	+		张掖	《后汉书》卷五
121A.D.		+			湟中、金城	《后汉书》卷八七
134A.D.		+	+		陇西、武都	《后汉书》卷六
138A.D.			+ +		金城	《后汉书》卷六
140A.D.			+		三辅	《后汉书》卷六
141A.D.		+	+ +		陇西、北地、 武威	《后汉书》卷六

表1 史籍所见羌入寇汉帝国之发生季节与时间（采自王明珂177页，2008年）

这仅仅是见诸史书记载中的羌对汉的"寇边"，而事实上西羌内部诸部落之间的劫掠发生得更为经常，《汉书·西羌传》描述西羌"强则分种为豪酋，弱则为人附落。更相抄暴，以力为雄"。赵充国曾上言陈述说冬天一般不敢攻击汉帝国据点，一是因为牲畜赢弱；而另一方面是恐怕青壮年尽出时，留守妇孺会遭到其他羌部落的袭击。①文献中还记载每次羌人部落结盟来对付汉帝国时，先要相互之间"解仇、交质、盟诅"。也就是说解除彼此仇恨、交换人质、发誓守约等，这说明西羌诸部落之间的劫掠，在某种程度上甚至可以说是其生活的一部分，以致成为一种生活方式，所以有些学者认为：

"如此的部落结构与相关人群认同，以及人们在资源下的相互抄掠，应与河湟之间的经济生态有关……在山与谷之间游牧、狩猎，大致便可衣食无忧。因此争夺并保护一个美好山谷，成为羌人各部落最关键的事。"②

前面我们谈到的出于军事目的藏式石碉房建筑，也可以视为这种"寇边"和"劫掠"生活方式的物质遗存和考古学证据。

这种分裂和平等的社会原则同时也决定了游牧社会聚散无常的社会形态和游移不定的疆界观，以及与生活生产方式相呼应的各种随机应变的文化观念和习俗。出自农业社会的司马迁对"非我族类"带有批评意味的"蒸母报嫂""更为抄盗，以力为雄""不羞遁走""苟利所在，不知礼仪""逐利如鸟之集，败则瓦解云散"③等措辞描述，正是这种文化观念和习俗的写照。王明珂对此做过很好的总结："也因此，制度、结构与文化模式等人类学概念在游牧社会中最易受到挑战——在此，人们难以受限于制度、无法受传统或文化模式规范，而其社会结构的最主要特色是需具有变化弹性。"④

---

① 《汉书·赵充国传》卷六九。

② 王明珂著：《游牧者的抉择——面对汉帝国的北亚游牧部族》，广西师范大学出版社 2008 年版，第 176 页。

③ 《史记·匈奴列传》卷一一〇。

④ 王明珂著：《游牧者的抉择——面对汉帝国的北亚游牧部族》，广西师范大学出版社 2008 年版，第 30 页。

文化传播
与互动 篇

青海马家窑文化与印度河谷哈拉帕文化

巴基斯坦地处西亚、西南亚、南亚、中亚等古代文明交会的十字路口，是古代丝绸之路上重要的节点，区域内的印度河流域曾经产生过著名的以哈拉帕（Harappa）文化为代表的印度河文明，特别是 20 世纪末以来在俾路支斯坦发现的近一万年前的玛哈伽（Mehrgarh）文化，不仅被认为是南亚文明的最早起源地，同时也是古代世界主要的文明中心之一。这里同时也是佛教的诞生与早期传播的重要区域，历来为全世界的考古学家研究的热点。经过 2016 年、2017 年和 2018 年连续三年的努力，最终于 2018 年 3 月 20 日我们获得了巴基斯坦旁遮普省考古总局（Directorate General of Archaeology）所颁发的发掘执照。旁遮普省考古总局给了我们 5 个地点让我们选择，2018 年 4 月下旬经过实地勘查后，选定位于伊斯兰堡和塔克西拉之间的巴哈塔尔（Jhang Bahatar）的土墩遗址作为我们的发掘地点进行发掘。值得一提的是，这是我国在巴基斯坦境内对世界著名的哈拉帕文化遗址首次进行独立发掘。

对巴哈塔尔遗址的发掘，也是在"一带一路"背景和视野下进行的考古学研究。哈拉帕文化与埃及金字塔一样著名，且与我国史前文化有着紧密的互动关系，在中国政府实施"一带一路"的经济策略下，积极介入世界著名的考古学文化的发掘和研究，是中国学者在世界上争取话语权的必经之路，也是中国考古学家的一份责任与职守。一方面来看，自古以来中国的黄河流域文明与巴基斯坦印度河文明都是古代文明的重要发源地；从另一方面来看，中国与巴基斯坦是"一带一路"最主要的战略伙伴之一。在境外考古中，考古人员更多的是作为文化的使者或先行者的角色，对于增加两国文化间的相互理解与信任有积极的推动作用。

一、地理环境与地方历史文化

　　印度河是巴基斯坦最主要的河流之一，也是巴基斯坦重要的农业灌溉水源。巴基斯坦著名考古学家哈桑达尼（Ahmad Hasan Dani）说过，印度河是连接印巴次大陆和中国的一根纽带。印度河发源于海拔约 5500 米的西藏西南部，其上游的朗钦藏布（象泉河）和噶尔藏布（帐篷河）都在我国西藏境内。就在我们发掘地点所在的阿托克（Attock），喀布尔河汇入印度河，然后南下切穿盐岭进入旁遮普平原，与其他河流一起，从而造就了富庶的旁遮普（Punjab，旁遮普语，意思是"五河之邦"）平原。

　　巴哈塔尔遗址坐落在塔克西拉谷地（Taxila Valley）。该谷地有印度河等河流流过，土地肥沃，自古就是人类居住繁衍之地。塔克西拉谷地于 1980 年被联合国教科文组织列为世界遗产，特别是其间的四处古代定居遗址，揭示了印度次大陆 5 个多世纪以来的城市演变模式。该连环遗址包括一些史前遗址、古迹和其他历史名胜，除了在比尔（Bhir）、萨拉卡拉（Saraikala）、西尔卡普（Sirkap）和西尔苏赫（Sirsukh）的四个定居点外，它们还包括其他总数为 18 个的史前和历史文化遗迹、墓葬、建筑及洞穴等。

　　这里最早的文化就是距今 5000 年前的哈拉帕文化。哈拉帕是巴基斯坦旁遮普省的一处小镇地名，位于萨希瓦尔（Sahiwal）以西约 24 公里处的拉维河畔（Ravi River）。哈拉帕文化是印度次大陆已知的最早的城市文化，是最早由英国考古学家昆宁汉爵士（Sir Alexander C. Cunninghan）、马歇尔（John Marshasll），以及印度考古学家巴纳吉（R. D. Banerji）等人在 19 世纪末 20 世纪初在哈拉帕、摩亨佐•达罗（Mohenjo-daro）等地考古调查和发掘，最终以"哈拉帕"来命名整个印度河谷的早期文明。1920 年，潘迪特•达亚•拉姆•萨尼（Pandit Daya Ram Sahni）第一次在旁遮普邦（Punjab）的哈拉帕调查和发掘该文明，并遵循用首次发现该文化的地名来命名该文化的传统，使用"哈拉帕文化"来定义该文化。1946 年，英国考古学家莫尔蒂默•惠勒（Mortimer Wheeler）在他的发掘报告中首次正式使用"哈拉帕文化"一词。不过到了 1953 年，惠勒将其书名改为"印度河文明"（Indus Civilization），所以后来学者们往往用"哈拉帕文化"和"印度河文明"来并称同一种考古学文化。不过印度次大陆的考古学家们宁愿称其为"印度河—萨拉斯瓦蒂河文明"（Indus-Saraswati Civilization），因为该文明早期的分布范围已远远超出了印度河流域，扩大到东部的萨拉斯瓦蒂河一带。到 2002 年，据统计有 1000 多个成熟的哈拉帕城市和居住遗址，其中不到 100 个被挖掘。被发掘的哈拉帕文化遗址中最为著名的五个是：旁遮普的哈拉帕（Harappa）、信德的摩亨佐·达罗（Mohenjo-daro）、古吉拉特多拉维拉（Dholavira），以及乔利斯坦（Cholistan）的甘那里瓦拉（Ganeriwala）和拉吉伽利（Rakhigarhi）。

就目前的考古资料来看，塔克西拉谷地已被发掘的最早人类定居地点是位于塔克西拉博物馆西南方 2 公里处的萨拉伊·霍拉 (Sarai Khola) 遗址。该遗址最早从公元前 3000~ 前 2000 年初的中后期开始被使用。出土有磨光石斧、细石叶等；此时的陶器已使用陶轮，陶器红陶占多数，有黑白彩陶，有的器表被磨光，有陶衣或抹以泥浆。根据出土器物的风格与特征及其碳素测年，这个遗址属于哈拉帕文化的第二期科塔·迪吉 (Kot Diji) 类型。很多反映贸易的出土物品将这种文化与相关的区域文化和遥远的原材料来源联系起来，包括青金石和其他制作珠子的材料。此时，人们已经驯化了许多农作物和动物，包括豌豆、芝麻、枣子、棉花、大麦以及包括水牛在内的动物。公元前 2600 年，早期的哈拉帕社区变成了大型的城市中心，成熟的哈拉帕阶段就是从那里开始的。最新的研究表明，印度河流域的人们也开始从村庄迁移到城市。

印度河文明显然是由邻近地方或古时的村庄演变而来。采用美索不达米亚的灌溉农耕方式，一则有足够的技术在广阔肥沃的印度河流域收获作物，再则可控制每年一度既会肥沃土地又会制造祸患的水灾。新文明一旦在平原区取得立足点并能应付切身的温饱问题，人口数量增加，下一步当然是沿着大河道两侧向前扩展。虽然零星的商业在此出现过，人们仍有赖农业为生，除了栽种小麦和六棱大麦外，考古学家们也找到了饲料豆、芥末、芝麻以及一些枣核和些许最早栽植棉花的痕迹。驯养的动物有狗、猫、瘤牛、短角牛、家禽等，还可能饲养过猪、骆驼、水牛。象可能也被驯养，象牙的使用颇为普遍。由于冲积平原没有矿产，矿物有时自外地运来。黄金由南印度或阿富汗输入，银和铜自阿富汗或印度西北(今拉贾斯坦,Rajasthan)输入，青金石来自阿富汗，绿松石来自伊朗，另有似玉的白云母来自印度南部。

公元前 1000 年间，阿契美尼德人（the Persian Achaemenid Empire）入侵到印度河流域。考古发掘表明，整个塔克西拉地区在公元前 6 世纪被阿契美尼德帝国所统治。

公元前 4 世纪，这个地方是孔雀王朝时期（Mauryan），塔克西拉是在古老的"皇家高速公路"沿线的战略位置建立的，该公路将古印度摩揭陀国孔雀王朝的首府华氏城（Pāṭaliputra）、古城白沙瓦、犍陀罗王朝的首都普塔卡尔萨瓦（Puṣkalāvatī）以及经克什米尔、大夏（Bactria）、这些曾经是贵霜王朝的夏都迦毕尸（Kāpiśa），至中亚全部联系起来。在过去的几个世纪里，塔克西拉多次易手，许多帝国都在争夺它的控制权。

公元前 2 世纪，塔克西拉被大夏的印度—希腊王国吞并。印度—希腊人在塔克西拉河的对岸建立了一个新的首都希尔卡普（Sirkap）。在这个新时期受大夏—希腊统治。

公元前 90 年左右，统治塔克西拉的末代大夏——希腊国王被印度—斯基泰酋长毛斯（Maues）推翻。稍后印度帕坦王国（the Indo-Parthian Kingdom）的创始人贡多法尔（Gondophares）于公元前 20 年征服了塔克西拉，将塔克西拉定为他的首都。

大约在公元 50 年，希腊新比塔哥利亚哲学家阿波罗尼乌斯的泰亚纳据称访问了塔克西拉，他的传记作者费利斯特拉图大约在 200 年后写道，作为一个建立在对称计划之上的防御城市，大小类似于尼尼微。现代考古学证实了这一描述。公元 76 年的铭文表明，在库申帝国的创建者库朱拉·卡德菲斯从帕提亚人手中夺取这座城市后，库申城就已处于库申统治之下。伟大的贵霜统治者卡尼什卡后来建立了锡尔苏克，最近的一个古老的定居点就在塔克西拉。

公元前 1 世纪，迦腻色伽一世（Kanishka I）建立了他的贵霜王朝，塔克西拉归属于他。

公元 4 世纪中期，笈多王朝在东犍陀罗兴起，塔克西拉成为众所周知的贸易中心，包括丝绸、檀香、马、棉花、银器、珍珠和香料等贸易。正是在这段时间里，这座城市在印度古典文学中占据了重要地位——既是文化的中心，也是军事化的边境城市。也正是在笈多王朝，中国朝圣者法显来到了塔

克西拉

公元405年到411年，法显访问过此地，《佛国记》称塔克西拉为"竺刹尸罗"，或"截头"，因为佛陀在这里生活时"把他的头给了一个人"，故名。这个时期佛教十分兴盛。公元520年，中国的朝圣者宋云访问这一地区时，所见便大不相同了。西北印度的大部已为嚈哒人（白匈奴）所统治，这时的国王是印度什叶派王（Hindushahiyya King），"立性凶暴，多行杀戮，不信佛法，好祀鬼神"（《洛阳伽蓝记》）。后来的嚈哒统治者米希拉库拉对佛教更是无情打击，出征幼日王失败后，他在犍陀罗"毁串堵波，废僧伽蓝，凡一千六百所"。

公元630年，玄奘来到塔克西拉，他在《大唐西域记》中将塔克西拉译作"呾叉始罗"，梵文意为"石雕之城"，书中描述道："地称活壤，稼穑殷盛。泉流多，花果茂。气序和畅，崇敬三宝，伽蓝虽多，荒芜已甚，僧徒寡少"，往昔的繁荣景象已无处寻觅了，书中提到他去拜访过一片荒凉的塔克西拉，只有少数僧侣留在那里。他补充说，该王国此时已经成为克什米尔的一个附属国。按照玄奘的记载，昔日的贵霜统治遗迹已经不存在了，本地也不存在纷争了，整个地区被克什米尔来的人统治着，但是塔克西拉的人民仍然是佛教徒。

二、发掘介绍

巴哈塔尔遗址位于巴基斯坦伊斯兰共和国伊斯兰堡近郊的阿托克市，地理坐标为北纬33° 41′ 15″，东经72° 41′ 46″，海拔高程为480米（图1）。很多哈拉帕遗址都呈现出土墩形态，巴哈塔尔遗址也是一处土墩形态的史前遗址，直径约80米，现存高度约11米，遗址现地面上可以看到密布的陶片和石块等。这种土墩遗址是被人类长期居住以后所遗留下来的生活垃圾堆积所造成，也就是说多少代人居住在这同一地点，住宅建了毁，毁了又建，多少年之后便形成了这样一种土墩或高台。这种土墩遗址最早出现在西亚地区，是西亚地区典型的早期遗址堆积，后来在中东、中亚乃至东欧也很常见。这种土墩有的可高达30米，像个截了尖的半锥体。这种土墩遗址一望即知是农业部落,一般周边灌溉系统很发达。我们所要发掘的巴哈塔尔就是一个大土墩,这种土墩英语称"mound",也就是"Depe""Tepe"或"Tibba",指的是一种人工堆积的大土堆。斯坦因在他的《Ruins Ancient and Modern》一文中将其称为"mesa",认为是古代人们用于居住的,其地面上散见的彩陶片,斯坦因认为是铜石并用时代的。

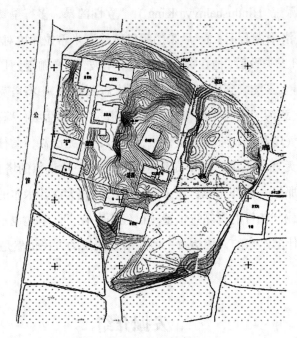

图 1 巴哈塔尔遗址地形图

根据地面陶片和土墩剖面的堆积情况,以及以往的调查材料来看,土墩上部堆积为历史时期的遗存,大约 8~10 米以下开始出现哈拉帕文化的堆积层。根据已发掘出土的大量的陶器、石器、铜器、玻璃以及费昂斯等来看,该遗址时代最早为哈拉帕文化科特·迪吉类型(Kot Diji Phrase, c. 2800~2600 BC),经过吠陀时代 (Vedic Civilisation, c. 1500~522BC) 到孔雀王朝 (Mauryan Empire, c. 300~200 BC),是一处史前时期到历史时期的聚落遗址,上部主要是伊斯兰时期至近代的遗存,下部为哈拉帕文化时期的遗存,底部或许有早于哈拉帕时期的遗存。科特迪吉为一地名,位于巴基斯坦信德省海尔普尔以南约 24 公里处的印度河东岸。1955 年和 1957 年,巴基斯坦考古部在此发掘发掘,揭露了一个时代在公元前近 3000 年的早期印度河文明,属于哈拉帕文化第二阶段，亦称科特·迪吉类型。

图 2　巴哈塔尔遗址和部分发掘人员。后面断崖即为土墩遗址的断壁剖面

　　2018 年 11 月 20 日，一支由河北师范大学、南京大学、湖北文物考古研究所组成的联合考古队进驻巴哈塔尔遗址，开始进行正式的考古发掘工作。（图 2）进场布方时，首先在遗址东部的已经被取土破坏的部位，选择正东西向布设了一条探沟，长 40 米、宽 2 米。该探沟又被分割为 2×10 米一个的四个发掘单位，由四组发掘队员同时进场，分别负责发掘。之所以选择在遗址近底部的堆积层面进行布方，主要是考虑到第一次发掘计划的时间有限，土墩本身堆积层太厚，如果从顶部开始发掘，无法在发掘面积较小的情况下，向下一直发掘到底部。而土丘的上部堆积，主要是近代以来直到伊斯兰化的历史时期形成的遗存，这部分年代偏晚的文化堆积不是我们学术研究的重点所在，而该遗址东部已被破坏的部分，在地面和耕土层中仍有大量哈拉帕文化时期的陶片，经使用洛阳铲钻探表明，其地面以下仍有 1~2 米的文化层堆积。因此，本次发掘所选择的区域和层位，能够保证在较短的时间内获得比较重要的文化堆积和遗物。

地层堆积可分 5 层：由于选择土墩已被破坏的平地进行发掘，故残余的文化堆积并不太厚，一般厚度在 1 米左右，除第①层为耕土层外，文化层可分 5 层。②—④为吠陀时代到犍陀罗时期，从考古学文化区分是从比尔丘（Bhir Mound）时期到希尔卡普（Sirkap）时期的文化堆积，第⑤层为哈拉帕文化科塔·迪吉类型的堆积。灰坑分布十分密集，打破关系较多，形状多呈圆桶形、锅底形，部分为深 2~3 米的袋状坑，共 36 个灰坑（图 3）。灰坑内包含物丰富，如在编号为 H15 的灰坑内一次出土完整陶器 15 件。H32 为一个袋状坑，同层位打破 H25，在其底部出土 3 件完整陶器；H16 底部与坑壁交界之处一圈规律地置放着许多可以复原的破碎陶器（图 4）。在一些灰坑的底部，如 H9 底径 3.2 米、深 2.4 米，底部发现一层带石灰质的白色硬质地面，根据其他地区科塔·迪吉类型发掘的情况来分析，为白灰面（图 5）。此外，在壁和底交界处规律分布着直径约 10 厘米的洞，其底部曾经有过木构设施，如是，该袋状坑则为地穴式房屋（pits dwelling）。

该遗址现地面可以看到密集的陶片和石块等，在已经发掘的一条 2×40 米的探沟中，清理出 36 座灰坑 30 余件完整陶器，以及 1000 多件小件，此外尚有大量动植物考古的环境制品（ecofacts）和测年标本。已编号小件和样本数量千余件，计有玻璃、蚌壳、陶和费昂斯制作的手镯与珠子（图 6）、陶塑动物与人像（图 7）、青铜和铁制作的小刀、钉等，石器有马鞍形磨盘（图 8）、球型研磨器、石叶刮削器、砍砸器（图 9）、石斧等；陶器主要是泥质红陶，器形有短颈圆鼓腹罐、大瓮、钵等，多为圆底或小平底。密弦纹、三角形刻划纹、碗钵外部口沿的宽带黑彩、菩提叶纹、波浪纹的彩陶等，特别是黑白二彩的使用，很有特色（图 10）。此外还出土有大量的兽骨，目前可辨者有马、牛牙、鹿和羊的下颌骨等。遗址也按地层和发掘单位进行浮选，提取了丰富的植硅体样本可供测年以及植物考古研究。在考古发掘和遗址测量工作进行的同时，我们的环境研究专家对遗址外围的地貌和水文状况进行了实地调查，在河流的阶地和剖面中采集了热释光测年系列样本和黄土沉积物分析样本，对本区域进行古气候与古环境进行测定、分析和研究。

图 3 巴哈塔尔遗址 2018 年的发掘现场

图 4 灰坑 H25 的清理

图 5 灰坑 H9 的清理

图 6

1 印章

2~3 玛瑙

4 费昂斯

5 骨质和玻璃手镯，

6 陶手镯

图 7 巴哈塔尔出土的陶塑人像　图 8 巴哈塔尔出土的哈拉帕文化科
迪吉期的石磨盘

图 9　上左：青海贵德罗汉堂马家窑出土的盘状砍砸器；
上右：哈拉帕博物馆展品；
下图：巴哈塔尔遗址出土的盘状砍器

图 10 巴哈塔尔发掘出土的科塔迪吉类型
的彩陶纹饰

三、主要发现、认识收获及学术意义

本次发掘工作选择了该遗址已遭破坏的东部进行布方，意图就是避开遗址上部厚达近 8 米的晚期遗存地层，重点发掘哈拉帕文化时期，或更早时期的文化遗存堆积。就这一学术目的而言，本次发掘是一次非常成功的尝试，在东西向 40 米长的探沟范围内，普遍发现了丰富的哈拉帕文化时期的遗迹和大量的遗物，发掘表明，该遗址土丘范围内，均为哈拉帕时期的遗存分布区，并且有可能延伸分布到土丘以外的更大区域内。这对于我们下一步工作中选择发掘区是十分重要的依据。

由于在该遗址的哈拉帕文化层内发现的遗迹和遗物非常丰富，可以断定，这个遗址是一处非常重要的哈拉帕时期的聚落。结合在遗址外围即将进行的区域调查工作，我们最终有可能搞清楚哈拉帕文化在印度河上游地区的基本分布状况和规律，这也为解决哈拉帕文化的来源及与中亚、中国的新疆和西藏等地区的早期文化交流问题提供了更多的可能性。这是本项目最终想要实现的学术目标。

巴基斯坦是我们的邻国，特别是对于我们青藏高原来说，印巴次大陆虽然谈不上"一衣带水"，却也是隔山相望。自古以来，喜马拉雅山脉不仅不是两边人们来往的障碍和阻隔，恰恰相反，是连接两地文化互动的通道与走廊。

前面我们谈到距塔克西拉博物馆西南方 2 公里处的萨拉伊·霍拉遗址，该遗址距巴哈塔尔遗址西北约 7 公里，20 世纪 60 年代末经过发掘，其发掘报告发表在《Pakistan Archaeology》1972 年第 8 期上。萨拉伊·霍拉也是属于科塔·迪吉文化类型的遗址，出土的器物与我们发现的一样。

关于印度河文明的起源，不同的学者有不同的看法，而且不同时期也有着不同的观点。马歇尔认为印度河文明有着自己悠久的历史，是本地起源的，他对此坚信不疑。他的看法获得了柴尔德的支持，柴尔德认为"印度河文明是人类生活适应特定环境的完美表现"，摩亨佐·达罗遗址所表现出来的现代印度文明的古老特征，足以说明了这个文明历史传承性。而惠勒却与马歇尔等人相反，认为印度河文明是美索不达米亚文化影响下产生的，而摩亨佐·达罗和哈拉帕等遗址的砖构遗迹认为是"异族统治"（alien domination）的建筑标志。70 年代初萨拉伊·霍拉遗址的发掘者哈利姆（M. A. Halim）直言萨拉伊·霍拉出土的陶器风格是通过克什米尔的布尔扎洪文化（Burzahom）受来自中国北方仰韶文化的影响。然而自从 20 世纪 80 年代后，随着俾路支斯坦的玛马哈伽文化（Mehrgarh）的发现与发掘，印巴次大陆的考古学界都众口一词地认为哈拉帕文化源自玛哈伽文化，认为玛哈伽文化传播到印度河流域，便成为印度河文明。

尽管如此，但哈拉帕文化与中国仰韶文化之间的相似与相同，则是不言而喻的，这种相似首先来自陶器，亦即那些红陶黑彩风格，甚至有些纹饰，几乎如出一辙。图11中的这种纹饰被称作"西阴纹"或"四叶花瓣纹"。可以将其分作两部分来看，白的部分可以视为四叶花瓣，黑的部分则像十字交叉，西方称"马耳他十字"（Maltese cross）。中国则因最早发现于山西西阴村，故称"西阴纹"。通过对比，我们可以看到两者之间的相似程度。不，相似到这个程度，就不能再说相似了，应该就是同一种纹饰，与此相同的还有对三角纹等（图11）。直到公元前1000年左右，这种来自喜马拉雅北麓的影响才逐渐式微。譬如萨拉伊·霍拉遗址I期和IA期（过渡期）陶器完全为手制，器物底部往往有蓝纹或席纹，有些器物施以泥质陶衣。但到了萨拉伊·霍拉第II期，风格巨变，譬如素面短颈罐，一系列有横槽的（或密弦纹，VII型）、折沿器皿（VIII型），以及器盖（XIII型）等过渡期中刚刚出现的器物在第II期中便很普遍了，这些器物在旁遮普、信德和俾路支斯坦等地的哈拉帕文化中非常普遍。而随着这些器物同时出现的还有玉髓（carnelian）、青金石（lapis lazuli）、玛瑙（agate）等质地的珠子和陶手镯（terracotta bracelets）。萨拉伊·霍拉的发掘者认为这一切说明在三千年纪印度河流域发生的一种文化的变化，即先前与中国所建立的接触换成了与西南亚之间的联系。

不仅是仰韶文化，实际上与甘青地区的马家窑文化、西藏的卡诺文化之间，都有着互动关系。譬如卡若出土的陶器主要有钵、罐、盘等，均为平底，以泥条盘筑法制作，底部印以席纹。有一种容器的表面出现不规则的扫痕，被认为是在陶器成型后经细树束或扫把刮扫后所致扫痕。该遗址出土1664片陶片，这种有扫痕的陶片占陶片总数的7.8%。有趣的是卡若遗址也出土这种扫痕，发掘者称其为"抹刷纹"，"纹痕深浅不一，纵横交错，极不规整，似在制陶过程中用粗纤维或草抹刷器表时所留的痕迹，一般饰于作炊器用的深腹罐上"。[①] 而我们在巴哈塔尔的科塔·迪吉文化单位中，也发现很多这种"抹刷纹"。尤其是在克什米尔地区发现的公元前两千多年前的布尔扎洪文化，与昌都卡诺文化有着诸多的相似与相同。很多学者认为印度河流域的哈拉帕文

---

① 西藏自治区文物管理委员会、四川大学历史系：《昌都卡诺》，文物出版社1985年版，第136页。

图 11 左边为仰韶文化彩陶上的花瓣纹与三角纹；右边的为哈拉帕文化彩陶上的花瓣纹与三角纹

化和中国黄河流域的仰韶和马家窑文化有着很多的互动，而这种互动正是通过克什米尔地区的布尔扎洪文化来实现的。学者们通过两个遗址由碳 14 测年所提供的年代数据的比较，卡若遗址年代稍早于布尔扎洪遗址，认为布尔扎洪遗址是卡若文化向泛喜马拉雅地区传播的结果，而且这条传播路线就是西藏与内地、克什米尔、旁遮普以及阿萨姆地区之间移动往来的"麝香与丝绸之路"。[1] 甚至有些学者认为布尔扎洪遗址与黄河流域的仰韶文化也有诸多联系，[2] 是"彩陶文化"西渐的证据。[3]

20 世纪巴基斯坦的考古学家也是这么认为的，但随着玛哈伽文化发掘和研究的深入，他们认为将布尔扎洪遗址看作是"仰韶新石器文化中的一种悠

---

① 霍巍：《喜马拉雅山南麓与澜沧江流域的新石器时代农业村落——兼论克什米尔布鲁扎霍姆遗址与我国西南地区新石器农业文化的联系》，《农业考古》，1990 年第 2 期，第 101~107 页。

② 徐朝龙：《喜马拉雅山南麓所见的中国北方新石器时代文化因素——浅谈克什米尔地区的新石器时代遗址布鲁扎霍姆（Bruzahom）》，《农业考古》，1988 年第 2 期，第 137~143 页。

③ 韩建业：《"彩陶之路"与早期中西文化交流》，《考古与文物》，2013 年第 1 期，第 28~37 页。

久传统的扩散"[1] 是不成熟的观点，他们认为布尔扎洪遗址的文化传统在玛哈伽文化中有着深厚的传统。玛哈伽文化不仅是布尔扎洪遗址的文化源头，而且被认为也曾经深刻地影响着南土库曼斯坦，乃至伊朗北部的早期新石器文化。不仅陶器，石器亦然，譬如凹背弧刃半月形穿孔石刀或长方形穿孔石刀等，则应置于整个东亚文化传统范围。[2]

我们在巴哈塔尔遗址发现的带孔盘状石器，马家窑这件圆盘砍砸器来自青海贵德罗汉堂，标牌说明是纺轮，但这不可能，这个圆盘直径约 13 厘米，中间孔直径约 2 厘米，不可能是纺轮。而巴哈塔尔遗址也出土类似的中间带孔的圆盘器。巴基斯坦学者认为是权杖首，但我们认为是圆盘砍砸器，因为所有出土的这类石器的周边缘刃均有使用过的砍砸痕迹，如罗汉堂出土的这件便有明显的使用痕迹。有的甚至不需要安装在杖头使用，即不需要木头手柄，可以直接手持石器使用，所以中心圆孔没有穿透，巴哈塔尔出土的这件即是如此（参见图 8）。

我们在巴哈塔尔发现的菱形项链坠或纺轮，与马家窑出土的同类器物毫无二致（参见图 6:3），特别是陶手镯（参见图 6:5~6），若将其放在一起，根本无法区别。只是马家窑文化的陶手镯数量较小，而哈拉帕文化中出土的这种陶手镯可以说是海量。这与陶手镯的大量使用和易于损坏有关（图 12）。

此外与马家窑文化出土的同类器物几乎一模一样的，尤其值得注意的是装饰品中的海贝和费昂斯（Faience）。首先是费昂斯可能来自哈拉帕文化。在我们发掘的巴哈塔尔遗址科塔·迪吉文化层中也发现费昂斯珠子，时代在距今 4800 年前。印度河谷发现的时代最早的费昂斯珠子是距今 5000 多年前哈拉帕文化早期或玛哈伽文化晚期的，不过最近有报道说，在玛哈伽文化的 II 期（5500BC~4800BC），就已经发现了上釉的费昂斯珠子（Glazed Faience beads）（图 13:下）。[3] 从目前的考古资料看，我国最早的费昂斯发现于新疆，

---

[1] Mughl, M.R. Excavaton at Jalilpur. Archaeology, 1972(l.8)117~124.

[2] J.G. 谢菲尔、B.K. 撒帕尔：《巴基斯坦的前印度和文化及早期印度和文化》，载 A.H. 丹尼、V.M. 马松主编，芮传明译：《中亚文明史》第一卷，中国对外翻译出版公司 2002 年版，第 177~206 页。

[3] 参见 Tribune 网站 2019 年 5 月 6 日快讯："9000 年前的马哈嘎遗址需要保护"（9000~year~old Mehrgarh needs to be preserved)（网址：https://tribune.com.pk）。

距今不到 4000 年，[①] 但事实上在青海马家窑文化中的出土材料中，早就出土过费昂斯，只是发掘者不认识，错将其视作骨珠（图 13: 上）。[②]

图 12　左：哈拉帕博物馆陈列的陶手镯；上左：哈拉帕印章图案中双臂戴满臂钏手镯的湿婆神；上右：哈拉帕博物馆现代塑像

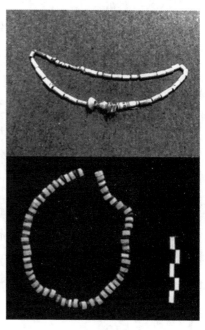

图 13　上：马家窑文化出土的石、骨、费昂斯项链。中间的菱形项坠即为费昂斯；下：玛哈伽文化 2 期的费昂斯项链

此外还有海贝的来源问题。卡若遗址出土海贝十枚，童恩正在报告中指出："穿孔贝属于宝贝（Cowrie shell），此类贝主要产于南海，但在仰韶文化、龙山文化以及黄河上游诸石器时代文化中，经常可以发现以作宝贝作为装饰品的情况，这似乎是我国原始文化的共同特征之一，所以国外有的学者是以宝贝的传播作为一种文化因素的传播而加以考虑的。卡若遗址远离南海，竟然也发现了这种贝，这除了证明它的居民与我国其他类型的新石器时代文化的居民有着共同的意识以外，也反映了当时部落之间的交换，不论是直接的或

---

①　新疆文物考古研究所编：《新疆萨恩萨伊墓地》，北京文物出版社 2013 年版。

②　在贵德县博物馆的马家窑文化展品陈列中，有一串标着"马家窑文化"的珠子，其中坠饰我们认为是费昂斯。

间接的，已经达到了很远的范围。"①

也就是说，童恩正认为卡若遗址出土的贝产自中国南海，普遍见诸仰韶、龙山以及马家窑文化，那么出土于卡若遗址的贝定然也是来自中原地区新石器文化因素之一。然而近年来的发现与研究，贝在中国的出现与传播，应该是全新世5000年以后的事。比卡若早一点的是青海宗日遗址出土的海贝，从碳14测年来看，宗日遗址的两个碳14测年数据为距今5685±225年和距今5650±140年两个数据，②稍早于卡若遗址，但应视为同时期的新石器文化。安特生说在渑池的仰韶文化中发现海贝，但验诸后来发现的仰韶文化，均不见海贝，后来夏鼐先生在核验安特生在河南渑池发掘的地层时发现，安特生将晚期的文化地层当作仰韶文化了。③

1993年10月25日的《中国科学报海外版》头版登载了中国地质科学院地质力学研究所钱方教授在青海省海西州昆仑山口的西大滩发现一万年前人类遗迹的报道文章。④遗物包括石器等人工制品、兽骨、灰烬等，其中最为引人注目的是一枚经过切割和钻孔加工的人体悬挂装饰品海贝。对同层位出土的两件动物骨骼标本（W2、W3）进行热释光测年（Thermoluminescence dating）后，分别获得了距今17290±1210和18910±1510两个年代数据。

根据日本学者白静川的考证，甲骨文和金文中所有的"贝"无一例外全部都是子安贝的象形。⑤殷商时期出土的贝海亦然，比如四川三星堆遗址，三星堆"祭祀坑"共计出土的海贝约4727枚，主要为货贝、白色环纹货贝、黑色虎斑纹贝，均为海洋性贝类，而其中的白色环纹货贝，亦即子安贝。⑥子安贝，英文称作"cowry"或"cowrie"，拉丁学名为"Monetaria moneta"。现在我们知道这种宝螺（也称宝贝）科（Cypraeidae）的热带海洋腹足纲软体动物，

---

① 西藏自治区文物管理委员会、四川大学历史系编：《昌都卡诺》，文物出版社1985年版，第154页。

② 陈洪海、王国顺、梅端智、索南著：《同德县宗日遗址发掘简报》，《考古》，1998年第5期。

③ 夏鼐著：《夏鼐日记》（四），华东师范大学出版社2011年版，第407页。

④ 吴宇、周国洪：《东昆仑地区一万年前有人类生存》，《中国科学报海外版》，1993年10月25日第1版。

⑤ 白川静著，张莉译：《白川静文字学的精华》，天津人民出版社2012年版，第112页。

⑥ 张善熙、陈显丹：《三星堆文化的贝币试探》，《四川文物》，1989年专辑；四川文物考古研究所编：《三星堆祭祀坑》，文物出版社1999年版，第150、419页。

只生活在红海和印度洋。

从整个中国目前从旧石器时代晚期以来的考古资料来看，海贝最早出现于青海的马家窑文化和西藏的卡若文化。直到龙山文化时期，海贝才普遍见诸我国内地，这一现象便从一个方面暗示着海贝应该来自印巴次大陆，或准确地说来自哈拉帕文化。

我们这次一共清理 36 座灰坑，其中几座值得进一步探讨，譬如 H9。该灰坑底部直径 3.3 米、深 3.5 米，靠近底部的四周坑壁上规律分布着许多直径在 10 厘米左右的洞，疑为地表原来有木构设施。灰坑的壁和底，都涂抹以 3~6 厘米的青膏泥，我们认为是地穴式房屋（subterranean dwelling）。该坑的另一特别之处在于壁与底的交界处规律地分布着十几个直径在 10 厘米左右的小洞。根据这些现象分析，这可能是某种木构设施的遗迹。灰坑的填充物很丰富，分层清晰，灰烬与各种人工制品以及生物制品驳杂混同。换句话说，这个坑起初很可能是作为住房使用的地穴式房屋（pit dwelling），废弃后才变成了垃圾坑。如果这是地穴式房屋，似乎成了神话中湿婆"用泥土建造了一间房子"的地下之物证，那么与之相应的仰韶文化地穴式房屋可否理解为《山海经》中"穴居"的文献所本呢？

在昆奈尔（Kunal）的 IA 期，即科塔·迪吉期也发现窖穴式住房，被称作房屋（houses），其制作方式为先挖一个深 1.1 米、底径 2 米的坑，地面经过拍打（ra 毫米 ed floor），坑壁经过抹泥。坑口的柱洞表明坑口上方有至少 2 米高的外表涂泥的篱笆墙(wattle-and-daub)。而 IB 期则开始出现面积更大的坑，而且坑壁用土坯砌筑后用泥抹光。此外在贾利普尔（Jalilpur）、哈拉帕等地发现钟形（bell-shaped，即袋状）的小型储藏坑，壁和底都经过抹泥处理；在卡立邦甘（Kalibangan）也发现有科塔·迪吉时期的住房，为土坯建筑，在建筑内还发现有灶、白灰（或青膏泥）地面的窖藏灰坑（lime-plastered storage pits）、马鞍形磨盘。卡立邦甘发掘的科塔·迪吉期，碳 14 校正年代在公元前 2900~ 前 2800 年。

仰韶文化就出土很多地穴式房屋的灰坑，其壁与底有的有木结构，并涂

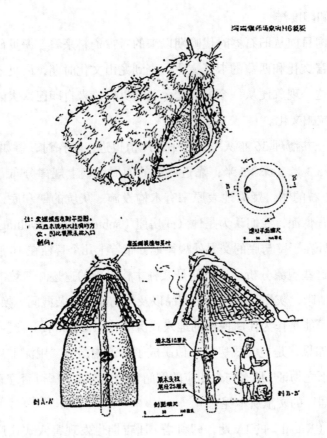

图 14　复原后的河南偃师汤泉沟仰韶文化出土的地穴式房屋，采自杨鸿勋（1975 年）

以 1~4 厘米的草拌泥（亦即古汉语中的"墐"）用于防潮，①有的甚至出口处盖以顶棚以遮蔽雨水。近年来在陕西杨官寨仰韶文化发掘的灰坑中，也出现这种袋装灰坑，譬如"H85 的壁面基本竖直，坑底部的结构基本呈对称分布，可能是其原初用途的直接证据，与房屋建筑内的'土床'或上下台阶一类的设施十分相似，坑北壁的长方形孔洞，可能用于搭建或支撑房屋的木构架。在坑内部不同层位堆积中发现多处草拌泥类的建筑材料，特别是坑下部贴近壁面处经火烧烤的草拌泥，应该是人为特殊加工处理的痕迹，种种迹象表明 H85 很有可能为一处史前先民长期居住的地穴式房屋建筑遗迹"。②（图 14）

---

① 杨鸿勋：《仰韶文化居住建筑发展问题的探讨》，《考古学报》，1975 年第 1 期。

② 陕西省考古研究院、中美国际田野考古学校：《陕西高陵杨官寨遗址 H85 发掘报告》，《考古与文物》，2018 年第 6 期。

虽然萨拉伊·霍拉遗址的发掘者认为科塔·迪吉文化类型出土的这种袋状居住坑可能是来自仰韶文化的影响，但俾路支斯坦玛哈伽文化出土有时代更早的这种袋状居住坑，而且从玛哈伽传入巴哈塔尔的可能性更大。

玛哈伽是南亚最早的农业和畜牧业的遗址之一，"驯化小麦品种、早期农业、陶器以及其他考古文物，一些驯化植物和畜群动物等与后来印度河文明之间有相似之处"。玛哈伽文化传播到印度河流域，便成为印度河文明。在公元前 8000 多年前的玛哈伽第一期中发现的是六棱裸大麦（H. vulgare subsp.），拉丁学名为 Hordeum vulgare Linn. var. nudum Hook.f.，俗称青稞。我们在巴哈塔尔遗址也发现许多六棱裸大麦的植硅体，亦即青稞。青藏高原最早的青稞发现于距今 3700 年前的山南昌果沟。①西藏与印巴次大陆为邻居，西藏的青稞应该来自印度河流域。

在斑块—廊道—基质的景观生态学语境下，对于新石器时代的定居农业文化来说，整个青藏高原，包括那些分布着新石器文化的澜沧江、岷江、河湟地区等河谷地带都是一个廊道，基质则是定居的农业文化。在景观中所谓廊道是一个狭长的地带，这是针对其形状而言。但就其传送功能而言，或在文化的语境下，草原也可以理解为由无数狭长形状构成的廊道。尽管青藏高原的草原地区空间辽阔，但对于农业文明来说，却无立锥之地，所以对于新石器时代寻求良田沃土以定居的农人而言，青藏高原广袤的草原，仅仅是一个通道而已。青藏高原新石器时代的三个文化分布集中区——拉萨腹地、澜沧江岷江流域、河湟地区——便是在定居的农业文化这个基质上形成的，或者说是在仰韶这个农业文明的基质上形成。我们也可以将其视为文化斑块，所以尽管彼此有别，远隔千里，但其基质是相同的，并且通过草原廊道相通的，所以文化间的共性、互动和交流也是明显的。

之所以在前面零零碎碎地进行了一些初步比较，主要是基于一个"文化包裹"（culrural package）的概念，这在很多西方学者在研究青藏高原文明时，经常使用这个概念。"包裹"的意思有点像我国学者经常使用的"因素"意

---

① 傅大雄，张俊卿，田存余：《雅鲁藏布江中部流域发现古青稞》（HORDEUM VULGARE L.VAR. NUDUM）炭化粒》，《西南农业大学学报》,1994 年第 6 期。傅大雄：《西藏昌果沟遗址粟（Setaria italica）碳化粒的发现》，《四川农业大学学报》,1997 年第 1 期。

蕴，不过包裹一词更使人一目了然的是"外来的"这样一层含义。此外还有多样一体化的蕴含，如果不适合使用"体系"或"系统"等词汇的话；最后，也是最主要的，亦即"包裹"一词所蕴含的"传递"的意义，而不是文化因素分析中所采用的正本清源意图。打个比方，二里头遗址出土的玉璋，作为文化包裹，其实我们不必深究它是来自海岱龙山还是新寨，不过将其做文化因素对待，是考古学家们每每要正本溯源，排出其序列；[1] 不过并不是所有的文化因素都能做到正本溯源，排出序列。比如卡约文化中的青铜器，如果按照文化因素来观察的话，有图尔宾诺青铜器，有鄂尔多斯青铜器，还有齐家青铜器等不同时代、不同地区的文化因素，情况很复杂，条理不易，更不要说正本清源。在这种情况下，我们或许采用一种更为简洁的办法，即将其视为游牧文化包裹或青铜器包裹，这样可能会便于我们从大的方面来把握文化的整体和基本属性。换句话说，有时候，特别是在资料阙如、不完整的情况下，对于文化的互动，我们只辨认其"上流"，而不追溯其"源流"。通过对巴基斯坦印度河谷哈拉帕文化遗址的发掘，通过对史前文化互动的观察，我们发现虽然青藏地区地处高原，环境恶劣，但文明的进程似乎并未受这种环境的影响，文化的互动、包裹的互递、因素的互渗远远超出了我们先前的认识。

---

[1]　许宏著：《何以中国——公元前 2000 年的中原图景》，北京三联书店，2014 年版，第 93 页。

论卡若、曲贡等西藏史前遗址的相关问题

一、新石器时代的文化互动

　　新石器时代的考古学文化以定居的农业文化为特征，被柴尔德称为新石器革命。[①] 定居同时也是文化历史学派对考古学文化定义的出发点，因为只有定居，才能形成一个考古学文化的区域性，苏秉琦的区系理论也正是以此为出发点的。所以当我们运用文化历史学派的理论或区系类型理论来进行考古学研究时，大平原地区新石器时代的考古学文化往往是最得心应手的。然而当我们的研究对象是狩猎采集文化、游牧文化以及高原地区或走廊地带的新石器文化时，区系理论便显得捉襟见肘了。区系理论中的"区"（空间），完全是一个静态的区分，所以当我们用于那些流动性很大的考古学文化研究时，"区"的概念往往难以落实，"区"的概念不能落实，"系"也就无从谈起。学者们当然也觉察到了这一点，所以近年来"文化互动"便成了热门话题，而"互动"中所必然使用的文化因素分析法，也就成为主流方法论。我们这里要讨论的，也是文化互动的话题。

　　正如卡若发掘者所指出的，卡若文化首先与河湟以及甘肃地区的马家窑和仰韶文化之间有诸多的相似之处，作者列举了很多具体实例来论证两者之间的联系，如房屋结构与建筑方式、石器（包括细石器、打制石器和磨制石器）、陶器（从形制、纹饰到组合）、粟米等。最后童恩正推论说：

---

① 　［英］戈登·柴尔德著，安志敏等译：《考古学导论》，三联出版社 2008 年版，第 93~94 页。

如果我们综合考古、历史记载和传说等方面的资料进行分析，则可以推测西藏的原始文化中有两个部分，一种是本土居民的遗留，他们定居在西藏的时代目前至少可以推到旧石器时代的后期，是一种游牧和狩猎的部落；另一种是从甘、青地区南下的氐羌系统的人，他们是一种农业部落。以后西藏的种族和文化，当就是以这两者为主体综合而成的。①

我们且不论是否由氐羌系统的人将农业文化引进到澜沧江地区，毕竟通过童恩正的比较研究，我们看到甘青地区马家窑文化对卡若文化的影响是显而易见的。除了童恩正等学者所指出的陶器、建筑、石器等影响外，②经认真观察，我们认为青藏高原新石器时代的以农业经济为主的文化互动，其实比我们预先想象得要广泛和深刻得多。我们就以青藏高原的卡若、曲贡和马家窑三种文化为中心，来看看它们之间，以及与周边文化之间的互动。

二、卡若、曲贡等史前文化之间的时空互动

互动一般是指空间概念，而这里我们之所以加上时间概念，主要是指传承，因为纯粹的空间平行的互动是不存在的。据目前的发掘资料和学者们的研究来看，西藏新石器时代以来的考古学文化主要呈以下四个大的区域类型：③

---

① 参见童恩正、冷健：《西藏昌都卡若新石器时代遗址的发掘及其相关问题》，《民族研究》1983年第1期，第54~64页；西藏自治区文物管理委员会、四川大学历史系编：《昌都卡诺》，文物出版社1985年版，第151~153页。

② 除童恩正外，尚有徐朝龙、霍巍、石硕等人撰文对此问题进行讨论，参见霍巍：《喜马拉雅山南麓与澜沧江流域的新石器时代农业村落——兼论克什米尔布鲁扎霍姆遗址与我国西南地区新石器农业文化的联系》，《农业考古》1990年第2期，第101~107页；徐朝龙：《喜马拉雅山南麓所见的中国北方新石器时代文化因素——浅谈克什米尔地区的新石器时代遗址布鲁扎霍姆（Bruzahom）》，《农业考古》1988年第2期，第137~143页；石硕：《西藏新石器时代人群面貌及其与周边文化的联系》，《藏学学刊》2011年第7期，第10~25页。

③ 石硕：《西藏新石器时代人群面貌及其与周边文化的联系》，《藏学学刊》2011年第7期，第10~25页，四川大学出版社。

藏东地区：该地区主要以昌都卡若文化为代表，此外尚有昌都小恩达、[①] 察雅县江钦遗址[②]；西藏中部腹心地区：除曲贡文化外，尚有贡嘎县昌果沟遗址、[③] 琼结县邦嘎遗址、[④] 堆龙德庆区的达龙查遗址，以及分布于曲水、达孜、墨竹工卡等地的新石器遗址采集点；藏东南地区：该区域主要有雅鲁藏布江下游藏东南林芝市的星云、居木等新石器时代遗址，[⑤] 包括加拉马、红光、墨脱等采集点；[⑥] 藏北地区：仅在阿里噶尔县丁仲胡珠孜遗址中，除细石器和打制石器外，还发现30余枚陶片，其中一片为彩陶。[⑦]

1. 骨器

卡若遗址出土10件两侧带齿状刻槽的骨牌饰，有的上面有穿孔或纹饰。[⑧] 这是一种非常特殊的装饰或祭祀用品，在我国新石器时代并不多见，如江苏金坛三星村出土类似骨牌饰，但形制与花纹与卡若的相比，仍有区别。[⑨] 与卡若骨牌饰最接近的是马家窑文化中的同类器物，如柳湾和宗日遗址均出土了这种骨牌饰（图1）。在柳湾半山墓葬中，这种骨片出土多达10072枚。[⑩] 尽管这种骨牌饰的功能我们尚不明了，但二者之间形制上的相似是一目了然的。

---

① 西藏文管会文物普查队：《西藏小恩达新石器时代遗址试掘简报》，《考古与文物》，1990年第1期，第1~14页。

② 刘庆柱主编：《中国考古学年鉴》，文物出版社2001年版。

③ 刘景芝、赵慧民：《西藏贡嘎县昌果沟新石器时代遗址》，《考古》，1999年第4期，第1~10页；何强：《西藏贡嘎县昌果沟新石器时代遗存调查报告》，《西藏考古》，1994年第1辑，第1~28页。

④ 李林辉：《山南邦嘎新石器时代遗址考古新发现与初步认识》，《西藏大学学报》，2001年第4期，第50~51页。

⑤ 王恒杰：《西藏自治区林芝县发现的新石器时代遗址》，《考古》，1975年第5期，第310~315页。

⑥ 尚坚、江华、兆林：《西藏墨脱县又发现一批新石器时代遗物》，《考古》，1978年第2期，第136~137页。

⑦ 李永宪、霍巍、更堆编写：《阿里文物志》，西藏人民出版社1993年版，第36~43页。

⑧ 西藏自治区文物管理委员会、四川大学历史系编：《昌都卡诺》，文物出版社1985年版，第148页，图版四八：1、3、6~8。

⑨ 南京师范大学、金坛市博物馆编：《金坛三星村出土文物精华》，南京出版社2004年版，图版1、2、12。

⑩ 参见：青海省文物管理处、中国社会科学院考古研编：《青海柳湾——乐都柳湾原始社会墓地》，文物出版社1984年版，第50、165页；格桑本、陈洪海主编：《宗日遗址文物精粹及论述选集》，四川科学技术出版社1999年版，第135、137页。

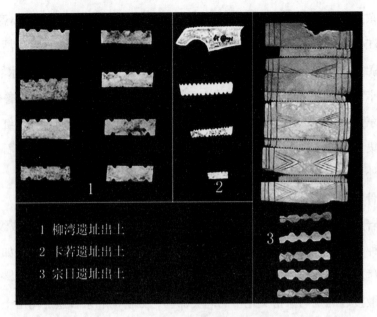

图 1 青海与西藏出土的新石器时代骨牌饰

　　除了骨牌饰以外，还有一种一端带齿的梳状骨器，共 4 件，系用骨条制成，一端为舌状，上有数齿。童恩正称作骨抿子，认为是用于制陶时抿平器表并留下装饰。[1]在曲贡遗址和青海民和核桃庄辛店文化墓葬、[2]青海湖畔卡约墓，[3]以及青海省诺木洪文化的遗址[4]也出土了同类器物。核桃庄发掘者称其为骨梳，曲贡发掘者称其为梳形器，[5]诺木洪亦称其为梳形器。称"梳"，可能不合适，因为齿太少，太尖，倒是有可能用作抹平器表的骨抿子。兴隆洼文化中盛行"之"字纹饰，学者们认为绘制这种之字纹的工具之一，就是类似卡若出土的

①　西藏自治区文物管理委员会、四川大学历史系编：《昌都卡诺》，文物出版社 1985 年版，第 118 页。

②　青海省文物考古所、青海省文物管理处、西北大学文博学院编：《民和核桃庄》，科学出版社 2004 年版，第 29~30 页。

③　王武：《青海刚察县卡约文化墓地发掘简报》，《青海文物》，1990 年第 4 期，第 25~29 页。

④　青海省文物管理委员会、中国社会科学院考古研究所青海队：《青海都兰诺木洪塔里他里哈遗址调查与试掘》，《考古学报》，1963 年版第 1 期，第 17~41 页。

⑤　中国社会科学院考古研究所、西藏自治区文物局编：《拉萨曲贡》，中国大百科全书出版社 1999 年版，第 141 页。

骨抿子，^①可是问题在于兴隆洼和赵宝沟，包括时代相当的河北北福地等遗址中，均未出土过类似卡若遗址出土的一端带齿的骨抿子。昌果沟和曲贡还出土了类似骨抿子一样一端带齿的石质梳状器，我们猜测这类一端带齿的石、骨器——至少在曲贡遗址——恐怕不是作为刻画纹饰的制陶工具，因为曲贡所出土的陶器只有两种：彩陶和表面光亮的素面陶。在我国，比卡若时代早的其他遗址中不见一端带齿的骨器，倒是在遥远的叙利亚，出土了同样的东西。20 世纪 60 年代末，英国考古学家在叙利亚北部幼发拉底河河谷发现纳土夫文化聚落遗迹（Natufian settlement），这个被称作 MureybetII 遗址属于中石器时代文化，出土有磨光石器、细石器、骨器等，但不见陶器。出土物中有三件骨质梳状物，报告者称为刻纹骨梳，其中一件与卡若出土的骨抿子非常相似（图 2）。英国考古学家米拉尔特认为这是耶利哥文化的前陶时期，碳 14 测年为 8142 ± 118B.C.。^②

结合卡若遗址中其他黄河流域仰韶文化因素如凹背弧刃石刀，长方形带孔石刀等分析，尤其是考虑到近年来在岷江上游地区发现发掘的一系列具有马家窑文化内涵的地点，^③我们认为这种骨抿子更有可能直接来自马家窑文化。关于去向，有的学者注意到卡若出土的有肩石锛（或石铲）与云南同类器物的关系，云南的有肩和有段石斧不仅北上，而且南下或西传，饶宗颐认为印度地区所发现的有肩石斧和有段石锛，是沿陆路从中国进入东印度阿萨姆地区和沿海路进入盘福加（孟加拉国）的。^④虽然卡若遗址没有出土石质齿形器，但就齿形器来看，卡若、昌果沟以及曲贡遗址之间，还是存在着文化上的关联；不仅是西藏地区，而且整个青藏高原史前文化之间，都存在着时空方面的互动与传承。

---

① 中国社会科学院考古研究所编：《敖汉赵宝沟——新石器时代聚落》，中国大百科全书出版社1997 年版，第 164~165 页；刘振华：《红山文化陶器的彩纹和之字纹》，《中国考古学会第六次年会论文集》，文物出版社 1987 年版。

② Mellaart, J., The Neolithic of the Near East, Thames & Hudson, London 1975:42~45.

③ 成都文物考古研究所等：《四川茂县波西遗址 2002 年的试掘》，《成都考古发现（2004）》，科学出版社 2004 年版，第 1~12 页；成都市文物考古研究所等：《四川茂县营盘山遗址试掘报告》，《成都考古发现（2000）》，科学出版社 2002 年版，第 1~77 页；四川省文物考古研究所等《四川汶川县姜维城新石器时代遗址发掘简报》，《考古》，2006 年第 11 期，第 3~14 页。

④ 饶宗颐著：《梵学集》，上海古籍出版社 1997 年版，第 353、355、356 页。

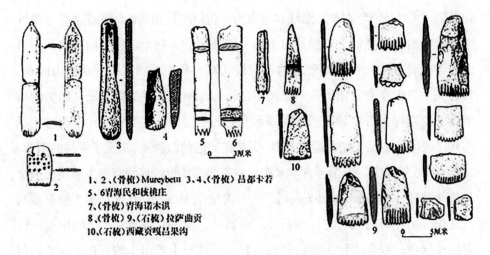

1、2、(骨梳) MureybetⅡ 3、4、(骨梳) 昌都卡若
5、6青海民和核桃庄
7、(骨梳) 青海诺木洪
8、(骨梳) 9、(石梳) 拉萨曲贡
10、(石梳) 西藏贡嘎昌果沟

图 2　叙利亚、卡若、民和核桃庄、曲贡、昌果沟出土的骨质与石质梳状物

2. 贝的来源问题

卡若遗址出土宝贝（Linnaeus）十枚，童恩正在报告中指出：穿孔贝属于宝贝（Cowrie shell），此类贝主要产于南海，但在仰韶文化、龙山文化以及黄河上游诸石器时代文化中，经常可以发现以宝贝作为装饰品的情况，这　似乎是我国原始文化的共同特征之一，所以国外有的学者是以宝贝的传播作为一种文化因素的传播而加以考虑的。卡若遗址远离南海，竟然也发现了这种贝，这除了证明它的居民与我国其他类型的新石器时代文化的居民有着共同的意识以外，也反映了当时部落之间的交换，不论是直接的或间接的，已经达到了很远的范围。[①]

也就是说，童恩正认为卡若遗址出土的贝产自中国南海，普遍见诸仰韶、龙山以及马家窑文化，那么出土于卡若遗址的贝定然也是来自中原地区新石器文化因素之一。然而近年来的发现与研究，贝在中国的出现与传播，应该是全新世5000年以后的事。

贝的实物从新石器墓葬到殷商、西周的墓葬中也很常见。日本学者江上波夫（Egami Namio）、白川静等人根据日语将其称为"子安贝"，子安贝在

---

① 西藏自治区文物管理委员会、四川大学历史系编：《昌都卡诺》，文物出版社1985年版，第154页。

10 世纪左右日本平安时代的物语作品《竹取物语》便提到。[①]20 世纪很多学者对这种贝已有关注，[②]学者们认为贝是从华南输入到内地的，有的认为产于南海，有的认为产于印度洋。不过根据海洋动物学的知识，这种贝只产于印度洋。

关于海贝的用途，文献记载和学者们的观点也是意见不一。一般说来是作为货币使用，尤其在先秦。《史记·平准书》说："农工商交易之路通，而龟贝金钱刀布之币兴焉。"《说文解字·贝部》说："古者货贝而宝龟，周而有泉，至秦废贝行钱。"《盐铁论·错币》："夏后以玄贝，周人以紫石，后世或金钱刀布。"《本草纲目·介二·贝子》："古者货贝为宝龟，用为交易，以二为朋"。在我国的中学历史教材中，贝不仅是作为货币使用，而且被认为是最初的货币形式。关于作为货币使用的贝，中外学者们也多有研究。[③] 不过，除了用作货币外，贝也作为装饰品来使用，《诗经·閟宫》是歌颂鲁僖公的诗篇，其中"公徒三万，贝胄朱綅"句，毛传："贝胄，贝饰也"，也就是用海贝装饰的甲胄，看来这是一件非常值得夸耀的事。此外，贝还具有某种宗教含义而用于仪礼祭祀等。姚朔民在《商贝二题》一文中，对"贝"的用处作出新的论断，[④]他对《尚书·盘庚》中历来被当作商代使用贝币证据的"具乃贝玉"一语进行重新解读。他引用大量例证，证明这里的"贝"并非货币，也不是

① 参见白川静著，张莉译：《白川静文字学的精华》，天津人民出版社 2012 年版，第 112 页；Egami Namio Migration of the cowrie~Shell culture of East Asia, Acta Asiatica,1974(26):29；苏继顾：《岛夷志略校释》，中华书局 1981 年版，第 117 页。

② 参见 Gibson, H. E. Cowries as money during the Shang and Chou periods，Journal of the North China Branch of the Royal Asiatic Society，1940/1941(71):6~45；杨鍊汉译文"中国古代贝货"，《古物研究》，商务书馆 1936 年版；蒋玄怡："中国古代贝货之由来与吴越民族之关系"，《说文月刊》，1939 年第 4 卷第 1 期，第 6~12 页；方圆瑜："云南用贝作货币的时代及贝的来源"，《云南大学学报》，1957 年第 2 期，第 24~41 页；罗二虎："南方丝路古贝考"，伍加伦、江玉祥主编：《古代西南丝绸之路研究》，四川大学出版社 1990 年版，第 97~98 页。

③ 冯恩学：《三峡巴人崇拜太阳和使用贝币的实证》，《中华文化论坛》，2000 年第 1 期，第 29~30 页；张善熙、陈显丹：《三星堆文化的贝币试探》，《四川文物》1989(S1)；Hogendorn, Jan and Johnson Marion, The Shell Money of the Slave Trade. African Studies Series 1986(49), Cambridge University Press , Cambridge 等。

④ 姚朔民：《商贝二题》第四辑，载《中国钱币论文集》，中国金融出版社 2002 年版，第 38~48 页。

财富，而是贵族死后放在口中的丧葬用具"含"。他对甲骨文中含"贝"字部首的文字进行释读，认为从殷商卜辞来看，海贝更多地被用于祭祀鬼神和祖先等精神领域，难以证明是货币。[①]在有些地方甚至还被视为生殖器的象征，等等。

贝作为人体悬挂装饰品最早出现在 10 万 ~7 万年前的晚期智人时代，如以色列、摩洛哥、阿尔及利亚、黎凡特、南非等地出土的贝饰亦为织纹螺的一种在 10 万 ~7 万年前的晚期智人装饰品。考古学家发现，7 万年至 4 万年之间，世界各地均不见任何包括贝在内的人体悬挂装饰品出现，而 4 万年以后，不仅贝又出现在更大的分布区域，而还出现其他动物牙齿、小石子、鸵鸟蛋壳等种类的装饰品。值得注意的是，到目前为止，中国尚未发现旧石器时代的海贝人体悬挂装饰品。在近东地区的柴特尔·休于（Çatal Hüyük）、贾尔摩（Jarmo）、耶利哥（Jeriko）等早期新石器时代遗址中，便发现了大量的海贝，这些遗址都远离印度洋和红海，学者们认为如同黑曜石一样，海贝，包括二粒小麦和驯养的山羊，也都是用于贸易的物品，随着黑曜石的贸易，在近东以及近东以外地区的新石器时代文化中广泛传播开来。进入新石器时代后，海贝仍不见于新石器时代早中期各个文化中，包括仰韶文化。[②]而卡若遗址出土的海贝，包括马家窑文化的海贝，似乎就是中国最早的海贝。[③]这也是为什么马家窑彩陶上所谓的"贝纹"和"连贝纹"如此发达（图 3）。

由此来看，早在新石器时代，后来学者们所谓的川滇与印度、缅甸等东南亚的海贝传播渠道，便已经建立。学者们认为在 3000 年前的殷周之际，印度与蜀之间已可辗转相通，有间接的贸易交换。另外，云南海贝来自印度，云南用贝为货币的习俗也是由印度传来。从西南古商道的开通范围和时间，可知云南用贝作货币的方法不仅仅只是单纯地从印度学习而来——通过贝币，

[①] 参见姚朔民：《"具乃贝玉"新说》，《中国史研究》，2002 年第 2 期，第 76~81 页；《甲骨文从贝字》，载《中国钱币论文集》第四辑，中国金融出版社 2002 年版。

[②] 安特生说在渑池的仰韶文化中发现海贝，但验诸后来发现的仰韶文化，均不见海贝，所以我们怀疑安特生所发现的海贝是否为仰韶文化的遗物。

[③] 从碳 14 年代来看，青海宗日遗址的年代为宗日遗址的两个碳 14 测年数据为距今 5685±225 年和距今 5650±140 两个数据，稍早于卡若遗址，但应视为同时期的新石器文化。

图3　马家窑半山类型彩陶罐上的连贝纹

云南与印度、缅甸形成以贝币为基础的流通体系，这一体系甚至辐射到东南亚和印度洋沿岸的国家，形成了一个以贝币使用为链环的贸易圈。到了南诏、大理国时期这一贸易圈发展更为成熟和活跃。

古蜀作为一个发达的古代文明，加上与滇的关系一直是密切而复杂，理所当然会借助川滇古商道经由云南，通过这一贝币贸易圈与东南亚、南亚甚至西亚和中东进行了相当长时间的经济文化交流。三星堆古蜀国虽处于内陆盆地，但在商代与中原有东北商道相通，与云南则有南丝路相连，所以三星堆出土海贝肯定是通过这两条商道引入的。有些学者甚至拟定了确切的传播路线："一条是从印度、缅甸等南亚国家经滇西至滇池，经宜宾（秦汉时期"五尺道"）再至成都；另一条是从越南北部湾和红河、元江，经滇池，经西昌、雅安（秦汉时期"牦牛道"），再至成都。"①

不过，还有一条海贝的传播路线，即泛喜马拉雅廊道。就卡若遗址出土的海贝来看，更有可能是通过泛喜马拉雅廊道来自印度古文明或前哈拉帕文化。子安贝，或者白色环纹货贝，在印度古文明，特别是前哈拉帕和哈拉帕

① 周志清：《浅议三星堆"祭祀坑"出土的贝》，《武汉文博》，2011年第3期，第38~48页。

167

文化中大量发现。① 有趣的是，正是因为这种白色环纹货贝产自印度洋，而且在印度古文明中贝大量被使用，所以印度语中最先有了专门指这种海贝的术语。从语源学来看，英语"Cowrie"一词来自印度语系。"Cowrie"一词在印地语（Hindi）称作"kauri"，乌尔都语（Urdu）称作"kauri"，马拉地语（Marathi）称作"kavadi"等，都是从梵文词根"kaparda"发展而来。

1993 年，中国地质科学院地质力学研究所钱方教授在青海省海西州昆仑山口的西大滩发现一枚经过切割和钻孔加工的人体悬挂装饰品（pendant），饰品由环纹货贝制成。从这个现象来看，卡若出土的子安贝，也有可能是从泛喜马拉雅廊道传播而来。

3. 项珠

卡若遗址出土的装饰品中：珠子 10 枚，质料为大理岩、硬玉、黏土岩、孔雀石、骨等；形状有圆形、扁圆形、官形、葡萄形等，其上均有一串，对穿而成。此外还出土项饰两串，每串出土时均集中在一起。项饰有长方形珠和管珠两种，长方形珠系黏土岩制成，珠体较薄，孔的位置不甚固定，或在中心，或偏一端；管珠系鸟类腿骨制成。与此形成对比的是曲贡遗址和墓葬，无论早期或晚期，竟然未出土任何项饰类的珠子或人体悬挂饰品，这是一个令人非常费解的现象。

吐蕃时期进贡长安的贡品之一是"瑟瑟"，史书记载波斯产"瑟瑟"，② 而吐蕃人与波斯人多有往来，所以吐蕃变成了唐朝输入"瑟瑟"的来源地。③ 所谓"瑟瑟"即指绿松石和孔雀石，由于绿松石的主要产地在土耳其，故又称土耳其玉。藏语之所以将其称为"瑟瑟"，学者们疑其来自波斯语。波斯语称绿松石为"jamsat"，而"瑟瑟"可能是这个词的对音声译。④ 无论是绿松石还是孔雀石，我国仅南方像湖北、广东等地有蕴藏量不大的产地。这两种矿石

① J.G. 谢菲尔、B.K. 撒帕尔：《巴基斯坦的前印度和文化及早期印度和文化》，载联合国教科文组织编：《中亚文明史》第一卷，中国对外翻译出版公司 2002 年版，第 177~206 页。

② 参见《魏书》卷一〇二"西域传"、《周书》卷五〇"异域传下"、《北史》卷九十七："西域传"、《隋书》卷八三"西域传"等。

③ 见王尧编著：《吐蕃金石录》，文物出版社 1982 年版，第 58 页；张云著：《上古西藏与波斯文明》，中国藏学出版社 2005 年版，第 292~300 页。

④ （元）汪大渊著，苏继庼校释：《岛夷志略校释》，中华书局 1981 年版，第 256~257 页。

的主要产区仍然是西亚，而对宝石的加工来说，与西藏邻近的印度古文明或哈拉帕（Harappan）文化，乃至于前哈拉帕文明都是以这种珠饰生产加工而闻名。[①]卡若遗址出土的硬玉，是指其产地也在喜马拉雅，如缅甸翡翠。但其加工，如蚀花玉髓，即藏语中的"瑟瑟"（zig），应该还指硬玉，即翡翠、玉髓或玛瑙，包括由蚀花技术制成的"天珠"，[②]这种蚀花玉髓最为盛行的就是哈拉帕文化，[③]而其更为久远的源头可以追溯到克什米尔地区的布尔扎洪遗址或梅尔伽赫文化。我们以为卡若的珠子和项饰，包括甘青地区马家窑文化出土的同类器物，应该都是由泛喜马拉雅廊道传播而来。

4.陶器

前面我们谈到曲贡遗址出土的石器和卡若的石器有着相同的打制工艺传统，显示出曲贡对卡若的传承性，不过就陶器传统而言，两者却大相径庭。卡诺遗址出土两件完整的彩绘陶器和27片带彩陶片，报告认为"卡若的彩绘是直接绘在夹砂陶的磨光面上，无色衣，黑色暗淡，容易脱落，这种情况与一种马厂类型的彩陶相似"，[④]而曲贡陶器却表现出截然不同的风格，卡诺文化陶器器型以小平底和少耳为特征，不见圜底和圈足；曲贡文化则以圜底或圈足带耳为特征。曲贡陶器的制作采用坯体倒筑成型，[⑤]而卡诺陶器采用正筑法成型，一般是从陶坯底部开始制作，或以泥条在平地边缘的上侧筑器壁。[⑥]石硕认为这便是"造成曲贡陶器均为圜底器和圈足器，而卡诺陶器则均为小平底器的主要原因。这种制陶工艺的不同，表明了两种区域文化类型在技术传统上存在的差异。"[⑦]所以曲贡发掘者也认为："卡若文化虽早于曲贡文化，二

---

① J.G.谢菲尔、B.K.撒帕尔：《巴基斯坦的前印度和文化及早期印度和文化》，载联合国教科文组织编：《中亚文明史》第一卷，中国对外翻译出版公司2022年版，第177~206页。

② 夏鼐：《我国出土的蚀花肉红石髓珠》，《考古》，1974年第6期，第382~385页；汤惠生：《藏族饰珠"Gzi"考略》，《中国藏学》，1995年第2期，第30~43页。

③ 赵德云：《中国出土的蚀花肉红石髓珠研究》，《考古》，2011年第10期，第68~78页。

④ 西藏自治区文物管理委员会、四川大学历史系编：《昌都卡诺》，文物出版社1985年版，第140页。

⑤ 李文杰、黄素英：《曲贡遗址制陶工艺试验研究》，载中国社会科学院考古研究所、西藏自治区文物局编：《拉萨曲贡》，附录九，文物出版社1999年版，第265~266页。

⑥ 西藏自治区文物管理委员会、四川大学历史系编：《昌都卡诺》，文物出版社1985年版，第140页。

⑦ 石硕：《西藏新石器时代人群面貌及其与周边文化的联系》，《藏学学刊》，2011年第7期，第10~25页。

者却没有直接的发展关系。"①

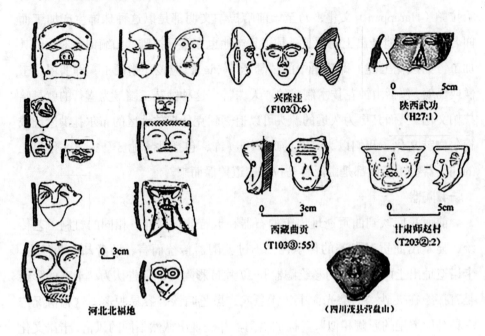

兴隆洼
(F103①:6)

陕西武功
(H27:1)

0   5cm

西藏曲贡
(T103⑧:55)

甘肃师赵村
(T203②:2)

0   3cm

0   5cm

河北北福地

（四川茂县营盘山）

图 4　中国北方出土的新石器时代陶面具

在陶器方面，尽管曲贡与卡若之间看不见什么相似之处，但与其他地方的陶制品之间却显示出清晰的联系之处。在曲贡遗址早期文化层中，出土一件陶制品，报告称之为"猴面贴饰"，不过我们觉得将其视作陶面具亦无不可。若是，曲贡的这件陶制品便与我国北方地区新石器时代的如兴隆洼文化、②河北北福地文化、③仰韶文化、④客省庄二期文化⑤以及马家窑文化⑥中出土的同类

①　中国社会科学院考古研究所、西藏自治区文物局编：《拉萨曲贡》，中国大百科全书出版社 1999 年版，第 222 页。

②　中国社会科学院考古研究所编：《敖汉赵宝沟——新石器时代聚落》，中国大百科全书出版社 1997 年版，第 137 页。

③　河北省文物研究所编：《北福地——易水流域史前遗址》，文物出版社 2007 年版，第 84~134 页。

④　中国社会科学院编：《师赵村与西山坪》，中国大百科全书出版社 1999 年版，第 127 页。

⑤　中国社会科学院考古研究所编：《武功发掘报告——浒西庄与赵家来遗址》，文物出版社 1988 年版，第 141~143 页。

⑥　蒋成、陈剑：《2002 年岷江上游考古的收获与探索》，《中华文化论坛》，2003 年第 4 期，第 8~12 页。

陶面具有了联系（图4）。我们在这里关注的是，曲贡的陶制容器的传统来自哪里？尤其是圈足（直径很小的矮圈足和镂空的高圈足）和器表打磨得"光亮如黑釉"[1] 的圜底黑陶，以及磨花工艺和渗碳技术从哪儿来？这些器物、工艺与技术在公元前2000年的青藏高原和我国的北方地区均不见，所以我们不得不将视野再次越过喜马拉雅地区。

二、与克什米尔地区新石器文化的关系

20世纪40年代在克什米尔地区发现了布尔扎洪遗址（Burzahom，又译作布鲁扎霍姆），并于70年代初进行了正式发掘。该遗址文化层划分为三层，分别为一期甲段、一期乙段和一期丙段。7例碳14数据表明：一期甲段为公元前3000~前2850年；一期乙段为公元前2850~前2550年；一期丙段为：公元前2550~前1700年。这个遗址出土的很多器物与黄河流域仰韶文化的器物有相同之处。不仅如此，这个文化遗址中的诸多文化因素也将卡若文化和曲贡文化联系起来。这个遗址也出土了类似卡若遗址一样的凹背弧刃半月形穿孔石刀、穿孔石器、长条形石锛石凿，房子也是半地穴式，地面用夯筑处理，并铺有赭石粉，墙用泥坯砌筑。此外还出土几座墓葬，随葬品动物和光玉髓珠，有一陶罐内竟有950颗玛瑙和光玉髓。所有的人和动物骨殖上撒有赭石，儿童则无。驯养动物有山羊、绵羊，农作物有大麦、小麦和扁豆等等。与卡若最相似的是陶器。陶器主要有钵、罐、盘等，均为平底，以泥条盘筑法制作，底部印以席纹。有一种容器的表面出现不规则的扫痕，被认为是在陶器成型后经细树束或扫把刮扫后所致扫痕。而卡若遗址也出土了这种扫痕，发掘者称其为"抹刷纹"，"纹痕深浅不一，纵横交错，极不规整，似在制陶过程中用粗纤维或草抹刷器表时所留的痕迹，一般饰于作炊器用的深腹罐上"。[2] 正是由于两个遗址间诸多的相似之处，学者们由碳14测年所提供的两个遗址

---

[1] 西藏文管会文物普查队：《拉萨曲贡遗址调查试掘报告》，《文物》，1985年第9期，第20~29页。

[2] 西藏自治区文物管理委员会、四川大学历史系编：《昌都卡诺》，文物出版社1985年版，第136页。

的年代数据的比较，认为卡若遗址年代稍早于布尔扎洪遗址，布尔扎洪遗址是卡若文化向泛喜马拉雅地区传播的结果，而且这条传播路线就是西藏与内地，与克什米尔、旁遮普以及阿萨姆地区之间同时往来的"麝香与丝绸之路"。[①]甚至有些学者认为布尔扎洪遗址是"彩陶文化"西渐的证据。[②]不过巴基斯坦和印度考古学家却有着完全不同的看法，他们认为将布尔扎洪遗址看作是"仰韶新石器文化中的一种悠久文化传统的扩散"，是不成熟的观点，布尔扎洪遗址的文化传统在巴基斯坦南部的梅尔伽赫文化中有着深厚的传统。梅尔伽赫文化不仅是布尔扎洪遗址的文化源头，而且曾经深刻地影响着南土库曼斯坦，乃至伊朗北部的早期新石器文化。

布尔扎洪遗址发展到一期丙段时，似乎发生重大变化，人们不再住半地穴式房屋了，似乎出现了杆栏式房屋，如在一处 3.96×1.31 米面积上，就多达 49 个柱洞。最主要的是陶器的变革，出现了一种磨光灰陶或黑陶。陶器器型主要为长颈的球形罐、碗、盘、盆等。有的为圈足，有的为高圈足，其上镂以三角形小孔。一期丙段的陶器，似乎为曲贡遗址出土的那种圜底、矮圈足、带镂空花的高圈足磨光黑陶提供了源头。而且，曲贡遗址出土的铜镞，与布尔扎洪遗址出土的两枚青铜镞之间有着更为清晰的源流关系：均为有挺双翼扁平状，成分均为铜锡合金。曲贡遗址的碳 14 测年数据最早的为 1742~1519BC，[③] 布尔扎洪遗址一期丙段要早于曲贡 600 年左右。曲贡石器涂红的作风也可以在布尔扎洪遗址中房屋地面和墓葬中普遍使用赭石的传统中找到源头。最为重要的是，前面我们谈到曲贡与卡若在石器技术和传统上有传承关系，而陶器的制作和风格却大相径庭。然而有了布尔扎洪遗址，卡若和曲贡无论在石器方面还是陶器方面都有了源流和传承关系，有了时间上的承继性。曲贡涂红石器的比例很大，占全部石器的 1/5 以上，

---

① 霍巍：《喜马拉雅山南麓与澜沧江流域的新石器时代农业村落——兼论克什米尔布鲁扎霍姆遗址与我国西南地区新石器农业文化的联系》，《农业考古》，1990 年第 2 期，第 101~107 页。

② 韩建业：《"彩陶之路"与早期中西文化交流》，《考古与文物》，2013 年第 1 期，第 28~37 页。

③ 中国社会科学院考古研究所、西藏自治区文物局编：《拉萨曲贡》，文物出版社 1999 年版，第 233 页。

红色颜料为赤铁矿。[①] 山南昌果沟遗址、邦嘎遗址也有石器涂红现象，看来石器涂红在史前的西藏地区是一个普遍的文化传统。石器涂红的现象在我国其他新石器遗址中也曾出现，如江苏花厅、安徽潜山薛家岗等，但将我国南方的新石器遗址与曲贡联系在一起似乎远了点，而梅尔伽赫文化通过布尔扎洪遗址却为曲贡的涂红石器提供了文化源头和传播路线。岷江上游的营盘山遗址也发现了涂红石块，[②] 年代早于曲贡石器，与布尔扎洪时代相近，我们不认为营盘山的石器涂红传播到了曲贡，我们都认为是梅尔伽赫文化的传统传播到了西藏地区。这种传统不仅传播到了营盘山、曲贡，而且还延续到了三星堆、金沙等青铜遗址，那里仍保持了玉器、石像上涂抹红色颜料的传统。

如果就布尔扎洪遗址和卡若遗址进行比较，鉴于卡若遗址的时代要早，所以理应将卡若遗址视为源，而布尔扎洪遗址则为流。但若放在梅尔伽赫文化传统中来审视，尤其是放在整个东南亚史前文化，包括和平文化在内的文化体系中来观察，这个问题就不仅仅是通过对某些遗迹遗物的简单判断就能说清楚的事，实际上两个遗址的时代相近，简单地用谁影响谁来归纳定然会失之偏颇。可能我们可以通过一个折中方法来说明这种文化现象，即布尔扎洪遗址和卡若遗址两者都是在梅尔伽赫文化传统中发展起来的，而所谓的穿孔石刀等可能是东南亚的石器传统，包括和平文化在内有着诸多联系。

三、梅尔伽赫文化

既然卡若遗址和布尔扎洪遗址是梅尔伽赫文化在不同地区的发展，那么

---

① 王仁湘：《关于曲贡文化的几个问题》，《西藏考古》第一辑，四川大学出版社 1994 年版，第63~76 页。

② 陈剑：《营盘山遗址再现"藏彝走廊" 5000 年前的区域中心——岷山上游史前考古的进展》，《藏学学刊》第二辑，四川人民出版社 2008 年版，第 170~178 页。

我们应该对梅尔伽赫文化做个简介，以便我们在以后的讨论中进行比较。[①]

梅尔伽赫（Mehrgarh，又译作"美赫尕尔"）位于巴基斯坦西南俾路支省基达市东南博郎河口附近，坐落在连接西亚伊朗高原与印度河平原的主要通道之上。1974年至1985年发掘，共发掘1650平方米，文化层分7期。

I期为前陶时期。遗迹现象及遗物：在死者身上撒一层赤铁矿粉，用海贝以及绿松石，天青石做的珠子当项链，有石容器，有磨光石斧、石刀。I期分ABC三段，在I-A时，出现了泥砖，开始种植六棱大麦。I期有13个碳14年代，I-A在公元前9000年至前7000年中期；I-B的下限在公元前6000年末。

II期：亦分ABC三段。出土大量驯化的大麦和小麦碳化物，还有棉花种子（Gossypium）。大麦品种为Hordeum sphaerococcuum，这被认为是只有在人工灌溉的条件下才能栽培。陶器器表印满竹篮的痕迹（Basket marked ware）。陶器有敞口钵，敛口鼓腹罐，全用手制，少数慢轮修整，器表磨光。动物有牛、山羊和绵羊。碳14测年为公元前6000年后半期到前5000年前半期。

III期：文化层厚3.5米，发现大面积的建筑遗迹和数量众多的墓葬，泥坯房规模甚大。骨匕、骨箭头为常见遗物。实行单人葬、母子葬，葬式多为屈肢葬。随葬品多者多为女性，完全没有随葬品者多为男性和未成年者，故推测是母系社会。开始出现铜制品，小印章。小麦比例增大。80%陶器为轮制，器型与II期相同，但纹饰丰富得多。碳14年代在公元前5000年中期到前4000年中期。III期文化在地域分布上比前两期广阔得多，在俾路支斯坦丘陵地区全面开花。铜和青铜开始零星出现在各个遗址点。

IV期为铜石并用时代。在梅尔伽赫遗址南部有一个很大的隆起部分，被发掘者定名为主丘MR1（Main Mound）。IV-VII期文化主要集中在这里。人们开始住地面建筑，门很矮，一般只有1.1米高。IV期陶器纹饰主要以黑色、棕红色和白色相间的多色纹所表现的几何纹饰。繁琐的纹饰和多样的器型可

[①]　以下关于梅尔伽赫文化的资料，主要基于徐朝龙：《美赫尕尔 (Mehrgarh)——南亚次大陆上最早的新石器时代遗址》，《农业考古》，1992年第1期；J.G.谢菲尔、B.K.撒帕尔：《巴基斯坦的前印度和文化及早期印度和文化》，载A.H.丹尼、V.M.马松主编，芮传明译：《中亚文明史》第一卷，中国对外翻译出版公司2002年版，第177~206页。

能表明这些陶器不光是自己用，而且可能用于交换。

V 期已经接近公元前 4000 年了，建筑规模进一步扩大，有 300 平方米泥砖砌的平台，一侧有一排方形半露柱。烧好或烧流的各种形制的陶罐整齐地排列在灰坑里，少部分为彩陶，大部分为素面。VII 期中火候较高的灰陶比例明显增大。在纹饰方面，带有浓郁的土库曼斯坦的 Namazga II-III 期的陶器风格，证明交易圈更进一步扩大。这种风格的陶器在俾路支斯坦北部也常见，可以说梅尔伽赫在这个时期成为一个生产和交换的陶器中心，因为出土不少制陶用的骨刮子。铜和青铜数量增多，完整者有凿子、平头斧和镞。VII 期的碳14 测年为公元前 2670 年。VII 期文化中已出现印度河平原的哈拉帕(Harappa)文化和科托底基（Kot Dijian）文化因素（表 1）。

时期	年代数据 （半衰期5730年，修正值）	标本号
I-A期	8215-7215BC	BETA-1712
	6350-5470BC	BETA-1407
	5590-5480BC	BETA-1408
	5020-4440BC	LY-1947
	4910-4410BC	LY-1948
	4560-4110BC	LV-1949
I-B期	5325-5095BC	LV-994
	5240-4925BC	LV993
	5215-4930BC	LV-908
	5195-4875BC	LV-907
	5055-4735BC	LV-906
	5040-4730BC	LV-909
	4975-4565BC	LV-910
II-A期	6200-5625BC	BETA-1720
II-B期	4545-3795BC	LY-1945
III期	5555-5255BC	BETA-2689
IV期	3025-2635BC	LY-1528
	2670-2300BC	LY-1529
VI-VII期	2175-1715BC	LY-1527

表 1 梅尔伽赫文化碳 14 测年数据一览表

由于梅尔伽赫文化最早出现于连接西亚伊朗高原与印度河平原的主要通道之上，鉴于年代之早，发展程度之高，以致有人认为西亚的耶利哥、穆勒贝特（Mureybet）、贾尔莫（Jarmo）文化是受梅尔伽赫 I 期文化影响所致，土库曼斯坦的哲通文化、安诺文化亦然。根据 20 世纪对梅尔伽赫文化更多的田野工作和更为深入的研究，学者们逐渐趋于一致地认为，整个喜马拉雅南麓包括山前的恒河平原和印度河平原，以及伊朗高原，在整个新石器时代都深受梅尔伽赫文化的影响。[①]

四、廊道文化

如果将曲贡、卡若和马家窑文化，再加上岷江上游营盘山等地发现的马家窑文化分布地点等视为文化斑块的话，我们发现青藏高原新石器时代文化斑块的空隙度太过巨大，毋宁将其视为文化廊道。所谓为廊道，也就是为文化互动所提供的线性传播空间，比如从黄河中游仰韶到上游的马家窑，再到岷江上游的营盘山和澜沧江上游的卡若，最后到喜马拉雅的布尔扎洪遗址；或者相反，从梅尔伽赫文化到卡若，再到曲贡，或从梅尔伽赫文化通过土库曼斯坦的哲通和安诺文化，再传播到河湟地区的仰韶、马家窑，乃至甘青地区早期青铜文化等（后面我们将详细讨论这种传播）。除了线状分布外，廊道文化的最大特征是文化堆积的零散性和文化因素的多元性，以及经济成分的复杂性。

堆积的零散性是指文化层瘠薄，堆积不厚，显得零散和破碎，持续时间不长，比之中原地区的仰韶文化或俾路支斯坦的梅尔伽赫文化，无论青海河湟地区和岷江上游的马家窑文化，还是卡若文化和布尔扎洪遗址，其文化层的堆积都要瘠薄得多（如茂县波西遗址的仰韶文化堆积只有40厘米），[②] 其遗迹现象也较为简单，在河湟地区甚至很难找到遗址堆积地层，说明每个族群在一个地点的居留时间并不是很长，文化的持续性很短。卡若遗址的堆积南

---

① J.G. 谢菲尔、B.K. 撒帕尔：《巴基斯坦的前印度和文化及早期印度和文化》，载 A.H. 丹尼、V.M. 马松主编，芮传明译：《中亚文明史》第一卷，中国对外翻译出版公司 2002 年版，第 177~206 页。

② 成都文物考古研究、所阿坝藏族羌族自治州文物保管所、茂县羌族博物馆：《四川茂县波西遗址 2002 年的试掘》，成都市文物考古研究所编著：《成都考古发现（2004）》，科学出版社 2005 年版，第 1~12 页。

区在 70~150 厘米之间，北区在 130~200 厘米之间，也就是说卡若遗址文化堆积平均厚度仅 1 米多。并且这 1 米多厚的堆积是由三个文化层所构成，学者们认为这三个文化层不是连续堆积，根据碳 14 测年数据，第①层为距今5555±125 年，第②层为距今 4750±145 年，第③层为距今 4315±135 年。卡若遗址持续 1000 年左右，各期之间有间隔，间隔都在 270 年上下，说明遗址不是连续居住的遗存，卡若居民曾经历过几次大迁徙。①

文化因素的多元性则表现在较之基质文化和斑块文化，文化多少有些变异，而不是原来本体意义上的中原仰韶、甘肃马家窑，或者俾路支斯坦的梅尔伽赫。比如卡若遗址，前面我们已经分析过，骨器和石器，以及陶质面具来自马家窑和仰韶、陶器传统和装饰品则来自梅尔伽赫，是一种多元文化组合互渗。再如宗日遗址，马家窑陶器和宗日陶器甚至同出于一个墓葬中。岷江上游的波西营盘山及沙乌都等地点中，更是显示这种文化的多元性和临时性，这里有庙底沟和仰韶晚期文化、石岭下和马家窑文化、宝墩文化以及"本土"文化，其间有继承，也有交织。② 此外，昌果沟的小麦和营盘山的黑麦（包括青海诺木洪的麦类）应该都是来自梅尔伽赫。

经济成分的复杂性乃是由于应对复杂的自然环境所导致。所谓廊道，在地理环境上往往位于生态交错带（Ecotone），生态学的定义是"两个或两个以上不同群落之间的过渡区"，也就是将两个不同生态系统连接处的过渡区，称作"ecotone"。③ 生态交错带是由一类生态系统向另一类生态系统空间转变的相变区，环境因子、生物类群均处于相变的临界状态。在生态交错带上，生态系统的结构、功能以及生态过程，都变得非常复杂。④ 如是，作为人类应对自然环境的文化，在生态交错带上也由此变得复杂起来。从物质层面看，文

---

① 王仁湘：《关于曲贡文化的几个问题》，《西藏考古》第一辑，四川大学出版社 1994 年版，第63~76 页。

② 陈剑：《波西、营盘山及沙乌都浅析岷江上游新石器文化演变的阶段性》，《考古与文物》，2007 年第 5 期，第 65~70 页。

③ 高吉喜、吕世海、刘军会、乔青、王艳萍、田美荣著：《中国生态交错带》，环境科学出版社2009 年版，第 1 页。

④ 高吉喜、吕世海、刘军会、乔青、王艳萍、田美荣著：《中国生态交错带》，环境科学出版社2009 年版，第 3 页。

化的复杂即指经济形态的多样性。生态交错带的资源不稳定性对于采用不同生计方式的人群来说影响是不同的，人类可以采用的适应策略也不尽相同。而对于从事食物生产的人群而言，可以预见的风险减少策略首先应该是生计方式的多元化，这样可以避免把所有的劳动投资集中在单一的生计方式上。比如农业，一旦农业失败，就可能遭受灭顶之灾。对于食物生产经济而言，由于产量与消费都是一定的，增加储备是不可能的，除非扩大生产规模，这反过来要求增加劳力；食物生产者的应对资源风险的策略就只剩下生计方式的多元化（也就是扩大食谱的延续）和扩大资源的社会来源（即依赖盟友的延续）。扩大资源社会来源的策略有两个：一是交换，通过专业化的生产提供对方不能生产的产品，就像在农业发展起来之后，有些依然保持狩猎采集的群体发展成为专业的狩猎采集者，他们用猎物、皮毛或是蜂蜜等去和农业群体交换他们所需要的生活物资。同样，某些食物生产者可以发展成为畜牧群体，向农业群体提供牲畜，他们与农业群体建立起一种共生的关系。另一种方式是通过劫掠，尤其在社会组织复杂化之后，组织劫掠成为可能，劫掠的收益是非常明显且诱人的；劫掠者除了可能获得需要的生活资源，还可能获得宝贵的劳力，而且无须付出前期的抚养成本，可以直接投入扩大生产规模中去。当然，劫掠并非没有成本，但是就社会上层而言，收益要远大于成本。因此，我们预测生态交错带食物生产者在依赖多元化的生计方式的同时，会寻求扩大生产规模。与此同时，在条件具备的情况下，他们的生计会向专业化方向发展，与稳定的农业群体形成共生关系，或者通过战争劫掠增加收益，从而避免资源不稳定的风险。[①]

　　所以在河湟地区和岷江流域马家窑文化、卡若文化，包括克什米尔的布尔扎洪遗址，都反映出一种多样化的经济形态。既然是新石器文化，农业种植当然是最主要经济形式，在中国主要农作物是粟，在克什米尔则是大麦和小麦；所有遗址均出土细石器工具，以及野生动物骨骼，说明狩猎成分仍占一定比例；饲养业作为食物的补充，在每个遗址都有反映，都出土数量不等的猪、羊、牛骨骼。卡若遗址出土的玉髓和海贝、宗日遗址的铜器和海贝都

---

① 陈胜前：《燕山—长城南北地区史前文化的适应变迁》，《考古学报》，2011年第1期，第1~22页。

是外来物品，说明一定渠道和某种方式的商业交换。通过对民和阳山和甘肃徐家山出土的彩陶片进行的中子活化分析，发现青海民和的彩陶产自甘肃，[①]说明一定组织的彩陶贸易网络是存在的。

作为廊道或生态交错带的考古学文化，即便是在发生新石器革命的定居农业文化，定居也不是常态，定居只是为了以后更远迁徙的休整，如同高速公路上的服务区。所以对于青藏高原的新石器时代考古学文化而言，没有定居，只有迁徙；生活就是为了迁徙，定居只是为了下一次迁徙。通过对岷江上游茂县波西和营盘山等遗址的马家窑陶片与甘肃临洮的马家窑陶片的化学元素对比分析，表明川西出土的马家窑风格陶器并非本地所产，而是来自遥远的甘青地区。也就是说川西的马家窑彩陶并非文化观念的输入或风格的影响，而是由人群的移动携带所致。[②]

通过文化互动的观察，我们发现虽然青藏地区地处高原，环境恶劣，但文明的进程似乎并未受这种环境的影响，文化的互动、包裹的互递、因素的互渗远远超出了我们先前的认识。

① 陈铁梅、成志忠、莫友芳：《阳山墓地和徐家山遗址部分陶片的中子活化分析》，载《民和阳山》，文物出版社1990年版，第177~180页。

② 洪玲玉、崔剑锋、王辉、陈剑：《川西马家窑彩陶产源分析与探讨》，《南方民族考古》第七辑，科学出版社2011年版，第1~58页。

走出迷宫

——以西藏格林塘考古材料为中心看迷宫的起源与传播

20 世纪末到 21 世纪初，由四川大学与西藏自治区文管会联合对西藏阿里地区的皮央·东嘎遗址进行了多次调查与发掘，其中发掘的一处列石遗迹引起了我们的关注。皮央·东嘎遗址区的东部，坐落着一处称作格林塘的墓群，其地理坐标为东经 31° 41′，北纬 79° 48′，海拔 4050 米。该墓群清理出墓葬10 座、殉马坑一座，还有一处列石遗迹，即我们要讨论的迷宫遗迹（图 1）：

"列石遗迹。位于墓地的北部。用砾石在地面摆成，平面略呈方形，每一条砾石带由两排小石块并排组成，宽 0.12~0.2 米。整个遗迹全长 6.7 米、宽 4.3米，形似'迷宫'，起于中部，向外回旋折绕而成。周围没有发现其他遗迹现象，推测可能是与墓地祭祀有关。此类列石遗迹在西藏尚属首例，其含义尚待进一步考证。"①

图 1　西藏阿里皮央·东嘎遗址格林塘墓地出土的迷宫遗迹

---

① 　教育部人文社会科学重点基地四川大学中国藏学研究所、四川大学历史文化学院考古系、西藏自治区文物事业管理局编：《皮央·东嘎遗址考古报告》，四川出版集团四川出版社 2008 年版，第 219 页。

该墓葬发掘者之一霍巍先生在他的一篇文章中,也将该遗迹称作"迷宫"。[①]不过我们可以看出,皮央·东嘎报告和霍巍文章将其称为"迷宫",只是一种修辞或形容词之类的泛称;我们认为这种遗迹也是迷宫,但我们是特指,即英文中的 labyrinth(迷宫)。

一、分类

英文"labyrinth(迷宫)"作为专有名词,有三个义项或所指:1.文学中出现的迷宫一词,往往与建筑相关,特别是与结构复杂的建筑有关;2.作为一种游戏、舞步、军事阵型等运动类型;3.作为平面图案。

根据古希腊神话,迷宫由代达洛斯(Daedalus)为克诺索斯(Knossos)的国王米诺斯设计出来用于囚禁人身牛首怪物弥诺陶(Minotaur)的建筑。作为建筑群的迷宫,早在柏拉图和苏格拉底的逻辑讨论中就谈及迷宫;希罗多德(公元前5世纪)在其著作《历史》第二卷中写道:"在鳄鱼之城(City of Crocodiles)附近的埃及建筑群时,也谈到迷宫。"[②]

1900年,英国著名的考古学家伊文思在希腊克里特岛的一处宫殿遗址进行了发掘,他认为这个宫殿遗址就是由代达洛斯为克诺索斯的国王米诺斯设计出来用于囚禁人身牛首怪物弥诺陶的迷宫建筑(图2),故将该考古学文化用传说中的国王米诺斯的名字命名,称作"米诺斯文明"(Minoan civilization)或称为"克里特文明"(Cretan civilization)。克里特文明出现于公元前1900年,后来被迈锡尼文明所代替。伊文思关于克诺索斯迷宫的推论为后来在该遗址出土的公元前1400年的泥版文书,亦即线性文字B的记载所证实,泥板文书写道:"一罐蜂蜜献给诸神,一罐蜂蜜献给'迷宫女主人'(the Mistress of the Labyrinth)。"学者们认为这个"迷宫女主人",就是指米诺斯国王的女儿阿里

---

① 霍巍:《象雄故土上的神秘之丘——阿里高原考古手记之二》,《中国西藏》,2002年第2期。

② Herodotus, 2003 The Histories, pp. 160–61. London: Penguin Books;〔古希腊〕希罗多德著:《历史》(下),商务印书馆2010年版,第176~177页。

阿德涅（Ariadne）。

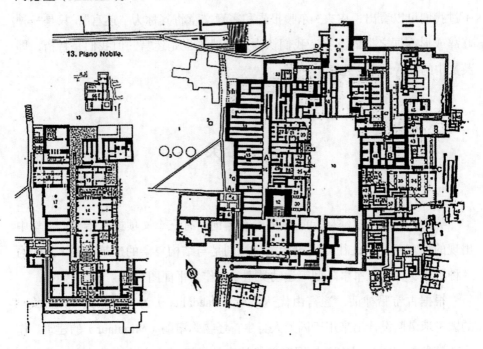

图 2　伊文思发掘的克诺索斯迷宫遗址平面图

迷宫的第二种释义是为跳舞者在平面上设计出来的舞步运动指示，亦可称舞台或舞面。根据荷马史诗《伊利亚特》，也就是代达洛斯为阿里阿德涅精心设计的舞面（dance surface），即在路面上嵌以大理石作为标志，从而使排成队的舞者可以沿着迷宫线路循序行进，这个舞面亦即迷宫。《伊利亚特》第十八卷"阿喀琉斯之盾"（Achilles' shield）中使用"labyrinth dance"一词：

> 还有一个舞场，由匠神精心铸制，
>
> 就像代达洛斯在广阔的克诺索斯城，
>
> 为发辫秀美的阿里阿德涅建造的那个舞场一样。
>
> 舞场上，飞旋着年轻的英俊小伙儿
>
> 和美丽的姑娘们，他们手拉着手，愉快地跳着。
>
> 姑娘们穿着亚麻的纱裙，小伙子们穿着
>
> 精心织成的短衫，闪动着橄榄油的微光。

姑娘们头上戴着美丽的花环，小伙子们佩着

金制的利剑，悬在银制的带子上。

年轻人们有的迈着轻盈的脚步，跳着

轻松的圆圈舞，如同一位熟练的陶工，

用手轻推转轮，看是否正常运作。

有的穿插跑跳，站成不同的队列。

围观的人们注视着场内，开怀大笑。

跳舞的人群中夹有两位技艺高超的

杂技演员，他们接着音乐的节拍，

不停地翻跳、腾跃。①

　　在中世纪以后，农村乡间一些带有庆典性质的集体舞往往就在绘制以迷宫图案的空间举行，最著名的就是莎士比亚的《仲夏夜之梦》中提到的集体舞。第二种作为运动类型的迷宫除了游戏、舞步之外，还被认为是一种用于阵型、训练或策略等一类的军事布阵法，也就是中国兵法中所谓的迷魂阵之类的，后面我们在谈及印度史诗神话《摩诃婆罗多》时，对此再做详细讨论。

　　第三类是我们要在这里重点讨论的平面迷宫图案。从目前发现的考古资料的来看，仅发现于欧洲、以印度为中心的南亚地区以及美国的西北部。我们很难确定平面迷宫图案何时传入欧洲以及其东的高加索地区，但印度那些迷宫图无疑是随着亚历山大大帝的东征（公元前327~325年）从地中海传播到印度的。正是从印度，迷宫图又传到爪哇、苏门答腊，最后实现了超太平洋传播到达北美。

　　根据大多数学者的看法，作为平面的迷宫图案，或者称作迷宫图，可以根据形状和行进路线设计的不同大体上可分为两种，一种是有好几条路，即复线（multicursal），但只有一条路可以通往中心，而其他的路都是死胡同，此称作古典迷津（maze），或称克里特迷宫（Cretan Labyrinth），通常为七重，从一侧开口，开口处一般有十字；另一种是从外围只有一条路（unicursal），

---

① ［古希腊］荷马著，罗念生、王焕生译：《伊利亚特》，人民文学出版社1994年版，第348页。

迂曲通往中心，没有开口处，称之为中世纪的蜿蜒型（meander）。我们这里要讨论的是第一种，即克里特类型的迷宫图。

迷宫图除了在平面上绘制外，还可以用石块在地上镶嵌出来，德国迷宫研究者科恩对其进行了专门的分类，称之为"特洛伊城"（Troy Town），西藏日土发现的便属于这种"特洛伊城"。"特洛伊城"一般在北欧，特别是斯堪的纳维亚地区比较流行，印度也有少量的分布。与西藏的方形不同，北欧和印度形状为圆形，多为单线涡形前进路线，也就是说从入口进去后一直走下去便可抵达中心，没有断头路，且圈数较多。北欧这种"特洛伊城"一般用拳头和脑袋之间大小的石块在地面上镶嵌构成，直径一般在 7~18 米之间。在瑞典南部，有 20 个特洛伊城是与墓葬一起发现的。这些墓葬大部分不能确认年代，但有一部分被瑞典学者克拉夫特（John Kraft）确认为属于青铜时代的墓葬。但后来学者们通过地图地衣（Rhizocarpon geographicum）测年，发现斯堪的纳维亚的特洛伊城年代仅在公元 1450~1850 年之间。瑞典学者斯爵伯（Rabbe Sjöberg）在 1987~1990 年间对瑞典北部海岸线的 44 例特洛伊城做了详细调查和测年，发现这些特洛伊城最早的从 13 世纪末开始，一直持续到当代。其中大部分是 16~17 世纪建造。由于这些特洛伊城建造在海岸，尤其是港口附近，所以推测应该是渔猎经济的人们所为。斯堪的纳维亚的这些特洛伊城无一例是方形，皆为圆形，且圈数大多在 10 圈以上，印度亦然。

二 、起源

从语源学上来看，迷宫一词与米诺斯语（Minoan）"labrys"有关，意思是"双斧"，是克里特女神米诺斯母亲的象征。鉴于世界其他地区克里特类型的迷宫图案时代都晚于地中海沿岸地区，特别是克里特岛地区，所以学者们都普遍认为世界上克里特类型的迷宫图案都是源自克里特岛，都是由克里特岛传播而来。有些学者甚至将其起源时间和地点明确界定在公元前 4 世纪克里特岛，而后来西班牙、爱尔兰、英格兰等地的迷宫图最初是由迈锡尼文明的开拓者从克里特岛传播过去的。

不过从目前的考古资料来看，克里特类型迷宫图虽然不仅仅发现于克里特岛，但主要还是发现于以爱琴海地区为中心的沿海地区；时代虽然个别可以早到公元前 1000 多年，但真正普遍流行，则为公元前 5~前 3 世纪。我们这里列举几例有明确纪年的克里特类型迷宫图。

1960 年在叙利亚阿勒波（Aleppo）附近的台尔·里法特（Tel Riffat）史前城堡遗址出土一枚陶片，其上用黑色绘制着迷宫图案（图 3）。该城堡毁于公元前 1200 年"海上民族"（Sea People）的入侵。该陶片出土于该遗址的第 3 文化层，即迈锡尼文化层，其时代在公元前 1300 年左右，但后来却又认为出土地层混了，应该是罗马时期的陶碗。

图 3　叙利亚台尔·里法特史前城堡遗址出土的罗马时期的绘有克里特类型迷宫图的陶片

希腊伯罗奔尼撒半岛美塞尼亚（Messenia）的皮罗思（Pylos）地区的涅斯托耳王的宫殿遗址（the Palace of Nestor）出土一枚迈锡尼文化的印有线性文字 B 的泥版，时代在公元前 1200 年左右。泥版一面为迷宫图案（图 4），另一面为线性文字 B，内容列举十个人名，以及与他们相关的山羊（带来祭献或带走）的数量。同样，公元前 1200 年"海上民族"入侵后将该宫

图 4　涅斯托耳宫殿遗址出土的迈锡尼文化的泥版绘图（左）与照片（右），泥版一面为线性文字 B，另一面为迷宫图案

殿付之一炬。关于涅斯托耳王，荷马史诗《伊利亚特》中有记载，说他帮着斯巴达王美内劳斯 (Menelaos) 攻陷了特洛伊，故该泥版的时代可以确定在 c. 1250BCE。

意大利特拉格里艾特拉（Tragliatella）发现的伊特鲁里亚人（Etruscan）陶罐上迷宫图案，时代为公元前 6 世纪。画面是一个持枪执盾的武装军士从一个写着"特洛伊"的迷宫中逃出来，"TRVIA"特洛伊几个字刻在迷宫的最外圈（图 5）。也正是因为这个考古学材料，人们把迷宫和特洛伊防卫设施或军事布阵联系在一起。

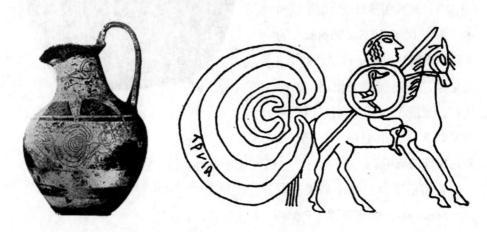

图 5 意大利特拉格里艾特拉发现的刻有迷宫图案的伊特鲁里亚人陶罐。注意迷宫图最外圈写着"TR-VIA"（伊特鲁里亚语，意即"特洛伊"）

在剑桥的麦克林收藏（McClean Collection）中，有一枚时代在公元前500~ 前431 的克诺索斯银币（Knossian stater）。银币的一面铸制着戴着牛面具的克诺索斯舞者，舞者半跪姿态，头上戴着牛面具，手里执一长杆。银币的外圈写着"knomso"，意即 Knossos(克诺索斯) 或弥诺陶（Minotaur）；银币的另一面，印制着四方联形的迷宫图案（图 6：a、b）。与此相关的是 1978年在希腊卡里波利斯（Callipolis）出土的一枚带有迷宫图案的泥质印章（clay impression of seals），时代为公元前 279 年。该泥质印章上的图案就是典型的克里特迷宫，而且在迷宫的上方，写着"Knosion"（克诺索斯）一词（图 6:c），与前面我们谈及的克诺索斯银币上的图案与文字如出一辙。

大约公元前 5~ 前 3 世纪，克里特类型的迷宫开始出现在银币上（图 7），一面为迷宫图案，另一面为弥诺陶形象。开始时迷宫图以方形为主，虽然后来也出现了圆形，但方形的迷宫图案自始至终都很流行。图 7：a、b 为克诺索斯出土的公元前 500~ 前 431 年的银币。图 7：c 年代大约在公元前 431~ 前 350 年，早期银币上的迷宫图，一般圈数较少，只有 3~5 圈。图 7：d 是印有 7 圈圆形迷宫图的银币，时代在公元前 190~ 前 100 年间。

图 6　剑桥的麦克林收藏的公元前 500~ 前 431BCE 的克诺索斯银币正面（a），戴着牛面具的克诺索斯舞者，舞者半跪姿态，头上戴着牛面具，手里执一长杆，与反面（b），印制着四方联形的迷宫图案；希腊卡里波利斯出土的一枚带有迷宫图案的泥质印章

图 7　古希腊银币。a、b、c 的年代大约在公元前 431~350 年；d 的时代在公元前 190~ 前 100 年间

除了克诺索斯银币之外，这种克诺索斯舞者和各种回旋式的四方联迷宫图案的形象还普遍见诸古希腊陶瓶之上。有些学者认为所谓"特洛伊游戏"实际上就是"克诺索斯舞蹈"。在雅典出土的古希腊提水罐（hydria）的肩部，有的绘以三个奔跑的弥诺陶形象，头上戴着牛头面具，身上装饰着牛尾巴，双手攥着石块做奔跑状（图 8）。在许多描述提修斯（Theseus）杀死弥诺陶的战斗场景中，弥诺陶就是通过扔石头来还击提修斯的。我们在这里举证这些材料就是为了说明"迷宫"（labyrinth）、"克诺索斯"（Knossos）、"弥诺陶"（Minotaur），以及"特洛伊（游戏）"（Troy）这几个词

图 8 雅典出土的公元前 6 世纪的古希腊提水罐，肩部绘有三个奔跑的弥诺陶形象，头上戴着牛头面具，身上装饰着牛尾巴，一手握着一块石块

之间可以互相指代的。换句话说在迷宫图和牛首人身的舞者或武士之间，亦可相互指代，所以迷宫图有时也被称作"特洛伊游戏"（the Game of Troy）。据说特洛伊游戏是在阿喀琉斯死亡周年纪念日时表演的项目。罗马历史学家西乌斯·迪奥·科克亚努斯（Dio Cassiua Cocceianus）在他的《罗马史》（Roman History）中提到，作为葬礼的一部分，特洛伊游戏在德鲁希拉（Julia Drusilla，古罗马帝国开国皇帝屋大维的孙女）的墓前表演；《罗马史》中也描述了特洛伊骑手在为卢修斯·塞普提米乌斯·塞维鲁·奥古斯都（Lucius Septimius Severus，死于公元 211 年）火葬的柴堆周围表演的情况。所以在意大利的梵尔·卡莫尼卡山谷（Val Camonica）发现的第四阶段（Period IV）的岩画迷宫图案，总是和手持武器的武士形象一起出现。意大利著名史前学家阿纳蒂（E 毫米 enual Anati）认为这种手执长矛和长剑的武士形象的时代在公元前 7~ 前 5 世纪（图 9）。到了罗马时期，迷宫与弥诺陶之间的关系成为家喻户晓的事。罗马的壁画、陶器、

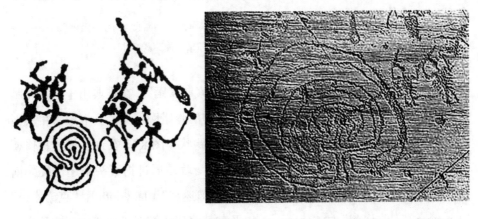

图 9 意大利的梵尔·卡莫尼卡山谷发现的公元前 7~ 前 5 世纪与武士相关的迷宫图案岩画

金币等上面都绘制着迷宫
与弥诺陶，以及提修斯在
迷宫杀死弥诺陶的图案，
甚至人行道路面上也铺着
同样图案的马赛克。譬如
在庞贝古城的一堵废墟墙
上绘制着方形迷宫图，其
上用拉丁文写着"LABY-
RINTHUS HIC HABITAT
MINOTAURUS"，意思是：

图 10 庞贝遗址出土的迷宫图，迷宫周围拉丁文意思是："迷宫，这里住着弥诺陶"。其年代在公元前后

迷宫，这里住着弥诺陶（图 10）。其时代在公元前后，因为庞贝古城于公元 79
年毁于维苏威火山的喷发。

通过以上的考古学材料我们看到除了涅斯托耳宫殿遗址出土的迈锡尼文
化泥版上的迷宫图年代在公元前 1200 年外，其他都在公元前 6 世纪以后，在
地中海地区比较集中出现或流行的时间应该在 4 世纪以后，而其他地区如北欧、
英格兰、俄罗斯（乌拉尔山以东）等地则出现的时代应该更晚；其起源地区
也确定在以克里特为中心的地中海地区。关于迷宫图案的文化象征与意义比
较复杂，而且在不同的场合，有着不同的社会功能和文化象征，我们不准备
逐一加以分析和讨论，但其与武士相关的游戏（game）说和与特洛伊、葬礼
相关的文化关联对我们下面讨论传播路线及其方式时很有意义，我们会在后
面再来涉及这个问题。

三、传播

从整个世界的范围来看，这种克里特类型的迷宫图案的分布地区不是很
广泛，除地中海沿岸外，主要分布在欧洲，特别是北欧以及英伦三岛；北美
亚利桑那等地也有零星发现。欧洲和美洲的我们只是提一下，我们主要来关

注一下亚洲地区的迷宫图，亚洲地区主要集中在印度，此外在东南亚如苏门答腊等地也有个别发现。

检索一下考古资料，发现印度早期的迷宫图案主要都是以岩画的形式出现，且基本上都是克里特类型，虽然数量不多，但较为典型：在印度的果阿邦的乌斯卡莫里尔（Usgalimol），果阿邦的迷宫时代根据制作沟槽的深度和宽度（宽2厘米、深1.5厘米），被认为是公元前1500~公元前800的作品，而且作者认为这是南部拉杰巴尔（Rajbar）森林的迷宫岩画，刻凿在花岗岩上；阿萨姆邦的泰杰普尔（Tejpur）也发现迷宫岩画；印度南部安得拉邦（Andhra Pradesh）靠近海岸线普拉卡萨姆地区（Prakasam）奈都帕里（Naidupalli）村落附近的迷宫图岩画，调查者并未意识到这是迷宫图，而仅称其为"符号"（symbol），认为它们应该是新石器时代的作品；在泰米尔纳都邦的尼尔吉里山脉（Nilgiri Mountains）的科塔村（Kota）发现一幅克里特迷宫图，七圈，一侧开口。迷宫图刻在花岗岩巨石上，根据倒塌的几块巨石来看，这里原来应该是一座石棚建筑（dolmen）。在印度，石棚属于公元前1000年的巨石时代（Megalithic），所以该迷宫图的年代被认为在公元前1000年，但确切年代，殊难确定。此外还有一些用红色矿物质颜料绘制的迷宫岩画，如中央邦瓜里尔（Gwalior）卡莉女神庙（the Goddess Kali）附近有一处用赭石绘制的克里特类型迷宫岩画，据认为这幅岩画的时代在公元前250年左右。

除上述的早期的迷宫图案外，还有一些历史时期的晚期迷宫图案，譬如在拉贾斯坦邦发现的17世纪密宗的迷宫图案。这种密宗迷宫图案虽然与梵文一起作为佛教的曼陀罗图形而出现，并且在文化象征上也已发生变化，但我

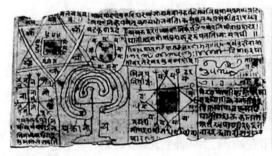

图11　中央邦拉贾斯坦邦出土的17世纪密宗（Tantric buddhists）经书上的曼陀罗

们可以看到仍然保留了早期典型的克里特迷宫类型的形状特征，即七层、复线、一侧开口、中间有十字架形状的符号（图11）。

如果说迈锡尼文明将克里特或地中海的迷宫图案及其文化观念传播到了欧洲地区，那么亚洲的迷宫图案及其文化观念则无疑是由公元前327~前325年马其顿国王亚历山大东征印度时带来的，因为除欧洲外，印度是一个迷宫图案发现最为集中地区；而且上面这些材料向我们展示，从早期公元前4世纪一直到当代，迷宫图案在印度均有发现。

我们这里需要着重提及的是印度与中国边境拉达克地区发现的迷宫岩画（图12），因为这应该涉及中国西藏迷宫列石的来源以及传播路线问题。

拉达克最早的居民是雅利安人，这些早期居民在希罗多德的《历史》中便有所记载。大约公元1世纪，拉达克成为贵霜帝国的一部分。7世纪的时候玄奘也经过并记录这个

图12　印度拉达克地区塘则发现的克里特类型迷宫岩画，图案两侧勒有粟特文

地区。这个地方自古以来就是一条连接东西方的交通要道。

拉达克地区这幅迷宫岩画位于印度拉达克的北部的塘则（Tangtse），班公湖的东面，靠近昆仑山口，与西藏阿里接壤。这幅岩画最早由美国人弗兰克于20世纪20年代便考察过，德国地质学家赫尔姆特·特拉(Helmut de Terra)和著名意大利藏学家图齐在20世纪30年代的喜马拉雅考察时也调查过这里的岩画，与这幅迷宫图一起出现在石面上的还有粟特文字。后来法国学者弗哈拉（R.Vohra）还撰文介绍和研究过这幅岩画，认为是某部落氏族或个人的象征符号。最近由法国岩画学者布鲁诺（L. Bruneau）和美国人贝勒萨（J. V. Bellezza）又专文进行了报道与研究，他们同意弗哈拉的解释，也认为应该是

某部落氏族或个人的象征符号。

公元前 327~ 前 325 年，亚历山大东征是到过这里的，不仅在这里与粟特人打过仗，而且还娶了个这里的粟特女人。对于这幅迷宫图案来说，我们认为更有可能是亚历山大东征的直接产物，也就是说这幅迷宫岩画图有可能是整个亚洲地区时代最早的作品。

亚历山大在兴都库什山中与粟特人打仗时有一个故事饶有趣味。当时一批粟特人逃到了山中的一个四面绝壁易守难攻的地方，曾经由亚历山大委派做大夏总督而后来背叛他的欧克西亚提斯以及他妻子女儿也在那里。亚历山大率部到达时，发现这座山四面都是悬崖峭壁，根本无法进攻，而那些粟特人和大夏人也早已储备了足够的粮草准备长期死守。亚历山大先跟他们谈判，说投降可允许他们安全返乡。但这些粟特人凭仗天险，有恃无恐，对亚历山大轻蔑地说，找会飞的人来攻打我们吧！结果亚历山大在军中招募了 300 名善于攀援的死士，用绳索和小铁钩沿着最险要和无人把守的绝壁趁黑夜爬了上去。第二天这些兵士突然出现在粟特和大夏人面前，宛若神兵天降，敌人吓坏了，不战而降。不过屠城成性的亚历山大这次却未开杀戒，代之以温柔的爱情。原来亚历山大看上了欧克西亚提斯美丽的女儿罗克塞妮，并且决定娶她为妻。[①] 仅上行下效，后来部队里居然有一万多军士都在当地娶了亚洲人做妻子。[②] 不仅如此，亚历山大还在这里留了很多超期服役的战士以及用于管理的行政人员：

> 春末，亚历山大命令阿明塔斯带着三千五百骑兵和一万步兵留守巴克特里亚，他自己率部向印度进军。越过帕拉帕米萨斯山（注：即兴都库什山），走了十天，到达亚历山大城。这座城是他第一次讨伐巴克特里亚时在帕拉帕米萨斯地区修建的。原来他委派管理这个城市的总督看起来治理成效不大，他就撤了他的职。从附近地区又召来一些人并叫部队里一些超过服役年龄的人定居城内。[③]

---

① [古希腊] 阿里安著，李活译：《亚历山大远征记》，商务印书馆 1979 年版，第 142~144 页。

② [古希腊] 阿里安著，李活译：《亚历山大远征记》，商务印书馆 1979 年版，第 229 页。

③ [古希腊] 阿里安著，李活译：《亚历山大远征记》，商务印书馆 1979 年版，第 147 页。

亚历山大东征并非为了一味地征服和占领，而更多是遵从其师亚里士多德的教诲，扩散和传播"先进的"古希腊文明：

> 他使自己更加适应亚洲当地人民的生活方式，同时也促使他们尽量迎合马其顿人的习俗，他以为这种混合融合会产生一种亲善关系，使他在出征期间免去后顾之忧，这种做法当然要比使用暴力和强制手段为佳。为了达到这个目的，他还选拔了3万名本地的男孩，教授他们希腊语文，并训练他们使用马其顿武器。①

亚历山大在中亚地区修建了70多座城池，统称"亚历山大城"。城内有希腊式的体育场、希腊式的住宅和浴室、希腊神庙等等，以至于在粟特、大夏和犍陀罗等地出现了一个希腊化世界。希腊艺术与大夏本地的文化传统结合后，出现了"希腊化大夏艺术"（Greco-Bactrian Art 或称 Hellenistic Art）。② 粟特、大夏国以及兴都库什山东部在亚历山大的东征和经营之后，在那里还留下了一支称作卡拉什（Kalash）的希腊人，他们也自认为是亚历山大军队的后裔。而最近分子生物学研究证实了这种说法，DNA分析表明卡拉什人的遗传中有公元前990~前210年期间德国人和奥地利人的基因，这个年代跨度正好覆盖了亚历山大东征的时间。

印度拉达克北部的塘则的迷宫岩画不仅毗连着卡拉什人，更重要的是，这幅迷宫图的两侧镌刻着粟特文字。从整个画面的安排来看，迷宫图与粟特文应该是同时期的作品，属于"希腊化大夏艺术"。亚历山大正是翻过兴都库什山，沿着喜马拉雅南麓，进入到印度河流域的。所以我们认为拉达克北部的塘则的迷宫岩画是印度境内时代最早的迷宫图，或者说就是亚历山大东征的直接产物，后面我们谈及的阿里格林塘列石迷宫图的碳14年代将会证明这个地区的迷宫图案在时代上是亚洲最早的。

---

① ［古希腊］普鲁塔克著，吴奚真译：《亚历山大大帝传》，团结出版社2005年版，第70页。
② 林梅村著：《丝绸之路考古十五讲》，北京大学出版社2006年版，第76~78页。

四、印度迷宫岩画的古老性

就目前的考古学研究来看，除了钱币、陶器以及泥版等考古地层出土的迷宫图案可以确定其年代外，所有的迷宫岩画，无一例可以确认其时代。换句话说所有印度境内早期的迷宫图案，也就是岩画中的迷宫图案，除了考古类型学的比较外，还没有进行过任何直接年代测定。尽管如此，但其古老性（antiquity）却是毋庸置疑的，我们可以从文献和考古两方面来对其进行确认。

古希腊神话说代达洛斯设计了"labyrinth"（迷宫）用以囚禁弥诺陶；同样，印度史诗神话《摩诃婆罗多》说梵文"chakravyuha"（迷宫）一词由俱卢族的德罗纳（Drona）发明，用于与般度族的争霸战争。梵文"chakravyuha"由两个词"chakra"（圆形、圜状）和"vyuha"（阵型）组成，梵文"vyūha"意思就是把军队排列成战斗阵型。在《奥义书》（Upanishads）、《摩努·萨密塔》(Manu-samhita，旧译《摩奴法典》) 和《摩诃波罗多》中，该词与其他词组合成用以描述各种阵型的词汇，如：shakata-vyūha（车型阵）、garbha-vyūha（子宫形阵）、suchi-vyūha（针形阵）、ardha-chandra-vyūha（新月形阵）、sarvatobhadra-vyūha（巨形阵）、makara-vyūha（鳄鱼阵）、shyena-vyūha（鹰阵）、Vajra-vyūha（三重阵）、Chakra-vyūha（环形、迷宫阵）、Padma-vyūha（莲花阵），等等。

印度史诗《摩诃波罗多》(Mahabarata，又译《玛哈帕腊达》) 意译为"伟大的婆罗多王后裔"，描写距今 5000 年前班度（Pandavas）和俱卢（Kauravas）两族争夺王位而决战于俱卢之野（Battle of Kurukshetra）的故事，从而与《罗摩衍那》并称为印度的两大史诗。一般说法该书写于公元前 1500 年，但后世又经历了一个不断扩增甚至翻新的"逐渐膨胀的过程"，[①] 所以学者们认为最晚的成书年代在公元 4 世纪左右，奥地利梵文学者温特尼兹（M. Winternitz）认为《摩柯婆罗多》主要形成年代在公元前 4 世纪到公元 4 世纪这 800 年之间。而我们这里要讨论的克里特迷宫图案，显然是公元前 4 世纪到公元 4 世纪这

① 黄宝生："《摩诃婆罗多》前言"，载毗耶娑著，金克木等译：《摩诃婆罗多》（一），中国社会科学出版社 2005 年版，第 10 页。

800 年间扩增进去的内容之一。

在《摩诃婆罗多》中，迷宫（阵）由俱卢族的德罗纳（Drona）发明，后来被般度族的青年英雄激昂（Abhimanyu）所破。Chakravyuh 阵型虽然从空中看，所有的机关都毕露无遗，但从地面上所有机关与埋伏都看不见，如同迷魂阵，一旦误入，便无路可逃，只有坐以待毙。《摩诃婆罗多》上说，德罗纳发明的"Chakravyuh"，① 即迷宫阵，除了发明者以外，只有般度族五兄弟之一的阿朱那（Arjuna）懂得如何破阵。激昂在其母亲须跋陀罗（subhadra）的子宫里时，听到他父亲阿朱那给须跋陀罗讲解如何破迷魂阵，所以激昂与生俱来就知道如何破解迷魂阵。"德罗纳排定的阵容开始挺进，犹如中午的太阳发出的灼人的光芒，不可逼视。"② "太阳"在这里不仅仅是修辞，说明这个迷魂阵的阵型是圆形的，也就是迷宫状，而且是用战车的布阵的。《摩诃婆罗多》专设"德罗纳篇"（发明迷魂阵的人），其中第三十七章云：

"激昂愤怒满腔，显示他源于武艺和勇气的惊人力量。那些顺从的骏马听从车夫的命令，速度快似金翅鸟和风。激昂迅速冲向岩石之子，一面喝道'站住！'一面以十支箭射中他。激昂笑着，用这十支箭将岩石之子的车夫、马匹、幡幢、双臂、弓和头颅射落到地上……这时，难降满腔愤怒，像一头嗫嚅开裂的大象向激昂开战，激昂迎战。两个人都是驾驭战车的好手，一左一右，展开搏斗。战车盘旋着，转出美丽的花样。这时，众人擂起了腰鼓、小鼓、铜鼓、吉迦罗鼓、大鼓、半月鼓、恰恰鼓，响声震耳欲聋，中间夹杂着狮子吼，

---

① 英文版的《摩诃婆罗多》和汉文版的《摩诃婆罗多》内容和篇目等不尽相同，估计应该是所依据的梵文版本不一样所导致的，譬如英文版的"初篇"第 67 章是汉文版的"初篇"第 61 章。这一章是关于俱卢和班度两个家族主要成员的介绍。而对我们来说，最为重要的是梵文"chakravyuha"（迷宫）一词的完整形式在全书中就是在这一章中出现过一次，而"vyuha"（阵型）一词则出现过很多次。英文版本中提到"你们天神天职就是战斗，按照被称作'Chakra-vyuha'的迷宫去排兵布阵，我的儿子将迫使敌人在他面前退却（And, indeed, your portions, ye celestials, shall fight, having made that disposition of the forces which is known by the name of the Chakra-vyuha. And my son shall compel all foes to retreat before him）"，这些文字，包括后面还有整整一大段文字在汉语版的《摩诃婆罗多》中却没有，汉语版参见《摩诃婆罗多》（一），161~162 页；英文版参见 kindle book：The Mahabharata by Veda Vyasa(Author)，Kisari Mohan Ganguli (Translator) p.145. 亦可在网上查阅：http://www.sacred-texts.com/hin/m01/m01068.htm

② ［印］毗耶娑著，黄宝生等译：《摩诃婆罗多》（四），中国社会科学出版社 2005 年版，第 74 页。

如同海中升起一般。"①

……

"这个由战车和士兵组成的阵容（Vyuha），以大象为躯体，以国王为头，以马为翼，以四面八方为嘴，猛烈向前飞跃。这个阵容由德罗纳、福身王之子（毗湿摩）以及教师之子（马嘶）、波力迦和慈悯编排。"②

《摩诃婆罗多》中的这些经典描写同时也是印度教寺院壁画和石窟重点加以刻画和表现的内容和依据，所有的图形以及人物的刻画，都是根据《摩诃婆罗多》中的描述来进行，譬如柬埔寨的吴哥石窟。

葛萨拉斯布罗寺庙(Hoysalasvara Temple)是印度南部卡纳塔卡邦撒冷（Salem）地区一个著名的印度教寺院，寺院修建于12~13世纪的葛萨拉王朝（The Hoysala Empire，950~1343年）的首都。同吴哥石窟一样，葛萨拉斯布罗寺庙也在宫殿的巨石墙壁上镌刻着印度最伟大的史诗之一《摩诃婆罗多》。图13描绘的就是激昂破迷宫阵的场景。这是一个七圈的克里特迷宫图案，但为涡形，而不是像典型克里特迷宫或早期岩画迷宫那样，为一侧开口（图13）。

图13　印度南部卡纳塔卡邦建于公元1120~1150年的葛萨拉斯布罗寺庙（Hoysalasvara Temple）。这是一个印度教的寺院，寺院墙壁上根据印度史诗《摩诃婆罗多》雕刻着与战争场面相关的迷宫图案。中间站在车上拉弓引箭的是班度族英雄激昂，他身后的迷宫图是俱卢首领德罗纳发明的"迷魂阵"（迷宫）

通过葛萨拉斯布罗寺庙石刻我们可以看到，《摩诃婆罗多》中的文字描述

---

① ［印］毗耶娑著，黄宝生等译：《摩诃婆罗多》（四），中国社会科学出版社2005年版，第84~87页。
② ［印］毗耶娑著，黄宝生等译：《摩诃婆罗多》（三），中国社会科学出版社2005年版，第480页。

在转换为图像时，几乎毫不走样。激昂站在战车之上，"用十支箭"射向俱卢人；同样，俱卢人也是"用十支箭"射他。《摩诃婆罗多》说迷宫是由战车组成，与文献记载一样，寺院石刻中的激昂站在战车之上，"占据了迷宫的中心"。占据中心，恰恰是激昂从其父亲阿朱那学到的破解迷宫阵的诀窍。占据中心之时，也就是受困之日，激昂正是受困于他破解迷宫的中心之地，遗憾的是他没有听到阿朱那讲解如何从迷宫脱困逃生的诀窍。所以成也萧何，败也萧何，就在激昂破解迷宫阵的同时，他也由于无法逃出而死于迷宫阵。所以迷宫作为一种围困敌人的军事阵型，令敌人身陷困境，无处逃脱，坐以待毙。这似乎是克里特迷宫及其故事的翻版，首先弥诺陶受困于迷宫，最后在迷宫死于提修斯之手。

成书于公元4世纪前的《摩诃婆罗多》融汇了有关迷宫图或迷宫阵的内容，足以说明迷宫这一文化因素在印度的古老性；其次，迷宫的融入，也证实了《摩诃婆罗多》在公元前4世纪到公元4世纪这800年间的一个"膨胀过程"。此外，《摩诃婆罗多》中关于迷宫的描述，不仅可以佐证迷宫作为军事阵型由亚历山大的军事征战而传入印度，而且也说明了迷宫传入印度后所具有的社会功能与文化象征意义。

结　语

皮央格林塘的墓葬是与10余座墓葬一同发现的，"特洛伊城"与墓葬同处一地，应与墓葬相关，为同期遗迹，因为除墓葬（包括一个祭祀坑）和"特洛伊城"外，这个地方再无其他遗址遗迹。根据墓葬的碳14年代测定，格林塘墓群第6号墓棺木（PGM6）碳14年代为距今2725~2170年，东嘎第5区第6号墓出土标本（DVLM6）测年数据为距今2370±80年。[①] 这个年代与亚历山大沿喜马拉雅南麓侵入印度河谷的年代（公元前325年）是相吻合的，

① 教育部人文社会科学重点基地四川大学中国藏学研究所、四川大学历史文化学院考古系、西藏自治区文物事业管理局编：《皮央·东嘎遗址考古报告》，四川出版集团四川出版社2008年版，第259页；霍巍：《象雄故土上的神秘之丘——阿里高原考古手记之二》，《中国西藏》，2002年第2期。

图 14　青海省玉树州称多县更卓地区发现的迷宫岩画的照片（右）与拓片（左）

由此可见皮央格林塘在时间上和地理位置上，都符合迷宫图案由亚历山大东征传播而来的特征，同时也应该是亚洲迷宫图案中最早的作品。这个测年不仅对格林塘的"特洛伊城"有意义，即便对全世界的"特洛伊城"和迷宫图案，都具有交叉断代（cross dating）的意义。

　　非常有意义的是今年在玉树州称多县通天河边的更卓地区也发现了一幅迷宫岩画。这幅迷宫图案刻凿在辉绿岩上，迷宫直径约 14 厘米。虽然中间没有十字符号，但克里特迷宫的其他特征还是很清晰的：一侧开口、七圈（图14）。虽然这里已经远离亚历山大东征到过的泛喜马拉雅地区，但仍属青藏高原。地理上的亲缘关系，玉树这幅迷宫岩画与日土格林塘的"特洛伊城"显然有着渊源关系，而两者应该都是亚历山大东征所导致的东西方文化交流的产物。

　　就我们所讨论的迷宫图案来说，那么我国境内是否仅存西藏日土和青海玉树两处遗迹？川陕地区相传三国时期诸葛亮用以迷惑敌军和操练士卒的俗称八阵图的列石遗迹是否亦与我们这里所讨论的迷宫相关？[1] 阿房宫是否亦

---

①　孙华：《川陕列石遗迹的年代及性质》，《四川文物》1995 年第 4 期。

为希罗多德《历史》中所提及的埃及鳄鱼之城附近的迷宫之属？等等。亚历山大东征在欧亚文化交流史上都是一件大事，随着我国对"一带一路"考古的日益重视，新材料不断发现，这一事件的历史影响，也将日益彰显。近年来出现的一些令人瞩目的实证性研究，^① 便是明证。

① 参见：邢义田著：《立体的历史：从图像看古代中国与域外文化》，第三讲"希腊大力士流浪到中国？"北京三联书店出版社 2014 年版；冉万里著：《丝路豹斑——不起眼的交流，不经意的发现》，第六章"童子、花绳与龙马"，科学出版社 2016 年版；段清波：《从秦始皇陵考古看中西文化交流》，《西北大学学报》（哲学社会科学版），2015 年第 1、2、3 期。

佛教
艺术　篇

青海省乐都北山石窟调查简报

海东市乐都区位于青海省东部湟水谷地，夹峙河水的南北两条山脉静静看着河水从谷地中央哗哗流过，默默地陪伴着这个古代曾经作为南凉国都的乐都走过岁月，经历风雨：原初山坡平整的北山已被侵蚀成如百褶裙般沟壑纵横；明代碾伯卫老城高大厚重的城墙已被挖掘破坏成锯齿般残断颓废的雉堞了。这是乐都两处具有标志性的自然和文化景观。我们于 2019 年夏天所考察的正是北山，也称裙子山的这一处自然景观。原来以为这是一处纯粹的自然景观，但后来发现在其山脚处有很多人工开凿的洞穴，我们的考察就是针对这些洞穴所进行的。（图 1）

图 1　乐都北山（亦裙子山）LDIII 区远景

1992 版的《乐都县志》对于城北裙子山描述道："县城西北 2 公里处有一红山，山峰前崖由于常年被雨水冲蚀，在半山腰形成一排九十度的山峰竖切面，切面如折叠的红裙，故名'裙子山'。每个褶纹如根根通天大柱林立山脚……
每过天晴或斜晖夕照之际，红崖如火；一入秋雨季节，云霭绕于山峦，衬托
得裙子山绚丽多彩，蔚为壮观，故名曰:红崖飞峙。"[①]同时也提到山脚下的洞
窟：裙子山，又称红崖洞，位于县城西北仅两公里处，亦即原来的大古城北，
因山形而得名。[②]

北山山脚的这些洞穴，我们根据集
中分布的情况分为 LDI、LDII、LDIII、
LDIV 四个区。洞窟根据口部形状可分
为方形（如 LDI：18 石窟）、矩形（如
LDIII：1 石窟）、马蹄形（如 LDIV：3 石窟）。

石窟进深在 0.5~4 米之间，窟内一
般均对应口部形状，基本上都是四壁垂
直，偶有弧壁。部分石窟存在封门（如
LDIV：5）。岩壁表面有开凿石窟时遗留
下来的平行或人字形凿痕。窟顶一般为平
顶，极个别为人字披顶（如 LDIII：2 石窟）。
石壁上往往敷以泥仗，有的石窟尚有保留
下来的泥仗，泥仗上面有绘画痕迹。个别
洞窟石壁上尚有应该是起初安置造像时留
下的凹陷（如 LDIII：2 石窟）。不要说洞

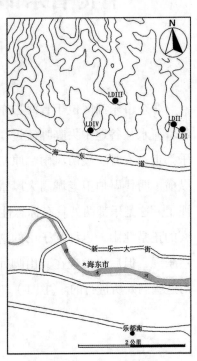

图 2　乐都北山四个石窟地点分布图

窟中的造像和壁画已全部破坏和风蚀殆尽，由于丹霞地貌的红色砂岩质地疏
松，加之西北地区风沙猛烈，即便是洞窟本身的保存状况也非常糟糕，加之
目前城市建设的影响，可能要不了几年，这些石窟便会毁坏殆尽。

现在我们择其有代表性的几个洞窟加以介绍。

①　乐都县志编纂委员会编：《乐都县志》，陕西人民出版社 1992 年版，第 471 页。
②　乐都县志编纂委员会编：《乐都县志》，陕西人民出版社 1992 年版，第 52 页.

一、石窟的分布与形制

LDI 区共 27 个洞窟，全部凿刻在面西的崖壁之上，由于山脚坡度太大，无法攀缘。石窟编号由北而南，由 1 到 27 号；LDII 区紧邻 I 区，位于其西北，全部面南，共 18 个洞窟，部分残毁，编号从西到东，从 1 到 18 号。

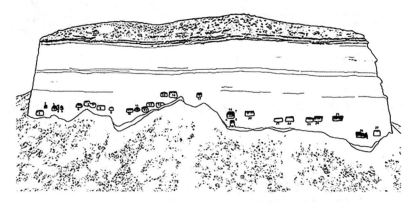

图 3　北山 LDI 区石窟立面分布示意图（由北至南分别为 1~27 号石窟）

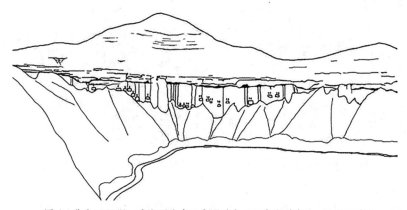

图 4　北山 LDII 区石窟立面分布示意图（由西至东分别为 1~18 号石窟）

II 区最大的一个为 16 号洞窟（编号：LDII：16），阔 3 米，高 2.3 米，进深 1.7 米，面向正南。西壁刻凿痕迹明显，其顶部敷一层 1 厘米厚的草拌泥仗。泥仗表面平整光滑，靠洞口处颜色较浅，靠洞里面呈黑色，似为举火所形成的烟炱。

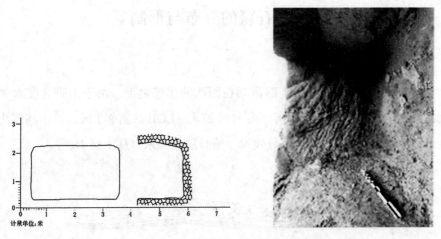

图 5　LD II : 16 石窟的平剖面图，人字披窟顶及其凿痕（右）

　　LDIII 区，海拔 2018 米，一共 8 个洞穴。洞窟编号由西向东分别为 1~8 号石窟。

图 6　北山 LDIII 区石窟立面分布示意图（由西向东分别为 1~8 号石窟）

　　LDIII : 1 号洞穴，方向南偏东 160 度，海拔 2020 米。口阔 4.2 米，进深 3.5 米，高 1.85 米。东壁口部仅存一部分加工痕迹，顶部加工痕迹基本完整，其他部分已遭风蚀殆尽，看不见加工痕迹。该洞穴最近有人来过，尚遗留有矿泉水瓶盖一枚。此外尚有似作为铺床的草、鸟屎，以及小动物或昆虫足迹。西壁与顶部交界处有今人用石子题字。

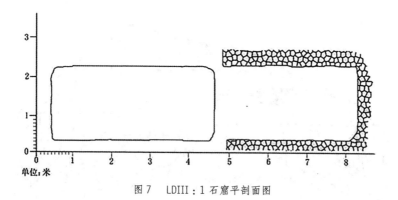

图 7　LDIII：1 石窟平剖面图

LDIII：2 洞窟在 LDIII：1 洞穴的东侧，海拔方向一样，口阔 3.5 米，西边进深 1.5 米，东边进深 40 厘米；顶部为人字披顶，中间高 2 米，两边高 1.8 米，西墙和后壁部分残存加工痕迹，痕迹为平行线和人字痕，顶部加工痕迹为直线。靠洞口的人字披顶部有一层泥仗，以草为主的草拌泥，至今遗留尚厚，东壁上部也遗留部分草拌泥，其上似有涂鸦。东壁顶部靠近人字披顶部处有一 20 厘米，深 8 厘米的圆形浅窝，其上亦残存草拌泥痕，似置造像所用。人字披顶的中部保存尚完整。人字披顶一边为 80 厘米左右，其外部东边仅存 50 厘米。

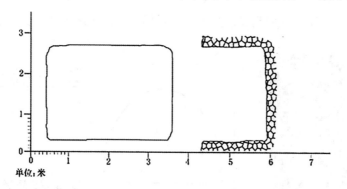

图 8　LDIII：2 石窟平剖面图

LDIV 区坡度相对较缓，最容易攀爬，洞窟面向西、南和东南，在四个山头上共分布着 20 余个洞穴。海拔 2080 米。

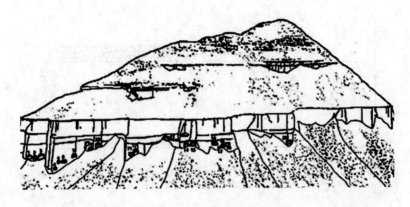

图 9   北山 LDIV 区石窟立面分布示意图（由西至东分别为 1~20 号石窟）

LDIV：1 石窟，阔 2.9 米，高 1.3 米，进深 1.8 米，地面不平，顶部和墙角处有残存泥仗痕迹。方向西南 239 度。

LD IV：2 石窟，进深 1.4 米，高 1.2 米，阔 2.6 米，三壁涂以泥仗，顶部泥仗尚完整，背部仅存局部，其余破坏殆尽，顶部刻纹人字形，泥仗厚 0.8 厘米，草拌泥。方向西 260 度。

LD IV：3 石窟，马蹄形，底阔 3.5 米，进深 2 米，高（中间）1.8 米，该窟风蚀严重，仅见局部刻痕，其他均已毁坏。方向东南 130 度。

图 10   LDIV：2 石窟壁上的泥仗   图 11   LDIV：3 号石窟平剖面图

二、石窟时代的分析

所谓红崖，学名叫丹霞地貌，这是从西宁到兰州整个河湟地带和黄河沿岸的地貌特征。只要你打开地图软件，你就会被这一片片红色所吸引，所以《西宁府新志》云："西宁，万山环抱，三峡重围，红崖峙左，青海潆右。"[①] 这里的"红崖"即指丹霞地貌，与位于西宁西面的"青海"（湖）形成两大并峙的景观，同时也是青、红两种颜色的对应。

青海东部构成丹霞地貌特征的红色碎屑岩主要为第三系和白垩系，为山麓—河湖相沉积。根据地质学家的建议，乐都北山的丹霞地貌被称为"陡崖式丹霞地貌景观"。这种景观的特征除了红色外，其形状特征为"平顶、陡壁、缓坡，"[②] 也就是我们在图 1 和图 3 中所看到的。这种地层中存在赤铁矿，赤铁矿是重要的铁氧化物，其中的铁均为三价铁，干热氧化后，便形成这种红色地层。组成赤壁丹崖的厚层红色砂岩，其岩性结构致密均匀，硬度较小，易于雕刻，因而留下大量摩崖石刻、摩崖造像崖壁画等。从青海的西宁北山寺、互助红崖沟的白马寺、乐都裙子山到甘肃的马蹄寺、炳灵寺、拉稍寺等，无不开凿在丹霞崖壁之上。所以在西宁、平安、互助、乐都等河湟地区的地方志中，"红崖"变成了一个具有标志性的地方景点，无论哪里都会提及，并每每因此而名称混乱。《西宁志》："红崖山，东北去县治八十里。其土赤，因名。山腰有石洞，中有佛阁，《志》称'红崖峙其左右'是也"。[③] 但这个红崖山说的是互助县红崖子沟乡的白马寺，也就是通常所称的平安白马寺。而乐都的这个"红崖飞峙"实际上在所有的方志和史书上都名不见经传，只是《乐都县志》编纂时将《西宁府新志》中红崖子沟乡的白马寺张冠李戴安在了乐都裙子山上了。乾隆年间的《西宁府新志》"地理·山川·碾伯县"条云："红崖洞，县北二里许，有空洞，可以栖止，人迹罕至。以其山赤因名。十二景之一，

---

① 杨应琚撰：《西宁府新志》，青海人民出版社 1988 年版，第 123 页。

② 彭华：《中国丹霞地貌研究进展》，《地理科学》，2000 年第 3 期。

③ 苏铣纂修，王昱、马忠校注：《西宁志》卷二，青海人民出版社 1993 年版，第 13 页。

所谓'红崖飞石(峙)'者是也。"① 还有些地方志也曾提到这些石窟如《西宁志》："(西平)城东一百余里。内有空洞,幽僻奥曲,人迹罕至。"康熙时的《碾伯所志》："所治北境,红崖洞。"但似乎只有极少人攀爬到洞里一探究竟,清代有个叫袁进的可能曾经进过洞,曾作诗云:"丹崖飞峙似裙山,根根赤柱高参天。悬崖穴屋遗文物,天公造化在何年?"《乐都县志》说:"红崖壁上有许多圆洞,据传洞内有壁画,系北魏遗迹,后因风蚀,壁画脱落。"② 此说不知何所本,但显然说明有人进过洞。

实际上青海民族学院(现在的青海民族大学)李文实教授在其1986年发表的《南凉兴亡及其故都遗址的发现》一文中便对这些石窟有着更为详细的描述和初步的推断:"裙子山峭壁上,尚留有几处洞窟,据说那里面有壁画遗迹,由于老早就形成断崖,洞窟高悬,无法登览,我推断那恐怕也是北朝时佛窟的遗迹。因为《水经注》上所提到的西平土楼山神祠,是晋时的佛龛,我们在目前的西宁北山寺洞窟中,同样看到壁画的残迹。其中有两处已倒塌的断崖上佛龛藻井的图案,设色和风格,基本与敦煌千佛洞所见相同。当时佛法东来已久,从库车、敦煌、安西以迄张掖,现在都有佛窟遗留,其传入西平,或更在南凉之前。南凉鲜卑,也信佛教,这些遗留在裙子山崖上的佛窟,其开凿更在傉檀筑大城之前,说明当时佛教文化已经在湟水流域广泛流行。"③

《中国文物地图集·青海分册》对该洞穴记载道:碾伯镇城北裙子山下,"系乐都八景之一。在红色砂岩的裙子山崖壁上,开凿大小洞窟数十处。原有泥塑、壁画、佛堂等,尔后被破坏,现仅存洞窟遗址"。④ 不过这里的"佛堂"不知指的是什么,还有认定为宋代文物的依据是什么,不过这倒是与石窟的真实年代最近的记述。然而最后十来处洞窟的数字统计与实际上70余处的洞窟数据相去甚远。也就是说整个行文都是一种道听途说的风格,可信度严重缺失。李文实先生的说法更可信一些,但这些石窟"开凿更在傉檀筑大城之前",此说无据,纯属推测;其二,李文实先生并未上到窟内做过任何考察,也没意

---

① 杨应琚撰:《西宁府新志》,青海人民出版社1988年版,第165页。

② 杨应琚撰:《西宁府新志》,青海人民出版社1988年版,第165页。

③ 李文实:《南凉兴亡及其故都遗址的发现》,《西陲古地与羌藏文化》,青海人民出版社2001年版。

④ 国家文物局主编:《中国文物地图集·青海分册》,中国地图出版社1996年版,第276页。

识到这些洞窟大小以及与平常的石窟是否有什么不同，这也就影响到他所做描述与推测的可信度。

现代的考古学研究就是努力使用跨学科的科学范式来替代人文研究的范式，我们所采集的测年样品最终向我们证明原来我们所有的人文研究和推测都是错误的，我们在 II 区（样品 LDII:1~1）和 III 区（样品 LDIII:2~1）分别采了两个草拌泥地仗的样品，经美国 Beta 实验室 AMS 测年证明，这些石窟都是唐晚期至宋代开凿的：

样品 LDII:1~1，碳 14 年代为距今 1230±30BP，经校正，日历年应该在公元 760~882 年之间。

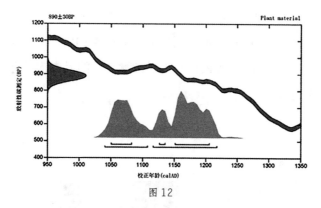

图 12

样品 LDIII:2~1，碳 14 年代为距今 890±30 BP，经校正，日历年应该在公元 1116~1218 年之间。

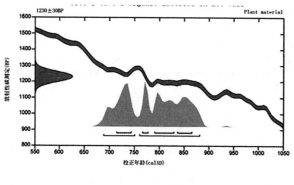

图 13

三、石窟壁画颜料的分析

1. 样品基本信息

样品来自 III 区 1 号石窟的顶部，样品号为 LDIII:1~A。整体观察颜料为白色，附着砂岩基底，应属岩画白色彩绘颜料。因此，在进行实验室分析时，应将测试重点放在白色颜料部分。

2. 元素分析

2.1 仪器参数与测试方法

X 射线荧光 (XRF) 所用仪器为德国 BRUKER 公司生产的 ARTAX 400 型能量色散型微区 X 射线荧光分析仪，测试条件为铑（Rh）靶，电压为 30kV，电流为 $900\mu A$，氦气环境，用 Pottery 1 对被测样品的元素含量进行标定，测试时间 300s，束斑直径 1 毫米。

2.2 结果与讨论

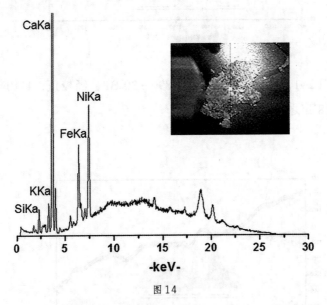

图 14

上图即样品所得的 XRF 光谱定性分析结果，其中插图为样品的测试选点。由于颜料样品没有标准物对数据进行定量校准，因此，选择比较相近的 Pottery 1 方法，得出的定量结果仅供参考，如下表：

表 1

Element	Line	Conc./ %	Sigma/ %	RSD/ %	LLD/ %	Net area	Chi
Na	K12	[6.918]	8.089	116.9	16.863	49	1.39
Mg	K12	[0.211]	11.325	5358.8	23.891	1	0.83
Al	K12	[1.956]	1.056	54.0	2.195	99	0.60
Si	K12	15.124	0.708	4.7	1.218	1331	1.57
K	K12	8.427	0.136	1.6	0.177	6194	8.03
Ca	K12	82.115	0.318	0.4	0.159	70716	44.64
Fe	K12	5.262	0.042	0.8	0.055	26047	66.09
Ni	K12	Not det.				33287	101.60

结果显示，该样品元素组成含有大量的 Ca，其余含有 Si、K、Fe、Na、Al、Mg 等。其中 Conc 值表示含量，Chi 值反应结果的准确性，数据越大代表可信度越低。因此，初步判断该白色颜料应为含钙的某种化合物，其余成分均出自岩土。

3. 成分分析

3.1 仪器参数与测试方法

X 射线衍射（XRD）使用的是日本理学 RIGAKU 公司生产的 SmartLAB 型 X 射线衍射仪。仪器最大功率为 9kW，金属铜转靶，标准 Z 样品台。选取适量样品粉末研磨均匀，进行粉末模式测试。测试条件为：扫描范围 5~90 度，步长 0.01，扫描速度 10，电压 40kV，电流 150 毫安。

3.2 结果与讨论

衍射数据使用 Jade 6.5 软件对结果进行解谱分析，结果如下：该样品主要含有石膏（$CaSO_4 \cdot 2H_2O$）、方石英（SiO_2）、长石（$NaAlSi_3O_8$）和白云母（$K_2O \cdot 3Al_2O_3 \cdot 6SiO_2 \cdot 2H_2O$），后者均为岩土（即附着颜料的基底）的主要成分，因此石膏应为该白色颜料的显色成分。

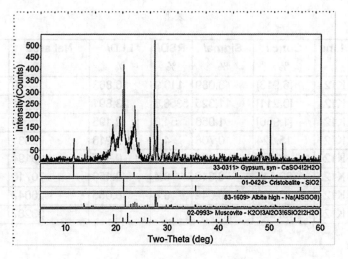

图 15

结 语

空间狭小的乐都北山石窟不仅是我省富有特色的石窟，同时也是我国石窟中极富特色的一种。这些石窟虽然有一部分属于未完成产品，但大多数都是开凿完毕，并且使用过一段时间。譬如我们在 LDII:16 石窟壁上的泥仗就发现较厚的烟炱，说明该石窟曾被居住、使用过一段时间。这些石窟中曾经有壁画，我们化验过黑白两种颜料，黑色为烟炱，白色为石膏，这与甘肃北凉时期的壁画颜料都是一致的。[①] 是否洞内原来有佛像，现在不能确认，不过根据现有的空间来看，即便有，也只是极个别洞窟中有，如 LDIII：2 石窟。该石窟为人字披顶，虽然现存进深只有 1 米左右，初期的窟口已被风雨严重侵蚀，但原初可能进深较大。东壁顶部靠近人字披顶部处有一直径约 20 厘米，深 8 厘米的圆形浅窝，其上亦残存草拌泥痕，似置造像固定头部所用，这个做法

---

① 于宗仁、赵林毅、李燕飞、李最雄：《马蹄寺、天梯山和炳灵寺石窟壁画颜料分析》，《敦煌研究》，2005 年第 4 期。

和敦煌北朝有些石窟很相似。①不过乐都北山石窟绝大多数应该是不置佛像的。

　　尽管乐都北山石窟目前残损得很厉害，但其基本布局、规模及其位置，与丹霞地貌一起，形成了一幅人文和自然有机结合的宏伟景观，如能精心保护，巧思开发，深入研究，相信乐都北山石窟定将熠熠生辉，发挥其本来的历史和文化价值。

---

① 赵声良：《敦煌北朝石窟形制诸问题》，《敦煌研究》，2006 年第 5 期。

青海省乐都北山石窟的
功能、性质及相关问题

乐都北山（又称裙子山）石窟在历史文献中几乎没有任何记载，个别文献中即便是偶尔提及，基本上也都是猜测之语。虽然近代以来科学考古已经有了长足的发展，但乐都北山石窟也未经正式调查过，更谈不上研究。既然两份碳14测年分别表明是从晚唐至北宋初期的（一个是公元760~882年之间；另一个是公元1116~1218年之间，参见本书《青海省乐都北山石窟调查简报》一文），那我们应该根据这一科学测年来考察一下晚唐至宋代河湟地区佛教的传播、流行、教化以及开窟供养等情况。

一、北魏南凉以来的禅修窟

从乐都北山石窟的大小尺寸来看，鉴于石窟进深最大的只有4米多，口阔者也不到5米。从现在的情况来看，有些石窟中可能普遍有壁画，但塑像（至多也仅仅是一身而已）可能只是曾经存在于个别洞窟，如LDIII：2洞窟，所以我们不难想象这些石窟与传统意义上的石窟寺应该是有所不同的。而且所有石窟很难攀爬，即便是多少年以后山脚下已经因雨水流逝堆积出很大的锥形堆积土坡，但很多石窟还是很难接近。早期开凿为什么刻凿在这种难以登临的悬崖峭壁上？这正是早期佛教石窟的特点之一，这些石窟并非为人观瞻佛像或接受朝拜的寺宇，而是供僧人修行的禅窟。譬如敦煌莫高窟北区（图2）就有很多禅窟，兼有修禅和观像两种功能。图1是LDIV区的石窟，我们可以发现很可能是当年开凿后即封闭起来用于禅定修行的封闭禅窟。为了避免外界的打扰，不但要选择常人无法企及的高度开窟，而且还要加以封闭。

图 1　LDIV 区有封门的禅窟

禅定窟，即修习禅定的窟宅。出家僧人为避免喧闹，多于偏僻幽静的山林岩窟间坐禅，故名。南本《涅槃经》卷二八："师子吼言：如来何故入禅定窟？善男子！为欲度脱诸众生故。"[①] 重禅定，多禅僧，是五凉佛教的一大特点，习禅者多觅僻静之地，特别是水边崖际开凿窟室更是禅行观影的最佳去处。所以早期佛教石窟多与禅僧有关。五凉时期既弘佛法，又聚禅僧，文献记载新疆以东最早的较具规模的开窟造像，始于沮渠蒙逊在凉州（今武威）南山兴凿的凉州石窟，并非偶然之事。7 世纪道宣撰《集神州三宝感通录》卷中云："于（凉）州南百里，连崖绵亘，东西不测，就而断窟，安设尊仪，或石或塑，千变万化，有礼敬者惊眩心目。"[②]

北朝时期的高僧大德们都带着众多弟子在这种禅定窟中修行，如麦积山石窟（图 3），著名僧人玄高就曾经率领数百僧俗在此地进行禅修，而且数日不食，却面无饥色。《高僧传》云："帛僧光（昙光）少习禅业……光每入定

① 转引自任继愈主编：《佛教大辞典》，江苏古籍出版社 2002 年版，第 1232 页。
② 道宣撰：《大正新修大藏经》（52 册）："集神州三宝感通录"，河北佛协出版社 2020 年版，第2106 页。

辄七日不起。"释僧周："性高烈有奇志操，而韬光晦迹人莫能知，常在嵩高山头陀坐禅。"还有竺僧显："常蔬食诵经业禅为务，常独处山林头陀人外，或时数日入禅亦无饥色。"①

图 2　敦煌莫高窟北区部分石窟（来源彭金章.敦煌莫高窟北区洞窟清理发掘简报）

图 3　麦积山石窟（来源李铭.麦积山石窟第 4 窟研究）

"即灵崖以构宇，凿仙窟以居禅"，② 这一早期的禅定思想，影响了河西走廊众多东晋十六国时期石窟的开凿，肃南马蹄寺石窟群即是河西走廊较早开凿的典型石窟之一。据《晋书·郭瑀传》载，马蹄寺最早由东晋人郭瑀曾"隐于临松薤谷，凿石窟而居"，后来才扩展成寺院的规模。

二、吐蕃—唃厮啰时期的禅宗传承

"一朝燕贼乱中国，河湟没尽空遗丘。"安史之乱以后，整个五凉地区陷于吐蕃，所谓"自凤翔以西，邠州以北，皆为左衽矣。"③整个河湟地区虽然沦为蕃地，但这种开窟坐禅的隐修传统却依然继承下来，禅宗依然流行。吐蕃时期的佛教文化分为卫藏、敦煌、宗哥三个流派。8 世纪拉萨僧净之后，卫藏地区主要接受印度佛教，敦煌佛教以法成系统为主，宗哥佛教是由摩诃衍传

---

① 南朝梁僧慧皎撰，汤用彤校注：《高僧传》（卷 11），中华书局 1992 年版，第 401~414 页。

② 唐释道宣撰：《广弘明集》（二十九上）："鹿苑赋"，国家图书馆出版社 2018 年版，第 441 页。

③ 《资治通鉴新注》（卷 223），陕西人民出版社 1998 年版，第 7537 页。

承的禅宗传承——善知识传承。"顿渐之诤"之后，摩诃衍返唐回到了宗哥，在宗哥建立了禅宗的传播基地。①

摩诃衍自述本宗指归为："离一切言说相，离自心分别相，即是真谛"。正如《五部遗教·大臣遗教》所云："和尚摩诃衍说：身之坐法和身之安法二中，此开示身之坐法。坐在舒适的坐垫上，身体伸直，两眼观鼻，舌顶上颚，紧结跏趺坐，三门不放逸，如法而坐。"②因为心性与佛性无任何差别，清净心即佛性是天赋观念，本无须人为地洗涤与布施，所以，只要定心修得了真理，就可以得到真理而成佛。这显然是慧能"即心即佛"之本体论的翻版；次为"修得无念无贪即可成佛"。摩诃衍说："善者转为善趣，恶者转为恶趣，迨破除身语一切善恶意念之后，则顿时可入无念境界"而成佛。三为不立文字，不研习佛经的"顿悟成佛"法。③摩诃衍主张不须修法以扫除文字弊障，但凭扬眉动睛，坐观静思，徐徐入定，方寸不乱，便可直指人性，体验佛性。④正是由于禅修的宗教特性，只需观像，而无须供奉修行，我们方能理解乐都北山的禅修窟何以如此狭小和不易攀爬。这些空间狭小的石窟正是为了"坐观静思，徐徐入定"的禅修；之所以修建在常人不宜攀登的崖壁高处，也正是为了不受打扰。

宗哥城在哪里？根据雍正年间的《甘肃通志》，李智信认为乐都县的大小古城就是宗哥城，⑤铁进元等人反对李智信的说法，理由是宗哥政权以佛教为统治基础，李立遵等将十二岁的唃厮啰立为王，没有佛教活动，其统治是极难维持的，而大小古城迄无佛教遗迹发现，所以认为乐都县的大小古城就是宗哥城的论点难以成立。⑥而事实上大小古城距北山石窟南只有两公里，这样一个规模的石窟群，堪比一个大规模寺院。如果大小古城真是宗哥城，那么北

---

① 张亚莎：《吐蕃时期的禅宗传承》，《西藏民族学院学报》，2004 年第 1 期；佟德富：《试论禅宗在吐蕃社会的传播及其影响》，《内蒙古社会科学》(汉文版)，1999 年第 3 期；万么项杰：《喇钦贡巴饶赛：〈尊证师二汉新考〉》，《西藏研究》，2015 年第 1 期。

② 戴密微著，耿昇译：《吐蕃僧诤记》，甘肃人民出版社年版，第 200 页。

③ 巴卧·祖拉陈哇：《贤者喜宴》，《西藏民族学院学报》，1983 年第 1 期。

④ 黄奋生著：《藏族史略》，民族出版社 1985 年版，第 116 页。

⑤ 李智信：《关于宋代邈川、宗哥、保塞等城堡地望的探讨》，《青海社会科学》，1989 年第 5 期。

⑥ 铁进元、易光华、徐显成：《安夷县址、宗哥城址考辨》，《青海社会科学》，1994 年第 2 期。

山禅窟的存在就更加顺理成章了。

宋代亦然。宋代河湟地区吐蕃部落民众普遍信奉禅宗的看法在学界已达成共识，认为河湟吐蕃部落信奉的佛教虽归入藏传佛教范畴，但受汉传佛教禅宗影响。[①]吐蕃人信仰佛教后，又增加了在河湟地区吐蕃人中流行的用藏语传播的禅宗佛教。吴均认为五代时期"河陇地区原吐蕃移民与当地诸属部以及嗢末部后裔、党项、吐谷浑、突厥、回纶诸族部及近百万汉族人民交错杂居，互相依存，走向融合发展的道路"。[②]这也就是说在河湟地区，还是汉人占多数。因此，对于宋代河湟吐蕃部落民众所信奉的佛教可归入佛教禅宗的范畴，然而其又有自己独自的特点，如藏汉双语是佛教语言，所诵经籍是贝叶傍行，修行方式是不守戒律，因此我们可称之为禅宗系统的宋代河湟佛教，[③]或者可以称之为唃厮啰政权佛教抑或青唐佛教。[④]

大中祥符七年（公元 1014 年）李立遵将唃厮啰迁移至宗哥城独自立文法一事则说明佛教势力已远远超过苯教势力，佛教已经成为河湟人的主要宗教信仰，并且被河湟统治者加以利用。熙河之役之后，北宋收复了熙、河、兰、会、峨等州，宋统治者认为"蕃俗佞佛，故佛事怀柔之"，于是"乃赦数州皆建佛寺"，[⑤]目的是借助佛教达到稳定统治。

有人统计唐代僧尼人数与人口数的比例是 1:322，而宋代的平均比例是 1:60 左右，最高时的比例达 1:43。[⑥]由于唃厮啰政权时期所建的寺院数量有限，寺院经济尚未充分发展，所以绝大部分僧人还是居家修行，相当一部分僧人居留在数百个大小部落中间。[⑦]宋《岷州广仁禅院碑》记载了大部分僧人修行

---

① 祝启源著：《唃厮啰——宋代藏族政权》，青海人民出版社 1988 年版，第 272~279 页；蒲文成著：《青海佛教史》，青海人民出版社 2001 年版，第 37 页；吴均：《论拉钦贡巴饶赛》，《青海师范大学学报》，1990 年第 1 期；秦永章：《唃厮啰政权中的政教合一制统治》，《青海民族学院学报》，1988 年第 1 期；朱普选：《宋代藏传佛教及其在青海的传播》，《青海民族学院学报》，2008 年第 4 期；芈一之主编：《西宁历史与文化》，辽宁民族出版社 2005 年版，第 242~244 页。

② 吴均：《论拉勤贡巴饶赛》，《青海师范大学学报》，1990 年第 1 期。

③ 张虽旺：《宋元时期佛教在河湟地区的传播和影响》，陕西师范大学博士学位论文，2015 年第 140 页。

④ 芈一之主编：《西宁历史与文化》，辽宁民族出版社 2005 年版，第 240 页。

⑤ 张维主编：《陇右金石录》（卷 3），甘肃省文献征集委员会校印 1943 年版，第 37~39 页。

⑥ 刘怡东著：《宋代佛教政策论稿》，巴蜀书社 2005 年版，167~172 页。

⑦ 祝启源著：《唃厮啰——宋代藏族政权》，青海人民出版社 1988 年版，第 276 页。

的情况：

> 西羌之俗，自知佛教，每计其部人之多寡，推择其可奉佛者使为之，
> 其诵贝叶傍行之书，虽侏离鴃舌之不可辨，其音琅然如千丈之水赴壑而
> 不知止。又有秋冬间，聚粮不出，安坐于庐室之中，日坐禅。①

　　史料记载反映了河湟僧人普遍存在的修行特点，即不守戒律，在家修行，诵读经典。这也说明河湟僧人的修行场所在村寨而不是庙宇，这正是河湟地区佛教流布的特点。②居家或辟洞坐禅是汉传佛教禅宗的修行方式，也是河湟僧人修行的特点。③

　　有学者总结道，晚唐至北宋初期，或吐蕃至唃厮啰时期，"河湟一带的西蕃佛教仍保持着修禅特点，显然与这一地区历史上曾流行禅宗的传统有关，而前弘期（吐蕃时期）藏族禅宗的发祥地在晚唐五代时又成为卫藏后弘期佛教文化复兴的发祥地，这两者在地理位置上的重叠显然就不是一个历史的偶然了。"④

三、与乐都北山石窟可能相关的僧人

　　前面我们只是分析了唐末宋初，或吐蕃到唃厮啰时期，亦即从吐蕃前弘期到后弘期开窟修行的禅宗在河湟地区发展历史背景，那么我们再跟进一步，具体是谁或在谁的直接影响下开创了这种在山洞内坐禅的静修方式？在历史文献中我们可以查验到很多此时与洞和窟直接相关的资料。我们还是从前弘

---

① 张维著：《陇右金石录》卷3，甘肃省文献征集委员会校印，1943年版，第37~39页。

② 祝启源著：《唃厮啰——宋代藏族政权》，青海人民出版社1988年版，276页。

③ 张虽旺著：《宋元时期佛教在河湟地区的传播和影响》，陕西师范大学博士学位论文，2015年，第147页．

④ 张亚莎：《吐蕃时期的禅宗传承》，《西藏民族学院学报》，2004年第1期。

期开始：

"益西央禅师在他 80 岁那年坐化在赤伽蒙约的山洞里，这个隐蔽的禅修地也是当年虚空藏禅师坐化的地方。益西央圆寂后，他的弟子们将他的遗体运往安琼（An-cung）的隐蔽地。"[①] 在敦煌写卷中提到"安琼山"，又称安琼南宗（或阿琼南宗），为"坎布拉十八宗"之一（"宗"在这里意即山峰），坎布拉即今青海化隆境内。益西央是虚空藏的徒弟，而虚空藏则又是摩诃衍的徒弟，师徒三人在公元 790 年至 840 年之间在宗哥一带活动，使禅宗得以流行传播。

10 世纪末，吐蕃末期名僧，也就是射杀吐蕃灭佛赞普达磨的拉隆·贝吉多杰，在他射杀达磨时："智勇双全的密咒师拉隆·贝吉多杰正在岩洞内闭关修习。"[②] 他正在叶尔巴岩洞修习。叶尔巴，也称扎叶巴，距拉萨市东郊 36 公里处，现属达孜区管辖。[③] 拉隆·贝吉多杰可能就是叶尔巴修习地的开创者。当然，开创时期所谓的佛殿很可能是岩洞或简单的避风建筑，而不像现在那样高阔华丽。[④] 在拉隆·贝吉多杰将长矛刺入赞普胸膛（有不同的说法，有的说用弓箭）之后，"藏了道具，剪了马鬃把马放于旷野，回到了修习的岩洞，封住了洞口，关闭修行"。[⑤] 有趣的是有人认为这个洞穴就是青海省尖扎县的安琼南宗洞窟，[⑥] 也就是我们前面谈到的虚空藏和益西央坐化的地方。尽管这些传说之间难免有穿凿附会和张冠李戴的地方，但在乐都北山 IV 区发现的尚保留有封门的石窟（参见图 1），似乎是对这个说法为基本史实的印证。

以上文献中的各种线索，与乐都北山石窟使用考古学交叉断代（cross

---

① 张亚莎：《吐蕃时期的禅宗传承》，《西藏民族学院学报》，2004 年第 1 期；［日］冲本克己著，李德龙译：《敦煌出土的藏文禅宗文献的内容》，载《国外藏学研究译文集》（第 8 辑），西藏人民出版社 1992 年版。

② 娘·尼玛韦色著：《娘氏宗教源流》，拉萨人民出版社 1988 年版，第 438 页。

③ 扎西当知：《吐蕃末期名僧拉隆·贝吉多杰生平拾零》，《西藏大学学报》，2010 年第 3 期。

④ 扎西当知：《吐蕃末期名僧拉隆·贝吉多杰生平拾零》，《西藏大学学报》，2010 年第 3 期。不过吴均先生说拉隆·贝吉多杰修行的岩洞就在今循化孟达天池附近的东如山中，参见吴均：《论拉勤贡巴饶赛》，《青海师范大学学报》，1990 年第 1 期。

⑤ 芭·丹杰桑布著：《苯教源流弘扬明灯》，中国藏学出版社 1991 年版，第 184 页。

⑥ 吴引水、吴均：《循化孟达天池古建筑遗墟及地理文化考辨》，《青海民族研究》，2009 年第 4 期。

dating）的物质证据就是今青海省平安区湟水北岸的白马寺（古称玛藏岩寺）和今化隆县境内的丹斗寺（亦称丹底寺）。在这两个寺的洞窟中，都发现有壁画的残存，据研究认为都具有宋代的风格。^① 关于这座白马寺的创建人虽然学者们看法不一，^② 但一般都认为是 10~11 世纪开始创建的。白马寺刚开始时的创建或许对理解和推定乐都北山石窟的时代及其性质更有所助益，我们这里援引吴均先生的说法。

当达磨灭法时，卫地曲卧日地方的藏·饶赛（gtsang rab gsal）、约·格迥（gyo dge vbyung）、玛尔·释迦牟尼（dmar shakya mu ni）三名僧人（藏史称三智士）立即携带律藏和论藏等经籍，逃亡西部羊同（阿里）转赴黎城（新疆南部），接着又辗转东行，到达大藏尕甘的宗喀地区，隐居于今青海平安、贵德、尖扎一带。后来常驻丹斗寺，晚年收喇钦·贡巴饶赛为徒：

> 先是，三智士晚年，离开丹斗，来到今青海平安县城湟水对岸，藏饶赛与玛尔释迦牟尼于北山红岩金刚崖下凿洞静修，约格迥则于其东西的山谷修行。喇勤晚年，利用其社会力量，于此红岩金刚崖下，大规模地凿山辟洞，修建佛殿、塑造佛像等，命名为玛藏岩寺，作为讲学中心，此寺今通称白马寺……白马寺原来的规模，建筑艺术，堪与炳灵寺比美，但由于地处交通要冲，在历史长河中，屡经兵燹，被焚毁而又重建多次，加之湟水北侵，冲刷剧烈，自红岩子沟口至寺东被湟水冲塌的悬崖处，一里多长山崖上多处洞穴，已经被毁坏或坠入湟流之中，但悬崖之上的栈道痕迹，洞窟遗墟，尚可依稀辨认。尤其是寺东那一部分，三十年代，还是通行车马大道，但四十年代中，受湟水冲刷的山崖相继崩塌，道路移至河之南，从那些崩塌的洞穴中，还可以看到零星残存的壁画纯属藏传佛教的风格，与西宁土楼山东部遭坍塌、焚毁的壁画残迹相同。据考证，

---

① 吴均：《论拉勤贡巴饶赛》，《青海师范大学学报》，1990 年第 1 期；索南才让：《藏传佛教下路律法发祥地——丹斗寺》，《群文天地》，2011 年第 12 期。

② 吴均：《论拉勤贡巴饶赛》，《青海师范大学学报》，1990 年第 1 期；黎宗华：《河湟古刹白马寺》，《青海民族学院学报》（社会科学版），1987 年第 4 期；万么顷杰.《喇钦贡巴饶赛尊证师二汉僧新考》，《西藏研究》，2015 年第 1 期；谢佐：《白马寺小史》，《青海民族学院学报》，1982 年第 1 期。

两者属于同一时代，系宋代作品。[①]

白马寺后期经过大规模的扩展后，形成现在的模样。而根据上述记载，实际上当初的情形应该就像乐都北山一样，都是空间狭小的禅修窟；现在依然可以从没有完全坍塌的洞窟中看到当初的风貌。

结　语

乐都北山石窟在岁月的侵蚀下，除了洞窟本身勉强保留下来外，其他能说明问题的特征与证据几乎全部毁坏殆尽；由于载录阙如，我们在历史文献中也无法查询。所幸，我们借助现代科技的测年手段来确定其年代，然后顺着时间这个线索顺藤摸瓜，再从历史文献中去寻找与之相关的记载与著录，从而廓清一段被湮灭的历史事件和真相，同时也了解了乐都北山石窟的开凿及其开凿的原因和功能。可以说乐都北山石窟的发现，是青海省，或整个青藏高原东部地区首次发现的禅宗遗迹，它们为历史上河湟地区禅宗的传播和流布，为那些传说中高僧大德们传道护法时所做的贡献与事迹，同时也为语焉不详、细节阙如的历史记载，提供了物质证据。

---

① 吴引水、吴均：《循化孟达天池古建筑遗墟及地理文化考辨》，《青海民族研究》，2009 年第 4 期。

考古
随笔　篇

考古·岩画·萨满教
——考古的学术认知与研究历程

郭淑云教授嘱我写一些关于考古、岩画和萨满教之间关系的文字，包括我对这三者的认识。她给我拟了一个大纲，提出了很多问题，其中一些不仅涉及学术，也涉及我的家庭，包括一些个人的生活问题。本来我是老老实实地按照郭教授的提问一项一项地回答，但到了后面发现，其实问题本身就是按照一条"诱敌深入"的路线预设的，最后结果就是引人入彀，全军覆没。郭教授思虑之深，谋略之远，最后去掉提问，就成了这篇文章。所以感谢郭教授，感谢她的设问，感谢她的催促。

我的祖籍在江西萍乡东桥边，东桥原名草桥，草河经此流入湖南醴陵境内，古为边县重要集贸场所，名曰草市。汤氏为乡邑望族，世以诗礼传家，一如现存的汤氏宗祠楹联所称：精英钟萍水，诗礼绍夏阳。但江西萍乡与我无关，我没去过老家，甚至没去过萍乡。到我这一代，萍乡汤氏家族已是五代书香门第。五代书香，文脉流长，泽被后世。记得在 20 世纪 70 年代初我上中学时，先父作为一介文人，他的行为举止包括价值观，不知不觉中深深地影响着我。用两件很明显的事例来说明。我大学毕业后被分到青海省考古研究所工作，其实这是一份我非常喜欢的职业和工作，我就喜欢做田野工作，从来没觉着什么辛苦劳累，而是充满享受。无论是发掘还是调查，只要是考古的田野工作，我总觉得是玩，是一种特别享受的工作方式，从不认为这是辛苦的工作。但在我 45 岁的时候，我却转到大学里当老师了，这就是受家父的影响。其实我舍不得离开可以全天候做田野的考古所，但当大学教授是童年时便根植在我心中的梦，这个梦正是来自父亲。多少年以后，当我忆及先严时突然意识到，曾经特别不想成为父亲那样的我，最终还是不出意外地成为父亲那样了。这世界上没有巧合，也没有意外，文化规定好历史的进程，家庭也为你铺设好通往未来的轨道。

因为到了这个岁数，无论哪方面的回忆都是漫长的，我的学术之路自然也是漫长的。其实1979年上大学时，考古为何物我根本不知道，但我所在的青海锻造厂有很多老三届北京学生，比起我来，他们是见多识广的。我的一个好朋友，也是1966届北京高中生，后来成为中央民族大学的领导。我报志愿时他建议我报考古，说搞考古可以全国各地到处跑，说不定还能去希腊、罗马或埃及！仅此一句话，就决定了我的一生。不过在大学学习期间，我并不喜欢考古，因为接触的都是那些僵尸般的坛坛罐罐和了无生气的遗址文物，尤其是类型学的研究方法，让我绝望。考古远没中文系的文学课程有意思，甚至不如那些花花草草的植物学。所以我经常跑到其他系去听课，是一个很不被老师看好的考古系学生。

1983年刚毕业分到青海考古所后，那年的秋天就参加了湟中县大华中庄卡约墓地的发掘。刚毕业的大学生，不知道在考古发掘过程中该做什么或注意什么，而只是按教科书或老师教的，只注意发掘的流程和规范等技术问题，以及如何运用类型学对陶器进行分类等问题。那会儿还是相信一招鲜吃遍天的年代，觉得只要把一部九阴真经练到九重便可独步武林，一统天下了。只要把类型学学好，就可以解决所有的考古学问题了。但也有疑惑，青海考古所标本室有一座复原的卡约墓葬，一位仰身直肢葬的人骨架，手执一把铜斧，脖子上戴着一串贝壳项链，身上饰有许多铜铃、铜泡和铜镜，说明牌上写着：卡约文化的萨满巫师。当时觉得这座标本墓太令人着迷了：这是谁？为什么浑身的铜铃铜镜？脖子上的贝壳哪里来的？手里的铜斧为什么会象征权力和神性？萨满巫师看上去简直太酷了！（图1）

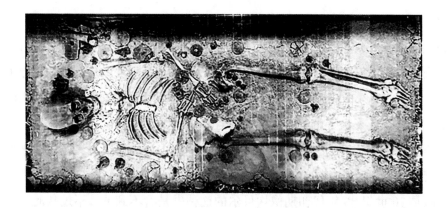

图 1　青海文物考古研究所标本室所藏卡约文化墓葬

图 2　湟中县大华中庄卡约墓地出土的瘤牛斗犬青铜杖首

　　后来墓地出土了一件瘤牛斗犬的青铜杖首的青铜器，按照考古类型学的分类方法，实际上这都可以归类到北方草原青铜器的大类中，这些都属于兽搏主题和草原风格。（图 2）但这件青铜器引起我强烈的兴趣，瘤牛是印度的东西，如何跑到青藏高原来了？为什么草原风格会崇尚兽搏主题？它所表现的是什么意思，有什么文化象征？然而这些问题显然不是类型学所能解决的。也正是那年，购得一本三联出版社出版的张光直先生的《中国青铜时代》，记得很清楚，一方面艰涩难读，而另一方面又读得我如饥似渴，如饮甘露，第一次知道原来考古可以这么有趣地去做，而不用像幼儿园小朋友摆积木一样枯燥地摆弄那些埋葬了千年的陶片。特别是后来读到张光直关于虎食人卣，看到张先生引用美国神话考古学家坎贝尔（Joseph Campbell）《动物的超能力之路》（The Way of the Animal Powers）中所运用萨满教理论来解释虎食人的图形，这是我第一次了解到萨满教，而且立即就像萨满一样，为之迷狂——可能前生就是个萨满吧？课堂上的考古是一个逝去了的僵死世界，而萨满教则令其鲜活生动起来；课堂上的考古对象是物，而张先生的考古对象是人。

但是20世纪80年代初期像坎贝尔的这种书是看不到的，不过从此，就力所能及地开始研读与萨满教相关的各种资料。在20世纪80年代中国学术的春天里，我们播下释放自我和张扬个性的种子，希望开出来的花或绚烂或妖异，就是不想平凡。所以对一切不落窠臼和标新立异，或者说与传统教科书不同学说理论，都趋之若鹜。但国内的狭义萨满教研究远远不能满足我的兴趣，直到1992年我去意大利史前卡莫诺史前研究中心进修，多少年以后才明白这是一个升级换代的跳跃。这个中心连炊事员加一起，只有6个人，然而它在世界岩画界的地位却是众所周知的。这个中心有个图书馆，其中关于史前艺术方面的藏书，是非常可观的，这一点一般人并不知道。正是这个图书馆为我打开了萨满教之门，同时也打开了世界之门。

在这个中心，我最初开始读的就是坎贝尔的书，也就是他得以成名的《千面英雄》（The Hero with a Thousand Faces）。实际上坎贝尔是个从事比较神话学和比较宗教研究的人类学家，只不过是更多地运用人类学材料与考古学材料作对比研究，也就是用人类学来解释考古学，在考古学中这种研究被称作中程理论，也相当于我们国家考古学中所谓"替死人说话，把死人说活"的考古境界。坎贝尔的学派可以称作"萨满学派"，1949年他出版了他的成名作《千面英雄》，其中"元神话"的神话理论确立了他在比较神话和比较宗教界的学术地位。坎贝尔的"元神话"即把所有的神话叙事看作是一个伟大故事的变体，在大多数伟大神话的叙事元素之下，存在着一个共同的模式，而不管它们的起源或创作时间。坎贝尔研究最多的中心模式通常被称为"英雄之旅"（monomyth），并在《千面英雄》中首次被描述。

不过坎贝尔的神话观绝不是一成不变的，他的著作详细地描述了神话是如何随着时间而演变的，是如何反映出每个社会所必须适应的现实。不同的文化发展阶段有不同但可识别的神话系统，这就是他的神话进化论（Evolution of myth）。《动物的超能力之路》涉及的是狩猎采集社会的神话，涉及很多萨满教内容；《播种的土地之路》（The Way of the Seeded Earth）谈的是早期平等社会的神话（Early agrarian societies）；《天光之路》（The Way of the Celestial Lights）讨论的是早期文明社会的神话；《人类之路》（The Way of Man）则是对关于中世纪神话、浪漫爱情以及现代精神的诞生等主题的分析。

坎贝尔同时也是个现代思想家和哲学家，他的名言"让幸福牵着你"（Follow Your Bliss），成为一个时代的流行语，甚至影响到好莱坞。乔治·卢卡斯称赞坎贝尔的思想影响了他的《星球大战》。所以在卡莫诺史前研究中心读坎贝尔的书时，都是非常愉快，感觉"让幸福牵着走"。不过就萨满教的人类学研究而言，坎贝尔显然不是最早的。《动物的超能力之路》出版于1984年，而在20世纪50年代德国史前学家劳梅尔（A. Lo 毫米 el）就出版了他被称为世界艺术的地标性著作（Landmarks of the world's art）《史前与原始人类》（Prehistoric and Primitive Man）和《萨满教：艺术的开端》（Shamanism: The Beginnings of Art）。书中强调了萨满教作为艺术起源的概念，将萨满的新比喻引入了洞穴艺术的研究和更广泛的解释，即精神病萨满或有痛苦预见能力的艺术家。他将旧石器时代洞穴岩画中的萨满形象与萨满教因素（迷狂 trance, ecstasy）系统归纳出来，甚至将"X"射线的萨满风格图形的传播路线也归纳出来。劳梅尔认为萨满教是猎人社会的宗教形式，他说猎人的世界是一个无法控制的世界，所以发展萨满教作为防御和控制，将世界划分为物质世界和精神世界，然后声称控制了精神世界。而岩画，正是萨满控制精神世界的手段之一。劳梅尔的萨满教学说后来成为坎贝尔（Joseph Campbell）《动物的超能力之路》（The Way of the Animal Powers）一书的理论来源，也正是在劳梅尔的基础上，坎贝尔在此书中直接沿袭了关于岩画的起源、特征和传播路线的全部的劳梅尔观点。如果说劳梅尔的《史前与原始人类》是用萨满教研究岩画的创始的话，坎贝尔的《动物的超能力之路》则是20世纪下半叶用萨满教理论研究岩画的顶峰，其影响之巨，远不止神话、史前学以及岩画。张光直在其《考古学专题六讲》中曾说："萨满式的文明是中国古代文明最主要的一个特征。"[1] 有趣的是这样一个判断正是来自坎贝尔《动物的超能力之路》一书的影响。

最初是由萨满教的原因而开始研读劳梅尔和坎贝尔的著作，而最终受到致命影响的是他们的文化传播论。在传播论的语境中来理解萨满教，才是这个学派的理论范式和认识精髓。有一件小事令我非常震撼。我小时候在青海的东部农业区也就是湟水河流域长大，小时候玩一种游戏叫"解绷绷"，也就是用一条大概一米长的细线两头拴在一起形成绳圈，将绳圈套在双手手指上形成各种图案，然后由另一人双手用挑、穿、勾等方法改变原来的图形，这样二人或多人轮流解绷，巧妙地绷出各种图形。在网上查了一下，也叫"翻花绳"，又叫"解股""翻绳""线翻花""翻花鼓""编花绳"等。土族、满族、蒙古族等称之为"解绷绷"，在杭州称为"挑花花线"，说这是一种流行于20世纪60、70、80年代的儿童游戏，显然是小瞧了这个小小的儿童游戏后面所蕴含着的巨大而深邃的文化意义。（图3）

图3　在《刺客联盟》（或称《通缉令》）中扮演史隆（由好莱坞著名影星摩根·弗里曼 Morgan Freeman 扮演）正在玩翻绳

这种玩绳圈的游戏在英语中称作"string figure games"（绳图游戏），或者又叫"cat's cradle"（猫的摇篮），根据坎贝尔的研究，这是全球范围内普遍传播的文化现象。19世纪人类学家詹姆斯·霍内尔（James Hornell）对绳图游戏进行了广泛的研究，它们被用于试图追踪文化的起源和发展。与萨满教一样，绳

---

[1]　张光直著：《考古学专题六讲》，文物出版社1986年版，第4页。

图游戏也被认为是单一地区起源的（monogenesis）。坎贝尔认为正是由于萨满教在全球范围内的传播，从而致使这种绳图游戏也在世界范围内流行。关于这种绳图游戏的最早描述也可追溯到古希腊时代，当时著名的内科医生赫拉克斯在他第一世纪关于外科绳结和吊索的专著中提到了已知最早的绳图，并对其进行了描述；1978 年国际绳图协会成立 International String Figure Association (ISFA)，由此可见这种小游戏中的所体现的人类大文化与大运动。

谈到卡莫诺史前研究中心，就应该谈谈它的创始人，也就是我的导师阿纳蒂教授（E 毫米 anuel Anati）。关于阿纳蒂教授，我国岩画界非常熟悉，他的岩画著作、理论范式、研究路线、思想观念都有专门的介绍，我在《青海岩画》一书中也对他的结构主义句法论的岩画研究范式也有专门的介绍。阿纳蒂教授不仅是位享誉世界的岩画学者，同时也有着与其学术等量齐观的传奇，譬如他可以说 8 种语言（古希腊语、古罗马语、意大利语、西班牙语、葡萄牙语、英语、法语、希伯来语），他一生出版的著作已经近 150 种了（2018 年在梵尔卡莫诺山谷举行的国际岩画组织联合会大会上他亲自告诉我的）。著作等身对他而言不是形容词，而是一个科学数据。还有，他做得一手好菜，与其学术路线一样，厨艺不仅精湛，而且还是跨文化的。他的学习历程同样可以反映出他文化的多样性和传奇色彩：1952 年在当地希伯来大学获得考古学学士学位；1959 年，在哈佛大学专攻人类学和社会科学，获硕士学位；1960 年，在巴黎索邦大学，师从著名的步日耶神父和古生物学家沃弗莱，获得文学博士学位。博士毕业后不久他就出了一本书，书名叫《卡莫诺山谷》（Camonica Valley），该书的扉页上写着：To my teachers：Professor R. Vaufrey, The Abbé H. Breuil。这个 The Abbé H. Breuil，就是大名鼎鼎地发现北京周口店遗址的法国著名的史前学家步日耶神父，也就是当年裴文中的老师。R. Vaufrey 就是法国非常著名的史前学和古生物学家沃弗莱，许多文章是关于更新世晚期大象、猛犸等大型古生物的。这样一来步日耶神父就成了我的师爷！1964 年，为了研究史前和部落艺术，阿纳蒂开始专注于大利梵尔卡莫诺山谷的岩画研究，并在这里建立了卡莫诺史前研究中心（CCSP），从而在国际上成为研究史前岩画和部落艺术的圣地。

其实在卡莫诺史前研究中心的一年，最主要的收获不是读了多少书，学到多少东西，而是打开了眼界，知道世界上其他学者是如何在做考古和岩画，除了方法，还有态度与精神。最初都是一些不起眼的小事，最终都铸成人生中的里程碑。我在中心的图书馆有个专门的座位，我每天早上 8 点准时坐到那个座位上，晚上六点离开。我每次去图书馆都要经过阿纳蒂的办公室，他办公室的门永远是开的，无论我上班还是下班，只要路过他办公室，阿纳蒂永远都坐在他办公室的书桌旁。有一天我路过他办公室时发现有些跟平常不一样，哦，原来阿纳蒂出差了，不在办公室。没有了阿纳蒂的办公室让我突然明白了学问是怎样炼成的：在桌子和椅子之间，把自己坐成一件家具！一年以后，我离开了中心，但办公室秘书 Nives 开始时还会时不时地朝着我的座位喊一声"Tang"！听到这个故事，居然有一种暖暖的成就感：我成了别人眼中的家具。

当然，开悟仍需要启蒙，对我来说启蒙之书仍是萨满教，这就是埃利亚德（Mircea Eliade）的《萨满教：古代迷狂术》(Shamanism: Archaic Techniques of Ecstasy，该书的汉译本《萨满教：古老的入迷术》已于 2018 年由社会科学文献出版社出版)，无论是给我在感性上的震撼、理性上的升级和知识上的更新以及认知上的颠覆，可以说都是无与伦比的。第一次读到埃利亚德的《萨满教》的感觉跟我第一次听到斯特拉文斯基的《春祭》(the rite of Spring）的感觉是一样的。第一次听到斯特拉文斯基《春祭》时如遇鬼魅，被其震慑得魂飞魄散。我去访友，朋友开门后让我进屋，但这次迎面而来的不是视觉画面，而是听觉上的重击：和着打击乐的小提琴单音跳弦齐奏，固执而粗暴，呼啸而来！一时之间我竟然犹豫不敢迈入，害怕进入的是一个原始丛林的食人部落。

金庸的武侠小说也存在着一个元神话的结构，即某个根骨奇佳的武学奇才碰巧获得一本《九阴真经》一类的武林秘籍，然后就一系列的机缘巧合，最终练成为独步武林的大侠。《萨满教：古代迷狂术》应该就是学术界的九阴真经，虽不致独步武林，但也可通任督，行周天，黄河逆流，功力大增。（图4）"要有光"，这些书为我打开了一个崭新的世界，像一盏灯穿过心中的迷雾，照亮前程。在黑暗中看到前方的光明，恍然明悟什么叫启蒙，由衷地感到"真美呀，请等等我"！

图 4 埃利亚德（Mircea Eliade）的 Shamanism: Archaic Techniques of Ecstasy（英文本，左）和该书的汉译本《萨满教：古老的入迷术》（汉文本，右）

早期萨满教研究往往被纳入民族学、人类学、原始文化、历史、社会学、病理学家们研究的范畴，特别是心理学研究范畴，将萨满教的迷狂看成是危机心理甚或退行性心理的表现，并总会将其与某种异常的精神表现形式进行比较，或将其归为癔症或癫痫一类的精神疾病。埃利亚德第一次将其放在宗教史的视阈下来研究，尤其是将萨满教视作一种具有全球意义的史前或原始宗教，并总结出萨满教在全球性传播过程中所具有文化模式和思维定式。这本书的副标题"古代迷狂术"突出了埃利亚德对萨满教的关键理解，他把三界宇宙观、灵魂、灵魂再生与转世、迷狂、通天、二元对立思维等核心概念塑造出一个萨满教模式，将其作为人类最早的世界观、宇宙观和认知模式，然后全球范围内进行跨文化考察，从而为萨满教的研究打开一个崭新的天地。

不过埃利亚德之于我，最大的收获是运用萨满教的眼光来观察和理解考古学。正是在埃利亚德的萨满教视阈下，从前疑惑的卡约墓葬问题开始变得有答案了：在西伯利亚的萨满服饰中，挂在衣服上的铁（或铜）质原片是最为引人瞩目的。一般认为，这些"圆盘"象征着太阳，而其中会有一个中间有穿孔的圆盘，这个则被称为"太阳之口"，或是"大地之口"，萨满借助这个圆盘进入地下世界或与天神沟通。除此之外，衣服上还有许多铜泡，以及象征萨满力量的铁链。一些精致的萨满服饰中，还会有一些象征人体骨骼、器官的小金属饰品。这些金属装饰都具有相应的"灵魂"，绝不会生锈。在满洲地区，萨满的镜子具有特殊的意义——"看到世界（入定）""辨认神灵""反映人类的需要"。在满—通古斯语中，"镜子（panaptu）"词源为"灵魂（pana）"，镜子的作用，就是储存"灵魂之影"的容器。

不知道法国精神分析学家雅克·拉康（Jacques Lacan，1901~1981）的镜像理论是否来自镜子与灵魂的萨满教世界观，而徐峰最近在他的《"凝视——镜像"视角下的萨满教》一文中，则将拉康与萨满教联系在一起。拉康以婴儿"照镜子"为例，认为幼儿在镜中看到了自我，更确切地说，镜中的映像助成了幼儿心理中的"自我"的形成。幼儿认为是其自我的，只是一块了无一物的平面上的一个虚像。人的自我形成的第一步就是建立在这样一个虚妄的基础上的，在以后的发展中自我也不会有更牢靠更真实的根据。从镜子阶段开始，人始终是在追寻某种性状某个形象而将它们视为是自己的自我。这种好奇寻找的动力是人的欲望，从欲望出发去将心目中的形象据为"自我"，这不能不导致幻想，导致异化。拉康在镜像理论中提出的镜像中自我的不完整、虚假以及分裂的现象在萨满初始阶段的疾病与梦魇中也存在。用拉康的镜像理论来看萨满教的迷狂（或入迷，ecstasy），我们便可从精神分析的角度获得新的理解："入迷仪式对于成为萨满而言是至关重要的，入迷是一种深度的精神体验。藉此，萨满能够超越边界，进入神灵的世界。此一入迷正是一个镜像过程，如同水、梦、镜子是通灵的介质一样。同时，令人匪夷所思的是，入迷者在此过程中，是全程看着自己的断身仪式发生的，他并没有因为这个过程的残酷而回避（譬如人们做噩梦，梦见惊心之事时通常会醒来）。"萨满不仅利用各种神器，如鼓、镜来包装自己，增加仪式的效果；更重要的是，镜这个法器实在是萨满身份的一项重要表征。《墨子·非攻中》曾曰："镜于水，见面之容；镜于人，则知吉与凶。"萨满正可被视为特定社会中的一个可以被凝视的镜像装置。①

前面谈到"X"射线风格，劳梅尔和坎贝尔让我们知其然，而埃利亚德则让我们知其所以然：因纽特萨满"凝视自己的骨架"——这一行为类似于"白骨观"，因纽特萨满能够凭借想象来见证自己被肢解的整个过程，如同拉康镜像理论中的凝视。骨骼是中亚及西伯利亚萨满仪式中被剥离的最后部分，大多数时候甚至只有骨骼得以保留，似乎对于萨满来讲，骨骼是肉体中最接近本源的事物，他毋须替换，便已经存在神秘的能力。可能对于萨满来讲，骨骼本质上就是"非肉体"的真实生命。

埃利亚德的迷狂术强调其"古老的"（archaic），指的是其起源的古老性，而不限于"古代的"时间。虽然起源古老，但至今仍然盛行。喇嘛教中也常见这种白骨元素（白骨舞、中阴状态下的神灵）也与东北亚的萨满的白骨象征有着极大的类似。藏传佛教壁画中的嘎巴啦（梵文的音译，即头盖骨）、尸陀林（梵文葬尸场的音译）的人骨架，包括密宗仪式中，向恶魔"舍身"的仪式、利用人骨做成的法器，以及召唤迦梨女神或者空行母等等，其实都是"死亡－重生"的仪式象征。骷髅乃是灵魂的寄所，在壁画中绘制骷髅头颅，就是去故而就新，是对生命再生的表达。（图5）

图5 藏传佛教中表示灵魂转世往生的尸陀林主，又称"墓葬主"，是梵文"葬尸场"的译音

---

① 徐峰：《"凝视——镜像"视角下的萨满教》，《百色学院学报》，2015年第5期。

我的《青海岩画——史前二元对立思维及其观念的研究》一书，就是在这种向往世界，追逐光明中写成的。这部书实际上去意大利之前就已基本定稿，也准备出版，但因我要到意大利进修，所以就说等回国后再出版。然而到了卡莫诺史前研究中心，才知道井底之蛙，不可以语大海，于是几乎全部推翻重写。从"二元对立"这个书名便可看出我受阿纳蒂影响之巨，受结构主义影响之甚。众所周知，尽管20世纪90年代后过程主义、后结构主义的思潮在世界考古界已经汹涌涌而至，但对于中国考古学界和特别是岩画学界来说，仍安享于文化—历史学派的窠臼之中。19世纪以来理论创新的宏大叙事风格，在岩画界依然非常盛行，阿纳蒂结构主义的句法论当时在岩画界正是旗帜高扬的时候，麾下粉丝无数，我也是其中之一。步日耶是结构主义的鼻祖，句法论就是对结构主义的发展，正如阿纳蒂对步日耶的继承。二元学说是结构主义的核心，但西方的结构主义不了解东方的二元论还有着截然相反的内容，所以有必要对结构主义的二元论，进行重新认识和界定，从而使远东也可以纳入结构主义的理论框架之中。这样便有了结构主义在东方的发展，即二元对立，这也就是《青海岩画——史前二元对立思维及其观念的研究》这一书名的由来。二元对立的思维形式也正是原始萨满文化的思维方式。经常有人问，你这明明是岩画书，为什么要取个哲学名字？简而言之，岩画只是一个文化表象，而事实上是观念的产品，而文化观念则又是思想和思维的产品。所以讨论岩画，实际上是在讨论思维、思想及其观念。

简单地说，尽管列维—斯特劳斯（C.Lèvi-Strauss）等人将中国的阴阳也纳入二元的结构内，但事实上这些结构主义的先驱们并不了解中国以老庄阴阳哲学为代表的二元论，中国的阴阳学说或二元论与西方结构主义语境下的二元论有着本质的区别。如同西方一样，最初中国的思维也是以对立的二元逻辑形式为特征的：黑白、好坏、上下、善恶、强弱、神魔等，但二元之间的关系绝对是对立而不能统一或转化，换句话说亦即A不等于非A的逻辑形式。诚如列维—斯特劳斯所说的，我们逻辑的运转便是通过二元对立，以及与象征主义最初的显示相吻合这种手段来进行的。二元对立不仅是我们人类基本的思维形式，同时也是整个古代社会共同的文化观念，我们文明的基础，也是李约瑟、张光直等人所说的以萨满为特征的文化系统。

考古是以物质形式来缀合古代拼图的，也就是说如果涉及古代的精神世界，我们需要看到思想的形状，所以我们就以一幅鸟啄鱼图的结构模式，来看看思想是如何在历史的过程中通过不同的形状来表达自己的，看看它在时空范围中的延续性及其变异。

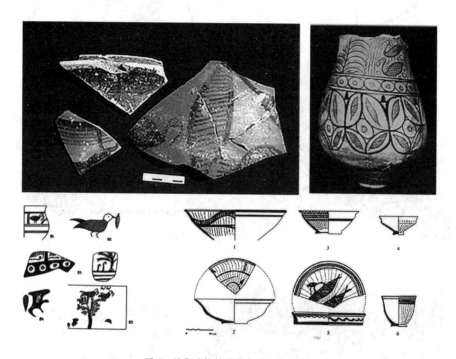

图6　早期哈拉帕彩陶上的鱼鸟图案

鸟啄鱼（或蛇）是一种构图，一者为鸟（或鹳或鸭或孔雀等），一者为鱼、蛇、虫等。鸟嘴里衔着鱼，从而形成一幅鸟啄鱼图。我们可以从一个更为广阔的时空范围中来观察一下这个构图或思想主题的演化与变异。这个图案最集中和最频繁地出现是在印度河谷的哈拉帕（Harappa）文化彩陶上。（图6、7、8）

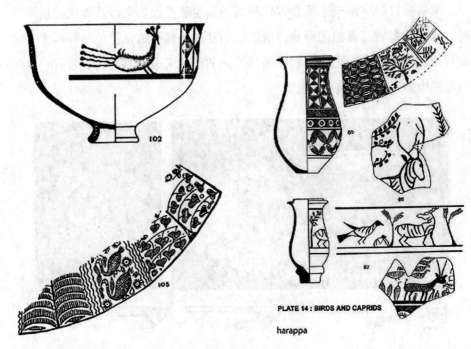

PLATE 14 : BIRDS AND CAPRIDS

harappa

图 7　哈拉帕成熟期的鱼鸟图

图 8　哈拉帕晚期鱼鸟图

印度河流域哈拉帕文化彩陶上的鸟啄鱼图案时代在公元前 2800 年到公元前 1700 年左右。不过这并不是印巴次大陆发现最早的鸟啄鱼彩陶图案，最早的应来自玛哈伽文化（Mehrgarh，7000~2000BCE），玛哈伽文化目前是印巴次大陆发现的最早的新石器时代文化。（图 9）

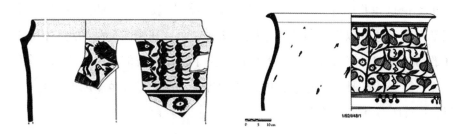

图 9　玛哈伽文化出土的鸟（孔雀）啄鱼彩陶图案（3000BCE）

而种鸟啄鱼图案同样也是我国自新石器时代以来一直盛行的装饰图案，最早出现在公元前 4000 多年前的仰韶文化。（图 10）

图 10　左：河南阎村出土的新石器时代仰韶文化鸟啄鱼图；右：陕西宝鸡出土的半坡文化的彩陶壶（a.4000~5000BCE）

关于鸟啄鱼图，尤其是河南阎村出土的这个鸟啄鱼图案，有很多解释，其中最为著名的就是严文明先生的观点：史前两个部落发生战争，鹳部落战胜了鱼部落。为了纪念这个意义重大的事件，鹳部落将胜利绘制在陶缸上。如果我们只发现这一件的话，应该说没有什么理由或根据来加以反驳。可问题在于无论是在我国还是国外，无论是新石器时代还是青铜时代乃至现代，我们都发现了这种以鸟鱼争斗为主题的图案，而且其构图都是如此的相似！这样的话，我们对事件性的历史解释就产生了怀疑，我们不得不考虑这个图案后面所要表述的具有普遍意义的人类学含义。检索世界范围内的史前考古材料，这种图案其实非常普遍。

图 11 柏林小亚细亚帕伽玛博物馆（the Pergamon Museum）馆藏的萨玛拉文化（The Samarra 6000BC）彩陶碗上的鸟啄鱼

如果我们把目光再从空间上扩大一些，我们就可以看到新石器时代彩陶上的鸟啄鱼图或鱼鸟争斗图最早出现在彩陶上除了前面我们提到的巴基斯坦俾路支斯坦的玛哈伽文化之外，尚有公元 6000 年前的萨玛拉文化（The Sa-marra）彩陶碗上。稍后在西亚地区也非常盛行，譬如与仰韶文化同时代的伊朗苏萨文化。（图 11）

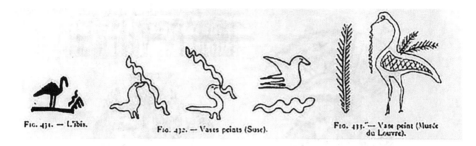

图 12 伊朗底格里斯河畔 the Tigris River 扎格罗山区 the lower Zagros Mountains 发现的新石器时代苏萨 I 期文化彩陶片上的鸟吃蛇（Susa I period, c.4200~3900BCE）

图 13 苏萨 II 期文化彩陶片上的鸟吃蛇（Susa I period, c.3900~3100BCE）

图 14 伊拉克卡法雅文化 Khafajah（公元前 3100~2500 年）出土的陶器纹饰

图 15　公元前第三千年纪伊拉克 Tell Agrab 遗址出土的彩陶瓮

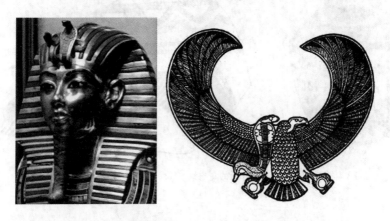

图 16　埃及图坦阿蒙法老（1352BCE）金冠上的鹰搏蛇图案

图 17　商代鸟啄鱼玉雕（左）；青海卡约文化（右，BC1000）骨管上的鹰搏蛇

图 18　相当于中春秋时期的塞浦路斯彩陶（Period Cypro Archaic I c.750 – 600BC）

图 18 古希腊陶器上的鹰吃蛇

图 19　公元前后宁夏青铜峡四眼井岩画（左）和新疆阿尔泰岩画（右）上的鱼鸟图

除了考古器物和遗迹上的鸟鱼或鹰蛇图案外，古代文献中也每每可以发现与其相关的描述与记载。

《伊利亚特》（卷12）："正当阿西俄斯和他的士兵们在这里进行遭遇战，并有许多人被打死的时候，其他的特洛伊人则步行通过沟壕，冲击希腊人的其他营门。亚各斯人不得不改变战略，集中力量保护战船。那些站在他们一边的神祇也十分忧伤地从奥林匹斯圣山上俯视着。可是，由赫克托耳和波吕达玛斯率领的一队却还迟疑着，没有冲过壕沟，这一队最英勇而人数又最多。这是因为他们看到了一种不吉利的预兆：一只雄鹰从左侧飞临上空，鹰爪下逮住一条赤练蛇。它拼命挣扎，扭转头去咬鹰脖子。雄鹰疼痛难熬，扔下赤练蛇飞走了。赤练蛇正好落在特洛伊人的中间。他们恐惧地看着蛇在地上挣扎，认为这是宙斯显示的征兆。"

"他们正急于要越过那条壕沟，就来了一个预兆：一只鹰高飞掠过队伍的左边，鹰爪抓住一条血红的大蛇。那条蛇还活着在喘气，还在挣扎，扭转身来向抓住它的那只鸟的颈项咬了一口，那只鸟被咬痛了，把蛇放下，让它落到队伍的中央，于是叫了一声，就乘风飞去了"。[①]

很显然，希腊神话以清晰明确的文字形式告诉我们，鹰和蛇在这里分别代表着宙斯和特洛伊人从而象征着战胜与失败的正反二元。

从这些不同时代和不同文物载体上所表现的同样主题我们可以看到，鸟啄鱼图案后面所要表达的人类的普世价值和认识模式。考古是以物质形式来缀合古代拼图的，也就是说如果涉及古代的精神世界，我们需要看到思想的形状，我们通过这幅鸟啄鱼图的结构模式，可以看到思想是如何在历史的过程中通过不同的形状来表达自己的，看看它在时空范围中的延续性。这也与弗朗西斯·哈斯克尔（Francis Haskell）和彼得·伯克（Peter Burke）所谓的"图像证史"异曲同工。

这种普世价值和认识模式被哲学家们以结构主义的命名加以归纳。简单地说，结构主义是以对立的二元逻辑形式为特征的:黑白、好坏、上下、善恶、强弱、神魔等，但二元之间的关系绝对是对立，而不存在丝毫的统一和转化，换句话

[①] 朱光潜译：《柏拉图对话录》，人民文学出版社1963年版，第12页。

说亦即 A 不等于非 A 的逻辑形式。诚如列维—斯特劳斯所说的，我们逻辑的运转便是通过二元对立，以及与象征主义最初的显示相吻合这种手段来进行的。二元对立不仅是我们人类基本的思维形式，同时也是整个古代社会共同的文化观念，仰韶文化彩陶上的鱼鸟争斗图就是用图形形象地表达了这种逻辑思维形式与文化观念。（图20）

尽管列维—斯特劳斯（C.Lèvi-Strauss）等人将中国的阴阳也纳入二元的结构内，但事实上这些结构主义的先驱们并不了解

图 20 西周青铜器上的鸟啄鱼图

中国以老庄的阴阳哲学为代表的二元论，中国的阴阳学说或二元论与西方结构主义语境下的二元论有着本质的区别。如同西方一样，最初中国的思维也是以李约瑟、张光直等人所说的以萨满为特征的文化系统。

图 21 山东（左）和徐州（右）出土的汉代画像砖

图 22　安徽马鞍山朱然墓出土的漆盘

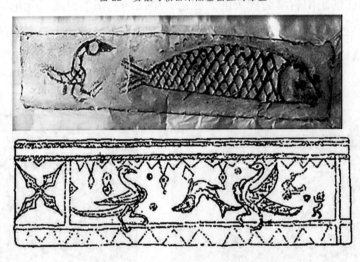

图 23　山东邹城（上）和四川南溪（下）出土的汉画像砖

　　根据各国的神话、文献、民俗等材料，我们知道鸟（鹰、鹳、鹤、孔雀等）象征着太阳、天、天堂、光明、强大、胜利等，而鱼（或蛇）则象征着地下、地狱、黑暗、弱小、失败等与前者相反的对立面，这样便构成了一正一反或肯定与否定的二元结构。在这个结构中，前者象征着正和肯定因素，而后者则代表着反和否定因素。所以《淮南子·天文训》云："毛羽类，飞行之类也，故属阳；介鳞类，蛰伏之类也，故属阴。"郑玄《礼记·昏义》注："鱼，水物阴类也。"《文选·蜀都赋》："阳鸟迥翼乎高标"。《经籍纂诂》云："鱼为阴物"，"鸟者，阳也"。虽然我国汉代的文献不足以直接说明这些几千年前新石器时代的彩陶图案，但总可以说明历史时期比如周代的鸟啄鱼图吧？或者，再苛刻一些，总能说明汉画像砖上面的鱼鸟争斗图吧！从理论的层面来看，也可以用作中程理论来参照。

图 24　山东邹城出土的汉画像石

不过《周易》之后，中国自身的哲学开始发达。《周易》云："一阴一阳之谓道。"用哲学语言来讲，"道"是产生二元的统一体，或谓二元思维产生之前的人类社会和人类思维状况，亦即神话中的"混沌"。后来盘古开天地，黄帝判阴阳，意味着建立在二元对立思维基础上的人类理性和文化的产生，原始混沌被打破，文明秩序被引入，这正是《周易》所说的"一生二"。到了春秋战国时期，出现了一个最终使中国与西方在思维、哲学以及文化上分道扬镳的新变化，即原来旨在强调对立的萨满教二元对立思维，开始向统一的二元论转变，其标志主要是《老子》一书的出现。《老子》一书的宗旨就是抹杀二元之间的区别、对立和斗争，使二元之间彻底地转化和全然地统一，这就是众所周知的阴阳哲学。老子认为正是由于天地被判开，阴阳被对立后产生的社会秩序与文明，才导致了整个社会的堕落，如战争、人们之间的敌对与尔虞我诈、世风的浇薄等。那么要改变这一切，首先要回到过去的混沌社会中去，其根本途径便是在哲学上消除二元对立。老子认为美丑、难易、长短、高下、前后等诸二元之间的关系根本不存在对立，而是相互关联、依存、统一以及转化，所谓"有无相生，难易相成，长短相形，高下相倾，声音相和，前后相随"。老子采用贬抑肯定因素，褒扬否定因素的办法来抹杀二元之间的区别和对立。也唯其如此，才能达到天下大治："不上贤，使民不争；不贵难得之货，使民不盗；不见可欲，使心不乱"。到了庄子，这一做法被发挥到了极致，他通过一系列寓言或故事来否认和抹杀业已存在的二元之间的区别，从而使阴阳哲学从文人士大夫和贵族阶层普及到平民老百姓，使哲学通俗化，这就是道家思想。

《庄子·山本第十二》云："阳子之宋，宿于逆旅。逆旅人有妾二人，其一人美，其一人恶，恶者贵而美者贱。阳子问其故，逆旅小子对曰：'其美者自美，吾不知其美也；其恶者自恶，吾不知其恶也'。"

这就是通过抹杀美丑之间的区别来消除美丑之间的对立。其许多著名寓言如"庄周梦蝶""濠上羡鱼"等都是通过抹杀真实与梦境之间、主客观之间等一系列之间的区别来强调二元之间的统一，庄子把这种折中主义被称为"齐物"，所以"齐物论"是《庄子》的点睛之笔。

在阴阳哲学家们看来，阴阳之间不存在对立，更谈不上道德价值取向，二者之间至多是一种自然的交替和变化而已。

《吕氏春秋·大乐》云："阴阳变化，一上一下，合而成章，浑浑沌沌，离则复合，合则复离，是谓天常，天地车轮，终则复，极极复反，莫不或当。"

其中二元之间不再有区别和对立，二元融为一体，像车轮一样无始无终，像水一样无法判剖。正如太阳作圆形运动一样，虽有白天和黑夜，但它们之间的关系是相互转化和相互代替，而不是对立。这种哲学认识后来用图形来表示，即"太极图"，亦可称为"圆道"。从纯粹的数字关系来看，既然"道"是二元论之前的东西，那么转化成数字关系就应该是"一"，也就哲学上所谓的"太一"。既然二元论使整个社会堕落，我们就应该抛弃二元对立，合二为一，再回到以前的"一"去，《老子·三十九章》云："天得一以清，地得一以宁，神得一以灵，谷得一以盈，万物得一以生，侯王得一为天下正。"

"二"是"一"的对立之物，既然"一"的价值取向是肯定，那么"二"的价值取向就是否定。汉字"二"除了表示数字外，其他主要义项都是围绕着"分离""分开"而衍化的，但这时的"二"多用于贬义，如"背叛""不忠""分裂"等。

也正是从老子开始，中国的哲学、文学、艺术、医学、宗教等，便逐渐与西方分道扬镳了。"太一"与"二元"之间的区别，正是中国与西方之间的区别，这首先是来自哲学和思维上的不同。与西方相比，中国古代社会是一个哲学的社会，而不是科学的社会；古代中国更注重主观的精神世界，而不是客观的物质世界。

汉代老庄的二元统一的阴阳哲学已经深入民间，普及到底层社会和日常生活。原来象征着二元对立的鸟啄鱼或鹰吃蛇图案，现在变成鱼鸟一体图，象征阴阳和合。《山海经·西山经》："又西百八十里，曰泰器之山。观水出焉，西流注于流沙。是多文鳐鱼，状如鲤鱼，鱼身而鸟翼，苍文而白首，赤喙，常行西海，游于东海，以夜飞。"胡文焕图说："鸟翼苍文，昼游西海，夜入北海。其味甘酸，食之已狂，见则大稔。"文鳐鱼是丰年的象征，所谓"见则天下大穰"，郭璞注说："丰稔收熟也。"郝懿行注云："鱼见则大穰者，诗言众鱼占为丰年，今海人亦言岁丰则鱼大上也。"（图25）郭璞《图赞》曰："见则邑穰，厥名曰鳐。经营二海，矫翼闲（一作间）霄。惟昧之奇，见叹伊疱。"

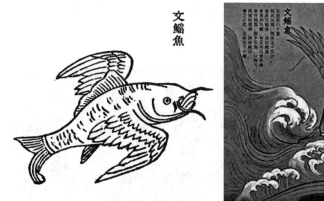

图 25 《山海经》中长翅膀的文鳐鱼

《山海经·西山经》的记载，其曰："邽山，蒙水出焉，南流注于洋水，其中多黄贝。赢鱼，鱼身而鸟翼，音如鸳鸯，见则其邑大水。"（图26）

图 26 《山海经》中的鱼鸟一体的"嬴鱼"

　　无论叫"嬴鱼"还是"文鳐鱼",实际上都是长翅膀的鱼,象征阴阳和合与正反统一的鱼鸟合体之概念,所以两种长翅膀的鱼鸟,一者代表"丰产"(文鳐鱼),另一者则代表相反的对立概念:水灾(嬴鱼)。通过《山海经》关于"文鳐鱼"和"嬴鱼"描述和记载,我们可以看到早期对立的二元结构是如何在汉代开始转化和统一的。

　　汉代之所以出现阴阳和合、鱼鸟一体的描述与图案,直接来源应该就是《庄子·逍遥游》:"北冥有鱼,其名为鲲。鲲之大,不知其几千里也;化而为鸟,其名为鹏,鹏之背,不知其几千里也;怒而飞,其翼若垂天之云。是鸟也,海运则将徙于南冥。南冥者,天池也。"前面我们谈到,整个《庄子》一书就是为了普及老子二元统一的哲学思想,使阴阳哲学通俗化,用寓言的形式抹杀二元之间的区别与对立。而"逍遥游"中的"鲲鹏"说就是为了说明"飞"与"游"、"天空"与"水里"、"鹏"与"鲲"、

图 27 唐宋时期的青铜鱼凫,浙江省博物馆馆藏文物

"鸟"与"鱼"之间是没有区别的，二者是可以转化的，是"齐物"，是一体的。

正是《庄子》中明确无误的描述和表述，汉代便明确出现了鱼鸟合体的"羸鱼""文鳐鱼"以及后来的"鱼凫"等，都是"合二为一""抱阴负阳""守一执中"这些表达二元统一哲学思想的形状。

汉代以后，道家思想虽未成为意识形态的主流，但在佛教、诗歌、绘画、政治等各方面，道家思想的影响都是巨大的。如佛教中的禅宗，其中连生死、精神和肉体之间的区别都已抹杀，遑论二元之间的斗争和对立；政治上主张"中庸"，即在价值取向上既不"阴"也不"阳"，而取二者之间；医学上最根本的理论就是保持阴阳之间的平衡，使之不"失调"，等等。当然，我们在这里只能一窥豹斑，不可能详细解释。

图28　河南南阳出土的明代画像石

因为我们谈的是图像，也就是艺术形式，所以对于艺术，特别是绘画图案中的二元统一我们应该再多谈几句，因为它是中国绘画美学原则的来源。中国绘画所讲究的"似与不似之间"，以及"胸中竹"到石涛的"一画论"等，即是对"真实"与"想象"、"客体"与"主体"、"形似"与"神似"、"散点透视"与"焦点透视"等对立二元的融合。成为实际上从图像学的角度来考察，这种造型并不常见，不过其手法却是非常传统，甚至可以说是中国传统文人画中的可以称为标志性的东西，这就是中国文人画中以客观世界为基础来表现自我主观世界的禅画。例如王维的绘画作品中往往以桃李、芙蓉、莲花同出一景，这种时间失序和空间交叠的图景恰恰正是王维内心对主客观世界的综合。这种建立在禅宗心性论（二元统一）基础上的主客观结构在后世理论中不断被诠释、运用、加强，乃至放大，以致成为中国文人画的一种准则与追求，如沈括的"神会"、倪瓒的"胸中逸气"、欧阳修的"忘形得意"、八大山人的"心物相接，心境合一"、郑燮的"胸中竹"，乃至石涛的"一画论"等等，均属此列。于是这种时空错乱、主客交织、分类无序等一系列旨在表达与主观和客观世界沟通交融的构图，尤其是将鱼鸟这样对立的二元结合在一起的图案，便从此成为文人绘画实践的钟爱。在这种表现主客观的构图模式中，鱼和鸟往往成为具有代表性图像，比如李鱓《花鸟册》中每每同时出现花和鸟。"翠羽时来窥鱼儿"，这是李鱓对自己作品的题诗。但我们知道在客观世界中我们是很难见到这种自然场景的，如同"雪中芭蕉"一样，这种雀类或学名称作雀形目鸟类（fringillidae）的鸟实际上与鱼是不相干的，这只是作者通过非自然的空间叠加把鱼和鸟合在一起。八大山人的《鱼鸟图》，说是鸟，但有鱼的尾巴；说是鱼，又有鸟的翅膀。这与自然景象毫无关系，这是哲学的图像，思想的形状，这已经发展成表达道家思想和精神的标准隐喻和传统象征。（图29）

图 29　八大山人的《鱼鸟图》

郑燮画竹的三段论道出了中国文人禅画的精髓："江馆清秋，晨起看竹，烟光日影露气，皆浮于疏枝密叶之间。胸中勃勃遂有画意，其实胸中之竹，并不是眼中之竹也。因而磨墨展纸，落纸倏作变相，手中之竹又不是胸中之竹也。总之，意在笔先者，定则也；趣在法外者，化机也。"（图30）西方古典绘画描绘的是"眼中竹"，客观影像；而中国画写的是"胸中竹"，亦即主客观结合在一起的影像。也就是唐代张彦远《历代名画记·叙画之源流》中所说的"外师造化，中得心源"。

图30　郑板桥笔下的竹已经与竹子无关，只不过是不下堂筵，坐穷泉壑，因心造景，以手运心，托物言志，写胸中逸气耳！正如郑板桥自己题诗中所说的：衙斋卧听萧萧竹，疑是民间疾苦声。些小吾曹州县吏，一枝一叶总关情。用索绪尔的结构语言学中的"意指作用"来说，竹子只是能指，而"胸中逸气"则是所指

实际上这也是"书画同源""翰墨同门"这一中国画独有特征之缘起，亦即在画上题字。苏轼曾提出"诗画本一律"的观点来说明和解释书画同源，在王维画作《蓝田烟雨图》上的题跋云："味摩诘之诗，诗中有画；观摩诘之画，画中有诗。"以后的学者大抵都是在苏东坡的这个观点的基础上进一步完善或修正进行，而钱钟书则不同，钱钟书的《七缀集》中的《中国诗与中国画》和《读〈拉奥孔〉》这两篇论文，谈论的都是诗歌与绘画的关系，或者说，都是在论说诗歌与绘画的差异，都是在以某种方式反驳"诗画本一律"这种美学观念，都是在对"诗中有画""画中有诗"这样的命题质疑。实际上钱钟书是对的，在画上题字，正是"画龙点睛"之举，题写出画面所不能表达的或表达不清的东西，所谓宣物莫大于言，存形莫善于画（历代名画记）。

不过"画胸中竹"有个问题，画竹子不用说，大家都知道。如若画一座山又如何？譬如画家画的是华山，描摹出其险峻之态，但别人如何知道这是华山之险峻呢？我画李白，别人如何知道我画的是李白而不是杜甫？很简单，

画上题字即可。正是宋晁说之说的："画写物外形，诗传画外意。"因为中国画画的是心中的主观意象，外人不一定能明白，所以需要文字说明，画上的字和诗就是作者对画的说明。由此来看所谓的"书画同源"，其实唐代以前特别是汉代以前的画上基本上没有题记，而只是意在"写胸中逸气"和"画胸中竹"的文人禅画兴起后，才滥觞了画上题诗或题词的传统。

鱼鸟图案就这样成为中国文化中几千年传承的主题，特别是中国绘画中，鱼鸟主题不仅被赋予各种各样的形式造型，同时还被寓以各种文化内涵。当代画家林逸鹏的云南印象系列中的鱼鸟和合图，可以理解为是汉代以来二元统一鱼鸟图的继承，尽管林逸鹏未必是有意识或明确地想通过鱼鸟这种返璞归真的经典图像来表达传统中国的二元统一思想，但无疑传统中国的二元统一的传统思想将林逸鹏导向返璞归真的经典图像。在中国传统文化的范式下，图像只不过是思想的形状。（图 31）

图 31 林逸鹏《云南印象系列》中的鱼鸟和合图

既然是中国传统文化，那么所辐射和影响的范围当然不会仅限于绘画。齐秦和齐豫的《飞鸟与鱼》、崔健在《蓝色骨头》中与谭维维唱的《鱼鸟之恋》也是这千年之绪："故事太巧，偏偏是我和你，看我们的身体，羽毛中的鱼……我是孤独的鸟，你是多情的鱼。海面像个动动荡荡的，大大的床，一会儿是风，一会儿是水。"鱼鸟、阴阳、男女、水天、游飞，正在中国传统文化的范式下，天地既济，大道至正。风起于青萍之末，鱼鸟同体、武林一统、解放全人类、人类命运共同体，良有以也！

"羽毛中的鱼"就是中国二元统一思维及其观念的前世今生。虽然用现代特别是崔健那极富顿挫感的摇滚风格来诠释合二为一的鱼鸟和合，就好像吃热干面就面包一样，能把人噎死！这似乎是一个隐喻：传统文化与现代思维的冲撞。但中国文化的内核，则依然在彰显着自身包容性的一种融合力，显示出真正的无坚不摧和有容乃大，即便是浑身长有利刃和芒刺的摇滚。或者从另一个角度来看，崔健的摇滚在桀骜不驯的外表下，其实潜藏着一颗被驯化的内核，像一列行进中的高铁，虽动能十足一往无前，但毕竟限制在轨道内，直撞而不横冲。

进入新世纪以后，在考古界曾经作为中程理论来理解的萨满教这时已经升级成为认知考古学的一部分了，也就是从过程主义发展到后过程主义了。21世纪初，普莱斯（S. Price）的《萨满教考古》（The Archaeology of Shamanism）和皮尔逊（L. Pearson）的《萨满教与古代心灵：通往考古的认知途径》（Shamanism and the Ancient Mind：A Cognitive Approach to Archaeology）以及刘易斯－威廉姆斯（Lewis-Williams），包括他与其他岩画学者如法国的克罗特（J. Clottes）、道森（T. Dowson）等人合作，出版和发表了很多著述，如2001年出版的《头脑风暴的影像：神经心理学和岩画研究》（Brainstorming Images: Neuropsychology and Rock Art Research）、和皮尔斯（D. Pearce）合著的《桑人精神：根脉、形式及社会影响》（San Spirituality: Roots, Expressions and Social Consequences）、与克罗特合作的《史前的萨满：迷狂巫术和岩画洞穴》（The Shamans of Prehistory: trance magic and the painted caves）等，这些著作标志着这一升级转变的完成。从最初被考古学视作中程理论的萨满教，此时已经发展成为一种研究范式了，亦即萨满教的认知考古学。作为中程理论的萨满教只是为了解决考古学问题，而萨满教的认知考古学的范式则是将考古学材料作为证据和中介去了解萨满教语境下曾经的人类意识形态。这意味着萨满教不再是理论和方法，而是目的和对象，萨满教和萨满文化不仅是我们研究现代宗教的一个方面，同时也是我们研究史前精神文明的对象。由于岩画学科的研究对象就是早期人类的精神文明，就是人类的认知问题，所以后过程主义的岩画研究在认知考古学中占据着很重要的地位。可以说刘易斯—威廉姆斯的新萨满主义是岩画研究中的后过程主义，即在以萨满教等人文研究中结合跨学科的研究范式。

图 32　安徽阜南发现的商代虎噬人卣（左），公元 8 世纪玛雅人的陶塑虎食人（右）

　　当然，这个转变过程和转变方式以及转变的学术思想不可能是我这里能够说清楚的，但是，我们可以通过一个考古学的例子来领略一下这种变化。左面的是我国阜南发现的商代虎噬人卣青铜器，关于虎噬人主题的解释很多，最著名的就是张光直运用萨满教理论，解释这是萨满巫师借助动物的超能力而与天沟通的表现，也就是说用萨满教来解释这件商代虎噬人卣青铜器。（图32）右面的图是公元 8 世纪玛雅人的陶塑，表现的是一只美洲虎正在吞噬一个人。关于这个虎食人陶塑的文化象征是非常明确和清晰的。印第安人萨满教在新萨满的入教仪式上（the initiation of neophyte-shaman）都要经过被美洲虎吞噬这样一个断身（dismemberment）表演仪式，用以象征去故而就新。譬如在埃利亚德的《萨满教》一书中就提到因纽特萨满的入教式（Initiation）：

被想象肢解并吞噬准萨满的是一头巨熊（天空之神，通常形象为一只巨熊）。在身体重塑之后，还要经历老萨满的教导，得到"考马内克（qaumaneq）"，即"光明""启蒙"。这是一种神秘的光，萨满可以在自己身体中感受到它。这种光能够使萨满看透黑暗，预测未来，洞察秘密。

在萨满教中，法力最为高强的萨满巫师既不是祖传的，也不是学徒出师的，而是那种天命神授的。也就是说那些从悬崖上摔下来却未死，遇老虎、熊等猛兽袭击而未死，遭雷击而未死等大难不死的人，这种人的后福就是成为一名天命神授的萨满巫师，这样的巫师法力最强。所有的巫师都希望自己是这样一个大难不死，天命神授的巫师，所以墓葬中随葬像虎食人图案的器物不仅是为了表明其巫师的身份，而且更重要的是表明他曾经是一个遇虎、熊等猛兽袭击而未死的天命神授的巫师。其实到最后，这种虎食人图案只是一个法力高强巫师的简洁而明确的身份标识。从个案到共性的解释，从用萨满教来说明虎噬人卣的文化意义到史前萨满文化普遍模式，这就是中程理论到萨满教认知考古学的历程。

图33 法国"三兄弟"（Les Trois Frères）洞穴中岩画中穿戴着动物伪装的半人半兽（thérianthropes）形象。步日耶认为这个就是穿着祭祀服装或正处在变形时的萨满

最早将旧石器晚期洞穴中某些岩画形象与萨满联系在一起的是被称为"史前教皇"（the Pope of Prehistory）的步日耶（the Abbé Henri Breuil）。他认为法国"三兄弟"（Les Trois Frères）洞穴中岩画中穿戴着动物伪装的半人半兽（thérianthropes）形象都应该是"穿着祭祀服装的，或者处在变形时刻的萨满"（a shaman in ceremonial dress, or in the moment of shapeshifting）。（图33）这些

图像是史前萨满存在的科学证据。

从 20 世纪 50 年代初开始，以欧洲为主的国际岩画界燃起了以萨满教研究岩画的学术热情，认为岩画是萨满教产物，这主要表现在以贡布里希为代表的一系列萨满教岩画著作的出版。1950 年贡布里希出版了他的《艺术的故事》（The Story of Art），这本学术著作卖出了畅销书的市场业绩。尽管这是一本"有史以来最著名、最受欢迎的艺术书籍之一，也是 40 多年来的世界畅销书"，售出了 600 多万册，直到 2007 年还在修订和更新第 16 版，但也招致不少批评，最大问题在于它的一个单一的和欧洲中心的"艺术故事"。贡布里希故事的开头一章名为"奇怪的开始"，引起了人们对讨论对象明显神秘性质的极大关注，他将洞穴艺术视作艺术的起源："我们不知道艺术是如何开始的，就像我们不知道语言是如何开始的一样。但我们追溯历史越久远，艺术的目标就越明确，但也越奇怪。"稍后则又出现了前面我们谈及的劳梅尔和坎贝尔。

进入 21 世纪后，萨满教再次以新的姿态迈入史前研究，从而使史前学，尤其是岩画，又焕发出崭新而迷人的光彩，这就是刘易斯—威廉姆斯（Lewis-Williams）的以神经心理学模式（neurpsychological model）为特征的萨满教理论模式。刘易斯—威廉姆斯试图建立一个现代觅食者宇宙学信仰和宗教实践的广义模型，即现代食物搜寻者的宇宙观（Modern forager cosmologies）或食物搜寻者岩画的萨满教模式（the shamanism model of forager rock art），用以解释包括岩画在内的考古遗迹的意义。

他试图对岩画中那些几何或无法辨识的抽象图案作出神经心理学上的解释。神经心理模式的学说由三个基本要素或阶段组成：

第一个阶段包括 7 个内幻视类型（有时也称作光幻视或常量形式（form constants）。这些都是人类视觉和神经系统在意识的改变状态（altered-states of consciousness，简称 ASC）状态中交互作用下所产生光影（这也是在偏头痛时所产生的影像，或者瞬间盯着一个明亮的光源，然后闭眼轻揉眼皮也会产生这种光影）。这种内幻视通常分为七种：方格、点、圆圈（或斑点）、多重同心圆（或涡旋）、平行线（或勾状）、波折线、波纹（或网状）。（图 34）

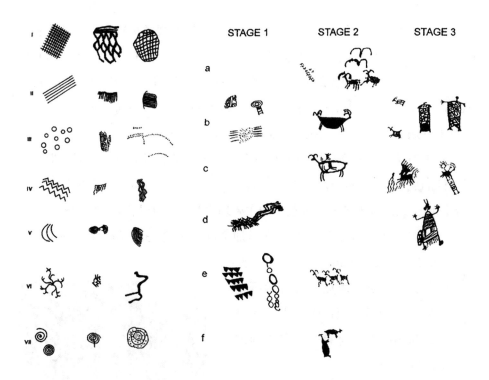

图34 该图是萨满进入迷狂时神经心理模型意象的第一阶段，这包括七种最常见的内幻视图案。在ASC的第一阶段，光学和神经系统中自发产生光感知：左边的一列说明了理想化的例子；中间和右边两列是来自加州东部科索（Coso Range）山脉的岩画（摘自D. Whitley 2005）

图35 神经心理学模型的第二个和第三个组成部分或阶段。一般ASC都要经过三个阶段，如三列所示，每一列都有自己特有的图像类型。在每个阶段，图像以各种不同的方式被感知。来自加州东部科索（Coso Range）山脉的岩画（摘自D. Whitley 2005）

　　第二阶段与ASC有关，而且这种状态通过三个阶段而加剧：第一阶段仍是内幻视图形；第二阶段即这些内幻视图形被解释成某些对个人或文化特别重要的标志性形象。威廉姆斯说："我们相信，'萨满教'有效地指向人类的普遍性、理解意识转化的必要性，以及这种转化实现的方式，特别是（但不总是）采集—狩猎社会中。"

　　第三个阶段，这些标志性形象似乎作为内幻视的投影而出现，而最后出现的则完全是幻觉了。迷狂图像虽不完全但多半是我们大脑的产物，所以这会导致我们的心灵图像不会遵守或遵从真实世界的视觉标准，第三要素便反映出这个特征。它包括导致迷狂图像在心灵展示七个认知原则，无论这种图像是否牵涉到内幻视或光幻视。这七个原则是：简单复制、多重再复制（multiple reduplication）、分裂（fragmentation）、旋转（rotation）、并列（juxtaposition）、重叠（superimposition）、集成（integration）。（图35）

鉴于刘易斯—威廉姆斯的神经心理学萨满主义在岩画研究领域所取得的碾压性的成功（the overwhelming success），已经成为被越来越多地运用于研究非洲南部以及世界各地岩画艺术的主要理论范式，所以有人，包括刘易斯—威廉姆斯自己也认为他的神经心理学加萨满教理论是现代觅食者的宇宙观（Modern forager cosmologies），是普世性的（universal）。萨满教成为考古学研究的新范式，成为后过程认知考古学的一部分，被认为是全球狩猎采集者岩画艺术的解码器。（图36）

有区别的是，岩画的早期萨满教研究都是在一种传播论的理论范式下来研究世界范围内的共性，而在刘易斯—威廉姆斯的神经心理学和新萨满主义理论框架中，萨满教则是一种跨文化现象。温克尔曼（M. Winkelman）认为萨满教是在狩猎采集者和一些农业以及牧区社会中发现的跨文化的相关信念和实践的复杂的结果，而不是扩散的结果。相反，这些跨文化的相似之处是来自共同神经心理学的独立发明或派生的结果。

图36　詹姆斯·大卫·刘易斯—威廉姆斯（James David Lewis-Williams）是南非考古学家，是威特沃特斯兰德大学（WITS）认知考古学的名誉教授。他运用民族志、萨满教和神经心理学对南非布什曼人岩画艺术的研究，开创了20世纪岩画研究的新范式

不过碾压性成功并不意味着完美无缺或金刚不坏。其实刘易斯—威廉姆斯将其带有强烈后过程主义色彩的萨满教认同为所有跨越时间和空间的觅食者社会的普遍特征的理论拓展从一开始就遭人诟病：随着将萨满教扩展为所有跨越时间和空间的觅食社会的普遍特

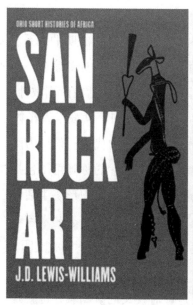

图 37 《桑人岩画》(左)，南非布须曼桑人（San）的岩画是刘易斯毕生经营和研究的对象；《解读古代心灵：布须曼桑人岩画的秘密》(右）是刘易斯赖以成名的著作之一，他运用民族学、萨满教和神经心理学对桑人岩画进行了综合研究，从而被认为是理解桑人岩画的"罗赛塔碑"

征，对岩画年代的重要性和关注便被削弱以致消失。难道旧石器时代和现代的食物搜寻者之间没有区别吗？进化在这里消失了吗？时间在这里不起作用吗？有些学者还有更为细致和具体的诘问与指责，比如被埃利亚德归结为萨满教普世主义特征的迷狂（trance，ecstasy）和刘易斯—威廉姆斯笔下的"意识的改变状态"并不是普遍见诸各流行岩画的史前和原始部落，如澳大利亚北部的土著没有 [1]，甚至有些学者认为刘易斯—威廉姆斯萨满教理论赖以产生的南非桑人（San）也没有，桑人的萨满教缺乏历史背景。（图 37）刘易斯—威廉姆斯的普世主义理论范式招致学者们对这种理论和方法论技术路线的怀疑：世界上真有像葵花宝典一样的武功，一旦学会就可以独步武林一统天下吗？若是，世界的多样性将如何解释？通过使用现代叙事来理解过去，刘易斯—威廉姆斯的理论模式错过了任何了解过去社会历史中的偶然性和个性。萨满教模式冒着掩盖考古材料多样性的风险，用岩画艺术图像模式将人种学

---

[1] ［法］让·克罗特著，唐俊译：《世界岩画艺术》，内蒙古人民出版社 2018 年版，第 148 页。

或民族历史真实图景变成现代情景。

不过仍然越来越多的学者认识到萨满教与人类最初文明的关系，认为人类最初的文明就是萨满文明，萨满教是世界范围内唯一的原始宗教。例如从神话的角度来看，世界各地的创世神话，事实上都可以包括在萨满教神话之中，故萨满教创世神话亦称作"世界神话"。著名匈牙利萨满教学者霍帕尔（M. Hoppál）的观点可以作为这个时期国际萨满教研究的代表。他认为萨满教可以被称作是一个复杂的信仰系统，萨满教是一个中性的称呼可以包括在任何学科中。古代萨满不仅作为一个神职人员在古代人的意识形态生活中占有极为重要的地位，而且还作为巫医、诗人、歌唱家、思想家、艺术家等在世俗日常生活中，也扮演着极为重要的角色。同时，整个古代萨满教文明，就是人类最初的文明。

就中国的萨满教研究而言，学者只是针对狭义的萨满教，也就是我国北方少数民族地区的萨满教进行研究，从不涉及古代中国的萨满教文化。但海外的萨满教研究学者研究萨满教的时空范围则要大得多，且不说老一代如李约瑟、史禄国等人，现代学者如托马斯·迈克尔（T. Michael）、江伊莉（E. Childs-Johnson）等萨满教研究学者，都是将古代中国也纳入萨满教研究的范畴内。托马斯·迈克尔从 2015 年以来发表的几篇专门论述中国古代萨满文化的文章，应该说有一定深度的，如《萨满教理论与中国早期的巫》（Shamanism Theory and the Early Chinese Wu）和《萨满教是一种历史吗？》（Does Shamanism a History?），将许多历史与文学文献均纳入萨满教语境下审视，机杼别出，其结论也往往令人猝不及防。譬如在《中国早期的萨满式情色与九歌》（Shamanic Eroticism and the Jiu Ge (Nine Songs) of Early China）一文中，以《离骚》中的"九歌"为起点，讨论作为萨满教世界中常见的元素——色情。"九歌"甚至成为东亚最早的语言语料库，由此让我们可以窥见一个通过描述萨满和灵魂之间的色情性别关系的萨满世界。该文通过比较对"九歌"中所表达的仪式结构进行萨满性质的定位，用以揭示萨满教、色情、暴力和死亡之间更深层次的亲缘关系。美国女学者江伊莉主要研究中国古代宗教和金石学（甲骨文），她的研究也是独辟蹊径，不仅认为中国古代社会的萨满教社会性质，而且还提出从商代到战国在意识形态领域占主流地位的"变形"（metamorphism）信仰，或者说"異"信仰。霍尔曼（D. Holm）在其《识字的萨满：广西和北部越南壮泰的祭师"天"》（Literate Shamanism: The Priests Called Then among the Tày in Guangxi and Northern Vietnam）一文中所涉及的主题是壮泰民族的巫师"天"。霍尔曼在大量田野调查材料的基础上对"天"的角色、性别、仪式、起源、传播进行了跨文化研究，是在萨满教语境下对壮族传统文化的具体分析与研究。

　　尽管我国许多学者在 20 世纪末在研究岩画时曾比照萨满教，但最早在萨满教理论下系统地进行岩画研究的，应该是本人。20 世纪 90 年代早期我首先在国际英语学术刊物上发表一系列文章，讨论萨满教与岩画以及考古之间的关系，将岩画纳入萨满教视阈进行研究，如《青海岩画的原型分析》（An Analysis of Archetypal Elements in Qinghai Petroglyphs）[①]《中国岩画研究的理论与方法论》（Theory and Methods in Chinese Rock Art）[②]《中国象形文字与岩画》（Chinese Pictographic Characters and Rock Art）[③]《原始艺术中的二元对立文化观念》（Dualistic cultural Concepts in Primitive Art）[④] 等。这个时期我的汉语文章虽然不多，但也对萨满教、苯教和青藏高原岩画进行对比研究：如《试论青海岩画中的几种动物形象》[⑤]《青藏高原的岩画与苯教》[⑥]《萨满教二元对立思维及其文化观念》[⑦]《萨满教与岩画的比较研究》[⑧]《关于萨满教和萨满教研究的思考》[⑨] 等。

　　进入新世纪后，我和张文华于 2001 年出版了《青海岩画——史前艺术中二元对立思维及其观念的研究》一书，该书的标题不仅透露出萨满教的语境，而且看得出其结构主义的师承。该书系统运用萨满教理论对青海岩画进行系

---

① 加拿大《岩画季刊》(Rock Art Quarterly)，1993 年第 3 期

② 澳大利亚《岩画研究》（Rock Art Research），1993 年第 2 期

③ 《国际岩画艺术委员会通讯》(International Newsletter on Rock Art)，1995 年总第 11 期。

④ 《国际岩画艺术委员会通讯》(International Newsletter on Rock Art)，1997 年总第 18 期。

⑤ 《西藏考古》，1994 年第 1 辑。

⑥ 《中国藏学》，1996 年第 2 期。

⑦ 《东南文化》，1996 年第 4 期。

⑧ 《泾渭稽古》，1996 年第 4 期。

⑨ 《青海社会科学》，1997 年第 1 期。

统诠释，同时对结构主义二元论进行了理论上的逻辑区分：对立与统一。指出对立与统一除了我们理解的作为辩证法的基本概念外，更是中西方思维方式的分野标志。对立的二元逻辑才构成结构主义的内核，而统一形式下的二元逻辑便不是结构主义了，而这恰恰是中国阴阳哲学的奥秘之门。所以只有在区分了二元逻辑的对立和统一形式后，我们才能理解结构主义，才能理解萨满教，才能理解人类文明。理解这一点最简洁的方法就是各引一句中西方名人名句，我们就知道区别在那里了。莎士比亚的《哈姆雷特》的开篇语：To be or not to be——that is the question（活着还是死去——那是个问题。但字面上的意义为"是或不是——那是个问题"）；《庄子·齐物论》云：是亦彼也，彼亦是也。莎士比亚认为彼此是非是一个需要严肃选择的大问题，而庄子认为二者没区别。等生死，齐万物，遑论彼此是非，这便是中西思维区别。

进入 21 世纪 20 年代后，肖波等人运用萨满教理论对岩画的研究也是很有系统性的。他于 2020 年出版的《俄罗斯叶尼塞河流域人面像岩画研究》一书结合中国文献、民俗、民族志、神话、考古等材料在萨满教视阈下专门对人面像岩画进行分析和研究，认为人面像岩画是萨满教灵魂观的反映，是萨满教通天的表达[①]。该书特别是对西伯利亚萨满教岩画研究历史的回顾与梳理，言简意赅，材料翔实，脉络清晰，殊为可贵。

无论就地域、族群、文化、传统、历史各方面来看，最适合在萨满教的语境下进行研究。从某个层面来看，这个地区岩画与萨满教就是一块硬币的两面，岩画就是萨满教文化的产品，是萨满教观念的图像化表达。最近庄鸿雁的《大兴安岭岩画与环太平洋岩画带研究》一书专门辟出"萨满文化视域下的大兴安岭岩画与中国北方民族文化渊源"一章来讨论萨满教和岩画的关系，譬如在世界树—宇宙树—氏族树—社树的诠释方面，使用考古、神话、民俗以及文献等各种材料在萨满教视阈内对岩画图像多方位多层次加以解读。有了一个完整的理论体系，各项论证和诠释方面便融会贯通，更具说服力。在岩画诠释方面虽然在方法论上是客位（etic），但视角上已经是本位（emic）研究了。

---

① 肖波著：《俄罗斯叶尼塞河流域人面像岩画研究》，文物出版社 2020 年版，第 321~337 页

图 38　前世界岩画艺术委员会主席、法国著名岩画学家让·克罗特的话说，岩画就是一次危险之旅："是与另一世界异类的狭路相逢"

　　岩画是萨满教观念的产品，萨满教是岩画图像的蓝本。按照神经心理学对萨满教岩画理论的理解，岩画描绘的是一个与现实平行的虚幻和象征世界，萨满则是从现实世界到精神世界之间穿梭往来的信使。岩画正是古代萨满对其精神之旅的图像表达，里面充满了奇幻、诡谲与真实。写到这里又一次想到斯特拉文斯基的《春祭》：打击乐的简单与粗暴，与打击乐配合在一起的小提琴演奏出凶险的节奏，犹如萨满迷狂舞蹈时蹒跚的脚步；小提琴的急促与慌乱，一种巨大的慌乱，用声音来表现出萨满迷狂时的神游和凶险之旅；巴松管的幽咽与遥远，吹出历史的神秘；旋律的嘈杂与不和谐，听到的似乎是萨满服装上铜铃、铜泡、铜镜等撞击的金属声，感觉是在咬铁一般；最后加上小泽征尔萨满迷狂般的指挥风格，我深信俄罗斯作曲家斯特拉文斯基描述的是一位西伯利亚萨满的迷狂之旅，岩画亦然。用前世界岩画艺术委员会主席、法国著名岩画学家让·克罗特的话来说，岩画就是一次危险之旅："是与另一世界异类的狭路相逢"。[①]（图 38）

---

① ［法］让·克罗特著，唐俊译：《世界岩画艺术》，内蒙古人民出版社 2018 年版，第 150 页。

康巴地区岩画走访记

2019 年 8 月 8 日—10 日赴四川石渠参加"2019 年青藏高原岩画·石渠论坛"会议；11 日—15 日在玉树的称多、治多和杂多进行与罗伯特例行的 2019 年中国岩画微腐蚀断代考察（2019 microerosion dating expedition of Chinese rock art)。

这是康巴地区的第一次国际岩画会议。会议简短而富成效，发言集中精悍，议题广泛。最值得一提的是，岩画研究正渐行渐远离开艺术，朝考古靠拢，向科学进发。

岩画一直是个小众学科，"姥姥不疼舅舅不爱"，艺术和考古都不愿接受。既不如艺术之炫，每次开会都像是华山论剑或武林争霸一样；更不如考古之"土豪"，每每如赛宝会，从来都是从胜利走向胜利，从辉煌走向辉煌，岩画每次开会都是没有码头、没有圈子、更没有晒宝，只是清茶一杯可以润喉，闲话几句能够暖心的老友聚会。

石渠的岩画保持了与青藏高原岩画的一致性，但虎的形象非常引人注目。青藏高原全新世以来没有老虎，但岩画中屡屡出现老虎图形，足见岩画中所反映出的文化交流。

田野考察是岩画会议必不可少的内容，八月初的草原白天只有 6~7 摄氏度，加上凄风冷雨，以致来自墨尔本的罗伯特恍然间觉得似乎又回到了南半球！我们觉得是在餐风露宿，可将照片发到群里后却惹来一片质问：又在游山玩水、又在 have a picnic，又在逛林卡，又在……拜托，我们在辛苦地工作好不好？

10 日下午，辗转到玉树。时日尚早，大家参观玉树州藏文化民俗博物馆。

该馆占地 768 平方米，藏品一万多件。青海省文物鉴定委员会曾对其中的 600 件（套）进行了鉴定，其中，一级文物 6 件（套）、二级文物 62 件（套）、三级文物 220 件（套）。对于一个地处边陲高原的私人博物馆来说，表明其"厉害了"的正是这些数据！馆长索昂生格已年近半百，潘鬓消磨，但仍能从其刀砍斧劈般的刚硬脸庞轮廓中看出当年康巴帅哥的模样。

在他的展品中有两件神秘且相互关联的藏族独特文物引起了我的兴趣：鹰（鹫）翅骨笛和人股骨号。

人骨号以少女股骨制成的被视为法力最强大，局部包银，可通神，可安魂，藏语称"罡洞"。但历史上制这种笛的条件很苛刻：该少女必须属龙、必须是18 岁、必须有身孕且死于非命。

不过作为一个考古学家，我对索昂生格收藏的鹰笛更感兴趣。该笛用鹰的腿骨制成，索昂说是用尺骨（翅膀骨）制成，用鹰尺骨制成的骨笛藏语称"当惹"，不过我觉得更像鹤的腿骨。实际上欧洲旧石器时代就出土有用鹤腿骨制成的笛子，五孔居多。如我国舞阳贾湖新石器时代遗址出土 20 多支鹤腿骨制成的五六七八孔的骨笛，还有河姆渡等文化也出土数量众多的各式骨笛。

如果这些骨笛与藏族骨笛在时空距离上太过遥远的话，那么青海地区距今 3000 年前卡约文化出土的骨笛应该是可以放在一起比较的器物。

世界上最早的骨笛是德国盖森克鲁斯泰勒洞穴出土的距今 4.2 万年前的骨笛，是用鹤的腿骨制成。无论是对于欧洲旧石器时代晚期的鹤腿骨笛，还是舞阳贾湖和河姆渡的鹤骨笛，抑或是卡约文化的鹰骨笛，考古学家只是负责将其发掘和描述出来，那么这些骨笛是怎样使用以及用于什么场合，考古学家一概不知，最主要的是考古学家并不想知道，他们觉得这不是他们应该关注的问题。既然是笛子，肯定是吹的。什么场合下吹的？骨笛从 3 个孔到 7 个孔的都有，5 孔以上可吹出旋律，而 3 孔则只能吹固定声调。不过有一个很严重的问题，即便是七孔的，也无法吹出优美的旋律，因为许多孔与孔之间距离不等，这就是说，无论什么样的骨笛，现代基本的音准都是无法达到的！这也就是说，这些骨笛并非用于令人赏心悦目的表演，而是用于联系、沟通和传递信息的声音标识。那么，与谁沟通？

我问索昂生格，这个骨笛你吹过吗？他连忙摇头，说不能乱吹！我问为什么，他说鬼怪会生气的！我突然意识到，他无意间已经告诉我骨笛是干什么用的了。

藏族流行天葬，就藏族的鹰骨笛而言，是召唤秃鹫来享用死尸，同时也召唤神鬼加持。至此一念闪过：难道史前好多地方也流行过天葬？

11日，我们赴杂多岩画点进行微腐蚀测年。自2014年与澳大利亚的罗伯特教授合作进行中国岩画微腐蚀断代工程已六年，今年在玉树地区对称多、杂多和治多等县的岩刻画进行微腐蚀测年。这次与玉树市历史文化研究院的院长甲央尼玛合作，甲央尼玛最近刚出一本《玉树岩画》，对玉树岩画了如指掌。

罗伯特（Robert Bednarik），世界岩画联合会创始人及召集人、《岩画研究》（Rock Art Research）主编、联合国教科文组织世界岩画委员会协调员、墨尔本大学地质实验室主任、国际……但这些都不重要，重要的是他今年七十有六，"三高"一概没有，而这次证明过分到他居然连高反也没有，只剩高大，在海拔4200米以上的地方能饭能骑能爬山，而且还能当模特儿………

微腐蚀测年是基于对岩刻画中石英晶体腐蚀程度的显微观察而进行。这就要求我们首先要找到刻有岩画的石头，同时还含有石英。青藏高原的岩画一般刻凿在页岩、灰岩、砂岩、千枚岩或辉绿岩等不含石英的石头上，你需要有足够的运气才能找到一块同时具有岩画和石英的石面！更难的是，在这种石面上只有三分之一的机会你才能找到可供观察和读数的晶体腐蚀状况！

测年靠石英，石英靠运气，运气靠人品。找了两天，居然没有找到任何带有岩画刻痕的石英！我们对于自我人品的自信遭到严重打击！

终于，在第三天，我们在称多的白龙沟找到了带有岩画刻痕的石英。名不虚传，这条若隐若现的石英脉在我们眼里就是一条翱翔青天见首不见尾的白龙，这是一条科学之龙！

可以清晰看到岩画覆盖着石英脉。对于这幅岩画的科学断代，将意味着青藏高原岩画研究朝着科学的方向迈出了第一步，是一个质的提高。

证明我们这一天是幸运的并非岩画，而是一只尚未成精的狐狸。按照藏族习俗，在外若遇到狼，当为吉兆。遇到狐狸尚未有说法，但同为犬科，谅必亦为吉祥：

寻访岩画每日新，巧遇狐狸未成精。

相逢不识影已息，空余狐媚已迷心。

进山遇狐，入水求仙。长江上游被当地藏族称为通天河。1984 年我第一次来玉树就想在通天河里游泳，但被同事死命劝阻，后来好几次都是被别人劝止。通天河今天仍像以往那样发出哗啦啦的诱惑声。下午 5 点，阳光温暖，气温在 17 摄氏度左右，趁队友工作忙碌时，游了 30 米左右，终于满足了多年的心愿。我下水后，尼玛冲到岸边对我大叫："我不会游泳！"他的意思是我若溺水，他无法施援。

古有玄奘赴西天，九九八十一劫难。

鼋龟驮经不渡人，至今河上飘经幡。

山里吟诗称谪仙，水中探花也寻欢。

长江无情奔东海，岩画有灵佑西番。

尽管我们在五天的考察中只读取到一处石英的微石亏数据，但我们不贪婪，金桃一个，以一当百，我们仅仅是一小步，但这对岩画的科学研究则是一大步。

接下来是对澜沧江上游赛昂地质公园的考察。这趟考察更像探险，无路可走，只能骑马。尽管骑在马上，但你能感受到马蹄踩在碧绿如茵的草地上时的柔软与舒适，望着天上海洋般的蓝天，呼吸着明净透亮的空气，无论从事什么工作，都是旅游！

西藏纳木错环湖岩画考察随笔

一、桑耶寺与山南博物馆

20 世纪 80 年代我经常来西藏，来拉萨。记忆中那会儿的拉萨一半藏族人、一半外国人，拉萨是一座真正的国际大都会，是一座艺术之城。全世界酷爱户外、酷爱登山、酷爱藏族风情的运动员和艺术家都集中在这座城市。住在这里只有语言不同，似乎没有国别和种族之分，大昭寺门前满满是磕长头的人，八廓街到处是寻找他乡风情的旅人和艺术家，布达拉宫拥挤着各路寻求精神信仰的朝圣者，羌塘草原上放逐心灵的流浪者……

抵达拉萨的第三天一早与张建林教授等一起去桑耶寺和山南博物馆。途中经过松噶尔石塔。石塔共 5 座，均为整块花岗岩巨石雕刻而成。日月塔刹，较为消瘦的十三天相轮，覆钵较小，塔基为阶梯方形，有的为折角方形。该塔群距桑耶寺西约 15 公里，其时代与桑耶寺一致，据说为寂护大师所建造。五座石塔因花岗岩整体刻凿，故至今保存完好。整座石塔涂以白色，衬托在蓝天之下，与白云交相辉映，除了一种对比搭配的视觉美感外，有一种飞翔的空灵感，洁净、洗涤和清爽。

在石塔周围现代藏族用小鹅卵石和石块叠出一个个的小石堆，或在石壁上用石灰绘以"天梯"，以象征"登天"或"通天"。这种用小石块叠起来的小石堆在印度中央邦的禅贝尔山谷（Chambal Valley）也有很多，相传这些梯子可以通往天堂，所以至今我们依然可以看见印度次大陆宗教对涉藏地区意识形态的影响。在西藏每当有亲人去世，家人都会在山上为亲人用白灰画上天梯，以帮助亲人早日到达极乐世界。实际上早在吐蕃时期就记载吐蕃赞普通过"攀天光绳"下凡，入主人间。从《西藏王臣记》《拔协》《汉藏史籍》等藏文史籍记载的神话传说看，吐蕃的首批赞普都是从天上下凡到人间的神灵之子。他们下凡时，有时是通过攀天光绳，有时又是通过木神之梯来进行的。还有的神话传说这一天梯是烟柱、光柱或者是高耸入云的圣山。当他们下凡成为赞普以后，那根天绳再也不会离开这些赞普，并一直停留在他们的头上，天绳成为连接天、人、地的媒介。在他们生命的末日，其灵魂化为一道光，融化在木神之绳中回到了天上。

藏族关于"攀天光绳"的古代传说，事实上也是以一种通俗的形式来表述了"光明"的观念，首先是对光明的崇拜，因为它是肯定因素中最有形的象征，象征着所有"好"的意义。人神之间的区别，仅在于神可以通过"攀天光绳"而进入"光净天"。这种神话在西伯利亚南部和阿尔泰地区也非常流行。

不过这次在松噶尔石塔处最大的发现是凹穴岩画。在围绕着这五座石塔转经的路上，有一处其上布满直径在15~20厘米，深超过10厘米的深坑一样凹穴的巨石，凹穴数量在40~50个之间。左上角一个最大最深的凹穴中还置放着一把凿击凹穴的石锤。凹穴是一种非常古老的"通天"仪轨，最早的凹穴出现在旧石器时代晚期，那个时期的凹穴如同任何形式的钻孔一样，都会涂以红色（赭石），这个传统在涉藏地区一直延续至今，打凿凹穴是一种"敲山"形式，借以告知天上诸神，我有事相求：有吃、有喝；无妄无灾……，有的在凹穴中涂以酥油，撒以糌粑等。凹穴与佛塔、擦石堆、天梯共存一处，其"通天"之意味不言而喻。

看完松噶尔石塔后，继而参观桑耶寺。桑耶寺我在20世纪80年代也来过，那会儿要渡雅鲁藏布江，需要坐渡船，而现在则可以驱车直达。虽然寺院内仍是老样子，但佛像日新，壁画日颓。桑耶寺得以自豪的18世纪以来的壁画，许多已经脱落、漫漶、起甲等，无可奈何花落去，眼睁睁地看着衰败下去，无可补救，如见亲人老去一样感伤。

桑耶寺，藏文意思是"无边寺""超出意象"等含义，全名为"桑耶敏久伦吉朱白祖拉康"，意思是"不变自成的桑耶寺"。汉译寺名曾有"桑叶""桑岩""桑木耶"等。公元8世纪中叶（750年），吐蕃第三十八代赞普、文殊菩萨化身的赤松德赞为施主，迎请萨霍尔（孟加拉国）国王古玛特其之子大堪布寂护和乌仗那（今巴基斯坦境内）莲花生大师入藏，三人共同设计、堪舆和兴建了西藏历史上第一座寺院桑耶寺。

从桑耶寺的建筑风格来看，该寺模仿了古代印度著名寺院乌旦达波日（飞行寺）的建筑风格与格局，寺庙中央主殿的建筑结构为三层三样式：底层殿和塑像为西藏风格，中层殿为汉地风格，上层殿为印度风格，融合吸收了古代印度、汉地、涉藏地区以及西域寺院建筑的风格特征和营造手法。桑耶寺的建筑形式是严格按照佛教密宗的"曼陀罗"坛城而建造布局的。例如，位于全寺中心的"乌孜"大殿，象征宇宙中心的须弥山："乌孜"大殿四方各建一殿，象征四大部洲；四方各殿的周围，各建两座小殿，象征八小洲（即大圆满佛殿、大能仁佛洲殿、大轮转经佛殿，弥勒持法洲殿和法、报、化三身之大轮转经佛殿）；主殿左右两侧又建小殿，象征太阳和月亮；主殿的四方又建有红、绿、黑、白四色神奇宝塔，以镇服一切外道邪魔。为防止天灾人祸的发生，在寺院围墙上修建 108 座小佛塔，在佛塔的周围设立金刚杵，每个金刚杵下置一舍利，象征佛法坚固不摧。桑耶寺的其他建筑还有护法神殿、僧舍、仓库等。最后在这些建筑周围，又围上了一道椭圆形围墙，象征铁围山，围墙的四面各开一座大门，东门为正门。

围墙外还有三位王妃所建的三界铜洲殿（现为农场粮库）、遍净响铜洲殿（已被毁）、哦采金洲殿（现为乡小学）。桑耶寺院东南为西藏四大名山之一的哈布日山，山背后有大堪布寂护的灵塔和小型佛殿。寺院北方有长寿修行处聂玛隆沟，东北山地为隐居修行之地青朴。

关于桑耶寺的兴建历史，除藏族史书《巴协》和《桑耶寺志》专门记述外，《贤者喜宴》《西藏王统记》《西藏王臣记》《莲花遗教》《铜洲遗教》《五部遗教》《遍照护面具》等教史也都有记载。《西藏王统记》记载，国王松赞干布为了庆贺大昭寺的兴建完工，曾应众大臣及不同阶层人士的请求分别绘制了一批壁画作品，如史料说："于四门画坛城国，令喇嘛等喜悦；殿柱画金刚撅形，令咒师喜悦；四角画万字卍纹，令苯教徒喜悦；又画网格纹，令藏民喜悦。凡所许人之风规，皆实践诺言，故护法龙王、药叉、罗刹等无不欣喜。"不过需要指出的是，早期的壁画已经不复存在，第斯·桑吉嘉措时期，遵从七世达赖的嘱托，于1770年对桑耶寺又一次进行了大规模的修缮和扩建工程，特别是18世纪有第斯·桑吉嘉措修缮时重绘的壁画。因而，早期壁画的原作已难看到，我们现今欣赏到的壁画明显带有元明清时期的壁画风貌。

桑耶寺壁画内容极为丰富，尤以东大门左侧回廊的壁画最为精美生动，其中比较有独特风格的壁画题材是"桑耶史画""西藏史画""宴前认舅""莲花生传""舞蹈杂技"等内容。特别是关于白公鸡的传说，成为桑耶寺壁画中最富个性而被传诵和膜拜的桥段与形象。据说在修建桑耶寺期间，每天清晨都有一只白公鸡按时叫鸣，当时建寺的6万名乌拉（支差者）听到鸡鸣后，便起床上工。也许是为了感念白鸡报晓、催人上工的所谓恩德，僧人们便把这只白公鸡绘在乌孜大殿外围转经回廊的壁画上；现在又有了升级版本：在这幅壁画前有一个玻璃箱里供奉着一只白色公鸡模型而受人朝拜，任何参观桑耶寺的游客别忘在这只公鸡前驻足，与白公鸡凝视一分钟，你会感到来自千年前"雄鸡一唱天下白"的振奋。

此外，在"乌孜"大殿内围墙中层的廊壁上绘有长达92米的巨幅壁画作品——"西藏史画"，这是藏族艺术史上的宏伟之作。壁画按时间顺序依次描绘了藏族历史的每一次重大和重要事件，以连环图的形式分别描绘，但彼此又互不关联，这是一幅以长篇壁画书写的"藏族文化史"。从远古的神话开始，首先描绘了藏族先民罗刹女与神猴的婚配、繁衍人类的故事；接着描绘了雅隆诸部落的崛起，吐蕃第一位赞普聂赤赞普的生活，佛经自天而降传入西藏，松赞干布统一西藏，琼结藏王墓示意图，迎请尼泊尔赤尊公主和唐文成公主、大昭寺的兴建，唐朝金城公主进藏图，宴前认舅，莲花生、寂护入藏，桑耶寺的修建，朗达玛灭佛，阿底峡入藏，萨迦王朝、嘎玛王朝、帕木竹巴王朝的兴衰；宗喀巴创立格鲁派等等。实际上恰恰是这些宗教之外的民间故事给桑耶寺壁画增添了光彩，有了与众不同的亮点的特色，里面闪烁着藏民族的智慧、狡黠，甚至民族的幽默和价值观，更能引起民族的心理和情感共鸣。

西藏山南桑耶寺乌孜大殿的回廊是一个两壁绘满精美壁画的建筑，这是拜桑耶寺的藏族人必去的地方，因为在这漆黑的回廊中你可以遇见自己的灵魂，走着走着，漆黑的回廊忽如白昼，两墙壁画煌煌烨烨，若西天胜景，那就是你肉体与灵魂相遇的一瞬。此时我突然想起苏童的一篇小说：在一座陵墓，撞见南京的灵魂。

桑吉林大殿一般容易被忽略，该大殿壁画年代约为 11~12 世纪，人物具有吐蕃风格，保留吐蕃服饰特征，应该是桑耶寺目前保留的时代最早的壁画。在桑吉林大殿门口的抱厦矮墙上发现与青铜时代岩画中同样风格的涡旋纹，不知是何象征与意义，姑妄录之以日后备用。

不过今天参观桑耶寺的最大收获是在进门处发现一尊早期具有印度风格的菩萨石雕像。询之和尚，无人能告知出处，猜想这可能是最近寺内动土而获（也有可能其他地方新发现的而送入寺内保存）。该头像雕刻技术娴熟精湛，风格古雅，异域气息扑面而来，洵为绝品，当可遇而不可求。

二、扎西岛

早上 9:00，七辆越野车浩浩荡荡从拉萨出发奔赴纳木错。根据以往的经验，考察队规模越大，效率越低。一个和尚挑水吃，三个和尚没水吃，这是人力定律，没有例外。七辆越野车加油就得一个多小时，一字排开，我担心油站的油都不够加。领队陈琴站长永远在打电话，安排吃喝拉撒一切琐碎的事情，加之最近疫情严重，动辄要核酸检测，要通行绿码等等，弄得为人和蔼、笑容阳光的她一脸冰霜。

下午 3:00 抵达我们要下榻的中国科学院青藏高原研究所纳木错多圈层综合观测研究站。今后的四五天里，我们都吃住在这里，在藏北羌塘地区能有一个地方提供食宿，还能洗热水澡，那就跟天堂一般。

可能仍是高海拔的反应，第二天早上 5:00 多就醒了，由于在山南博物馆见到希腊酒神迪奥尼索斯及其随从的银盘，故 6:00 爬起来读柏拉图的《会饮篇》，希望能找到相关的资料。早上气温只有 6 摄氏度，走出工作站，看到一位牧羊女赶着一群羊从我身边经过，我出于礼貌向他们挥挥手，但羊和牧羊女都没理我。草原上来自念青唐古拉清冷的空气从鼻腔吸入到肺里，顿时让人感到了高冷。

纳木措，位于西藏自治区中部，是西藏第二大湖泊，也是中国第三大的咸水湖，面积2000多平方千米，湖面海拔4730米。"纳木措"为藏语，蒙古语名称为"腾格里海"，都是"天湖"之意。"腾格里""唐古拉"都是蒙古语"天"的意思，只是译成了不同的汉语，就像匈奴语的"天"译成"昆仑""祁连""贺兰""窟窿"等一样。如果天气好，从我们驻地就能看见念青唐古拉山。都是唐古拉家的山和水相守相望，这便将藏族文化中神圣概念具象成日常熟悉的山川湖泊：尽管高冷，但可感可知。说是咸水湖，可我尝了尝，至多有一点微咸，不像青海湖那样咸到苦涩，根本不能入口！如果用纳木错的水做饭，恐怕还需加点盐。

纳木错湖中盛产高原的细鳞鱼和无鳞鱼类。湖中的鱼类主要是鲤科的裂腹鱼和鳅科的条鳅。其中裂腹鱼在自然条件下，一般可长到一二千克，最大的可长到七八千克甚至几十千克。

晚上收工沿着纳木错湖南岸东行，望见念青唐古拉山俯视着纳木错。高原上的念青唐古拉山远远没有印象中万山之山的高大雄伟，海拔7110米雄奇险峻的主峰躲在前排青山之后，似乎有些羞涩，但能感受到神秘的光芒熠熠生辉，令人神往。蓦然间想起《嘛呢情歌》的唱词：思念的唐古拉山。据雍仲苯教资料所言：念青唐古拉是藏地三大神山（冈底斯、念青唐古拉、玛积雪山）之一，也是九大神山之一，更是十三大神山之首。传说纳木错与念青唐古拉曾经是一对恩爱夫妻，这个传说我绝对相信。念青唐古拉山默默地守望在纳木错湖畔，多少万年的深情守望，换来了山穷水尽：在藏北羌塘草原上，唯一如雷贯耳或人们唯一熟知的山水也只有纳木错和念青唐古拉。

根据雍仲苯教护法经、家族史以及神山祭祀文等苯教典籍记载：念青唐古拉是雍仲本教的神山之一，是母子护法的四大眷属之龙度唐古拉，也是古藏文化史记中较有影响力的著名神山。而纳木错为雍仲本教五骑羊护法母子的圣地，也是唐古拉神山的明妃。它与纳木错是修行之人的主要修行圣地。这只是文献的记述，我们此行要寻找岩画中关于苯教的记录，要从岩画的角度来证实文献记载的真实性。

扎西半岛位于当雄县和那曲市班戈县之间，在纳木错湖的东南端，向北延伸到湖中，该半岛约10平方千米，出乎我意料的是整座半岛由石灰岩构成，而这在青藏高原并不常见。扎西半岛中间是几十米高的小山，最北端纷杂林立着无数石柱和奇异的石峰，峰林之间还有自然连接的石桥。由于曾长期被天湖水侵蚀，因此，岛上分布着许多幽静的岩洞，形成了独特的喀斯特地貌。岛上的石灰岩山洞和岩棚中分布着众多古代彩绘岩画。

扎西岛有很多突兀孤立的石灰岩巨石，以及很多喀斯特溶洞，根据其形状及其位置，被命名为迎宾石、合掌岩、善恶洞等，也就是所有的景观石都被赋予了相应的文化内涵。神话（人物）、动物、山川地貌的融合不仅创造了西藏的古代文化、社会与人群，也造就了西藏精神文明的特质，以及宗教实践。寺院里有佛祖和菩萨，山水之间有各种鬼怪和神灵，所以藏族人很忙，物质的生产与生活只是生命中的一小部分，他们把更多的时间与精力花在精神生活上，敬神拜佛、转山念经等。

在藏族人的观念中，世界上没有自然之物，凡事不是人为就是神力，所以在藏族人看来，这些巨石充满神性，理应朝拜。藏族人将石子裹在哈达中，像扔炮儿绳一样将哈达尽可能高地挂在悬崖峭壁上。信仰是一件力气活，也是一件技术活。到了涉藏地区才知道原来信仰可以被高高抛起悬挂在山间崖壁，信仰需以看得见的形式飘扬在高处。

通天是所有宗教的最高主旨和最终目的，藏传佛教也是如此。死后灵魂需要升天，活着的时候我们的精神亦需通往高处：山上的喇嘛寺院、飘扬在风中的经幡、过山口时撒向空中弄他（风马旗）、扔向峭壁的哈达、飞在天上的鹰鹫、凿刻在岩石上的凹穴、绘制在崖壁上的天梯……这一切都是引领我们精神通往高处进入天堂的媒介与象征。向上，通往高处，这不仅是宗教的指归，也是我们精神文明归宿。

扎西岛岩画是古人用赭石作为颜料而绘制在石灰岩壁上的各种图像，其时代从距今三千年前至今一直绵延不绝。就这幅岩画而言，便包括了距今3000年前（左边的牦牛和鹿）、公元7世纪以来的（右边的佛塔）、近现代以来的（上部用单线条绘制的奔马）各种图像。基本上所有的图像均与宗教有关：早期是苯教，也就是佛教传入藏地之前的本地宗教，或者佛教（藏传佛教）。譬如岩画中所显示出来的生命树的崇拜与祭祀，当为吐蕃时期之前的苯教内容。

扎西岛岩画最早见诸郭周虎的报道，郭周虎、颜泽余、次旦格列：《西藏纳木错扎西岛洞穴岩壁画调查简报》[①]。他们将岩画分为三期：早期岩画的时代当在吐蕃王朝建立以前，中期的岩画时代约相当于吐蕃王朝时期，晚期的岩画时代可能为吐蕃王朝灭亡以后。

前面谈到纳木错是西藏的"三大圣湖"之一，也是古象雄佛法雍仲苯教的第一神湖，同时亦为著名的苯教修行圣地之一，所以美国学者文森特将其称之为苯教岩画。2000 年刊登在《岩画研究》上的文森特：《纳木错苯教岩画：西藏北部古代宗教一瞥》(John Vincent Bellezza 2000. Bon rock paintings at gnam mtsho: glimpse of the ancient religion of Northern Tibet) 云，根据统计：岩画被发现于纳木错湖东南、北面和西面等六个地点的 36 处洞穴和壁龛中，其中一些地点较为偏远。这些地方总共有约 450 个清晰可辨的图像，有大量的铭文和雍仲符号，还有一些较小的不完整岩画以及不易分辨的线条、斑点和标记，图形总数远远超过 2000 个。迄今为止，文森特对扎西岛的岩画研究得最深入。

他认为：

> 羌塘岩画艺术的文化影响非常复杂，其主要文化传播中心不止一处。羌塘岩画艺术中的古老主题与西伯利亚南部和蒙古的有蹄类动物岩石雕刻传统有着密切关联，有观点认为其出现不晚于新石器时代。之后影响了青铜器时代的印度与伊朗文化，铁器时代的萨卡和塞西亚部落（以位于羌塘的萨卡—塞西亚岩画艺术为例）。有观点指出，从内蒙古开始，岩石雕刻艺术向西北传播，至新疆阿尔泰山脉，向西、南传播到西藏日土县和那曲区，还包括羌、匈奴和塞西亚受到这些早期文化的影响。
>
> 尽管羌塘岩画艺术与草原艺术在主题（主要是动物和狩猎）和风格（随意而充满活力的艺术表现）上有着密切关联，但它们之间也有基本的差异。羌塘岩画艺术中并没有充分体现草原文化的 5 个显著特征，即：人物形象，动物形象，成对的食肉动物，骆驼和战车。这些岩画中的动

---

① 《考古》，1994 年第 7 期。

物形象体现出不同的风格，故羌塘岩画艺术不应该笼统地概括为北部草原地区的一个区域类别。大概这些区域差异的最典型特征就是羌塘岩画艺术中缺少轮式车辆。战车对于公元前两千年至公元前一千年的草原文化发展有着深远影响，但这一影响可能没有传播到羌塘地区。

不过文森特的这篇文章是 20 世纪发表的，而据现在或我们这次考察的材料来看，文森特所说的"羌塘岩画艺术中并没有充分体现草原文化的 5 个显著特征：人物形象，动物形象，成对的食肉动物，骆驼和战车"的结论可能要修正。我们在扎西岛就发现了骆驼和人物形象，日土发现数量众多且形制不同的战车，以及成对的食肉动物……

今天的信仰和古代一样虔诚；今天的岩刻与古代的一样受人膜拜。

虽然我们名义上是纳木错环湖岩画考察，但我们在扎西岛上同时还经历着宗教之行和精神之旅，而且是从古代到今天。岛上的寺院、佛塔、经幡哈达、岩画、刻石、嘛呢堆等，都在执拗地提醒着人们：缺乏了精神内涵的生活是多么的物质，多么的乏味而枯燥！

三、纳木错

我们发明出各种世俗精神用以鼓舞人心，譬如以人命名的精神有雷锋精神、铁人精神、孔繁森精神等，以地方命名的精神有大庆精神、大寨精神、高原精神、阿里精神等等；还有以行业命名的，譬如考古精神等。尽管各种精神名目繁多，但核心内容都与奉献和吃苦有关。考古精神亦然，吃苦和奉献是其核心。据说考古学家石兴邦先生曾对搞考古的进行过精辟的总结：考古考古，发掘吃土，调查受苦。一句话，尽管是在将近 5000 米的高海拔地区长时段地连续工作，但我们基本上没有表现出任何应该出现的高原反应。正是因为考古精神的激励，我们甚至觉得 it's supposed to be！以致别人殷勤关切地询问头疼不疼？有没有高原反应？怕人失望，我们总是虚伪地说，有一点，不严重。然后听到对方居高临下地叮嘱什么能做什么不能做时，我们知道回答对了。

我们在扎西岛进行了 7 天高强度的野外调查，每天日出而作（早八点），日落而息（晚八点），从早到晚马不卸鞍，人不解衣地工作 12 小时，对扎西岛进行地毯式的岩画调查记录。

美国探险家、考古学家文森特对扎西岛洞穴岩画曾记录有 36 处，西藏三普调查有 25 处，而我们这次调查则多达 50 余处。尽管很多岩画洞穴已被报道与研究，但我们这次是全面的普查与深入研究，希望在三个方面有所补益：

资料著录的完整性和准确性。完整性指的是岛内所有岩画全部著录，而不是像肉铺里买肉挑好肉割；准确性指图像地点的精确位置与描摹的准确性。这是结合近些年来科学技术的发达诸如 GIS 及其他 tracing 软件技术的运用，从而能够精确定位、追踪、还原岩画。

断代的科学性。与我国其他地区岩画研究一样，以往扎西岛岩画的断代都是采用艺术和人文研究的方法来进行。所谓艺术的方法就是通过图像比较的方法，或者被考古学家称作"交叉断代"的方法；人文的方法即指与文献或民俗的比附方法，譬如文森特对扎西岛岩画的断代。而我们这次则主要采用科学的断代方法，即使用碳 14 和铀系法对岩绘画进行测年；采用微腐蚀分析法对岩刻画进行测年，用数据事实说话，而不是推论和猜想。

内容诠释的多样性。内容诠释的多样性建立在内容的丰富性及其文化因素多元化的基础之上。文森特将扎西岛岩画定性为苯教文化；郭周虎等人定性为北方草原文化等，但这都不够，除此以外，我们这次调查还辨识出中原汉族文化因素（唐代仕女、戴硬脚幞头的骑马官吏，附唐诗），中亚文化因素（含绶鸟、骆驼、持刀粟特祭师等）；南亚文化因素（瘤牛、单峰驼等）。

含盐量超过千分之一的湖就叫咸水湖，扎西岛的含盐量为千分之 1.05，已经达到称为咸水湖的科学标准，但千分之 0.05 的含盐量是分辨不出来的，所以很多尝过湖水的游人认为纳木错是淡水湖。说这么多其实只是为了说明一件事：纳木错的水自古至今都是可以直接饮用的。正是这一汪可以直接饮用的湖水，加上湖边数以百计的可以容身栖居的石灰岩洞，多少年前在一个善解人意的日子里，洞穴庇护或掩护了那个饱受风雨之寒的猎人，作为对神的感恩，猎人将自己的狩猎经过和猎物绘制在洞穴壁上以酬神。这里有水、有猎物、又有可住宿的洞穴，又多少年后，那些苯教的高僧大德们受风气所感，纷纷占据这些绘制着早期图像从而被视为神圣的洞穴中进行修行。声气所敷，这种栖居形成了一种潮流，这些修行者们同时也把有助于自己修行的文字与图像绘制在洞穴崖壁上。当然，后来也有一些藏传佛教徒来此修行，同样，他们也会将那些有助于自己修行的图案和文字刻凿在洞穴墙壁上。看到苯教徒早先刻在洞壁上的左旋万字纹等符号，藏传佛教徒会加以铲除破坏或在其旁边刻以右旋万字纹加以镇压。

扎西岛已经被辟为旅游胜地，扎西岛的门票210元，主要用于大巴交通费。藏族来扎西岛朝圣不要钱，藏族每每举家盛装而来，徒步按顺时针方向走一圈，约三公里。在扎西岛的每一处他们认为神圣的地方都要捐钱、涂抹酥油或用头碰触。对于藏族人来说，转扎西岛一方面是旅游度假，但更重要的是朝圣。朝圣干吗？朝圣是为了祈福，藏族转山或朝圣祈福的内容是全人类的福祉和全世界的和平。

我靠在车门处正在刷手机，一位美丽的少妇背着孩子走向前来：你有矿泉水吗，卖我一瓶好吗，我给孩子喂药。说话字正腔圆，我听着应该是北京人。我打开车门取出两瓶矿泉水递给她，她身后的一位老者递给我五元钱，我才注意到老者穿一身藏袍，原来这个少妇竟是个藏族，这时我看了她一眼，惊艳于她的美貌，更惊奇于她纯正的普通话！我不要钱，她连声谢谢，我其实更陶醉于这种感谢之中，假装自己一直就是一位做好事不留名的慈善家。不，我应该感谢你，在这为世界和全民祈福的神圣地方，你给了我一个施舍的机会，在佛祖眼里，即便是两瓶水的慈悲亦有着舍身饲虎和割肉贸鸽的感动，"毋以善小而不为"，正是此意。

扎西岛的自然风光自不待言，但其宗教情怀与民族特色更值得关注，此外，其历史遗存也需要宣传，这主要指的就是岩画。

日复一日，扎西岛宗教的多次集结终于形成了文化和名气，加之其本身就位于南亚廊道的必经之路，所以扎西岛吸引了南来北往的商贩、官吏、宗教徒、牧人，甚至文人骚客等。

最终，扎西岛成为一个文化包裹，里面装着诸多的文化因素，而岩画就是这个文化包裹的包袱皮。这个包裹我们已经收到，正等着我们打开。

扎西岛结束以后，我们移师班戈县。班戈县最著名的岩画是其多山岩画。

这也是一处洞穴彩绘岩画，第一次也是由郭周虎等人报道，2013 年被评为国宝单位。

其多山岩画位于纳木错湖的北岸，洞穴很小，只能容一个人。洞前繁茂的各种不知名小花一直延展到湖滨。有高人授我新知识：在青藏高原上，但凡你不认识的花都叫格桑花。洞穴北距纳木错约 80 米，高出湖面约 30 米。洞虽小，但却容纳了最多的岩画，共三百余幅。

多易岩画坐落在班戈县青龙乡八村（阿雄村）多易山南坡上。南坡高约 25 米，海拔为 4750 米。南坡上散落着很多砂岩，其中 173 块砂岩上刻有岩画，我们编号亦为 173 号。工作程序先由多人两米间隔拉网式寻找岩画，发现岩画便插一红布条，然后由罗布和达娃打点、编号，再由记录小组分组记录拍照。晚上 7:30 工作结束，鸣金收兵。因为多易岩画刻凿在微粒砂岩上，缺乏大颗粒的石英，故很难进行微腐蚀观测。多易岩画大致可分早晚两期，早期仍属北方草原岩画体系，晚期则为吐蕃时期，有大量的佛教和苯教内容的形象，其中一幅可能是不动明王的岩画图形非常有趣，值得一提。作为嘛呢石岩刻体系或铜像中的不动明王已经是司空见惯的造像：右手持利剑，左手持胃索，足踩一人性"恶障"。与嘛呢石岩刻体系或铜像中的不动明王相比，岩画中的不动明王显得画技稚嫩，没有愤怒，倒似有些欢快，风格童稚，像人而不像神，很接地气——刻在石头上！从风格上来看，岩画中的这位执剑人物图像应该就是最早的不动明王形象，虽然其时代目前还不能精确认定，但应该在吐蕃晚期是大致不误。我们在这里感兴趣的是执剑这个姿势，从晚期的藏传佛教我们可以明确无误地知道：执剑，这是一个神的姿势。这时我们再回过头来看看扎西岛的粟特人，这也是一个执剑的姿势，神的姿势。旁边还有个食草动物，应该是祭献牺牲。李永宪教授敏锐地将这个粟特人形象与印度河上游的奇拉斯（Chilas）岩画中相同的持剑人形象联系在一起。从人物的衣饰装束上可以看出奇拉斯岩画中的持剑人物是阿契美德风格（Achaemenid style）的岩画，很多是神话动物，而人物的穿着呈现出波斯风范：流苏边的长袍、系在腰间的腰带（anaxurides）和剑，以及绑腿（或靴子）跟阿姆河宝藏（The Oxus Trasure）出土的金牌饰上的人物几乎一样。1877—1880 年在阿姆河发现的属于公元前 400 年前阿契美尼德时期的波斯宝藏。这些金器被认为是公元前6世纪到4世纪的艺术品，但硬币显示的时间范围更大，其中一些被认为属于公元前200年左右。

藏语"羌塘"是"羌则塘"的简称，意思是北方广阔的地方，翻译成"藏北草原"也是达意的。我曾经去西伯利亚草原时慨叹其广阔与浩瀚，这次来到羌塘草原，除了广阔浩瀚之外，多了一份亘古、荒蛮和遥远的感受，浩瀚草原的起伏看上去像是地球板块的运动。

在西伯利亚无边没腰的草原上会突然出现一条清凌凌的大河，顿时会让你感到生命力流动；而在羌塘群山绵延的巨大荒原上突然会出现一些巨型的花岗岩巨石，一下子会让你觉得回到了恐龙时代，亘古而荒蛮。也就是说除了空间，还能感受到时间，让你能感受到一种时间的"古老性"，英语antiquity一词差可涵其意。你所看到群山的错落，实际上都是时间律动。形成于白垩纪的花岗岩是羌塘地区的特色景观之一，饱经沧桑的风化之后，棱角分明的花岗岩变得很圆滑，显示出时间的行迹：岁月有形，流逝有痕。

踯躅在巨大原野上的几只藏原羚，不管不顾只专心致志地吃草，于是心生艳羡：多好，一生只做一件事，哪怕只是吃草！即便是苦恋也行，相传念青唐古拉与纳木错是一对夫妻，不过从地理上看，它们之间还隔着一座山，它们肯定不是夫妻，唐古拉最多算是对纳木错苦恋多少万年而已！只要专心做一件事，久了，就不朽了。此时纳木错湖面烟雨朦胧，而念青唐古拉山则风清月白一片晴朗，忽有感，口占一首：

> 烟雨纳木错　风流唐古拉
>
> 相守千万载　未能成一家
>
> 岭高覆冰雪　水深载浪花
>
> 相守不相即　溪流可作伐

最后调查夏桑岩画遗址时，又一次发现大量的凹穴岩画，但对此凹穴岩画当地居民又有一种新的说法：凹穴岩画并非人为，而是鬼怪在见不得人的晚间所为。曾有村民在凹穴岩画旁过夜，眼睛里看不见任何东西，但各种叮叮当当的敲击声，甚至有马脖子上的铃铛声不绝于耳，于鸡叫时分，戛然而止。

这显然是藏文版的聊斋志异，不过它至少说明一个实事：久矣夫！凹穴岩画的时代。

凹穴是一种岩画，更是一种时间的印记。远古时代全世界的人们都开始制作凹穴岩画，最早可从旧石器时代晚期开始，但能坚持到最后，坚持至今仍在刻凿凹穴岩画者，只有藏族。

四、尼阿底遗址、其多山与加林山岩画

8月18日，今天是一个值得铭记的日子，在这个刻骨铭心的历史记忆日子里我们从班戈县赶赴申扎县，途经非常著名的尼阿底遗址。

尼阿底遗址位于藏北申扎县雄梅镇多热六村，坐落在色林错南岸，北距色林错约两公里，海拔在4600米左右。在遗址东西宽约400~500米、南北长达2000米左右的范围之内，散落于地表的石制品密密麻麻，俯拾即是！这是一处规模宏大的旷野石器遗址，尼阿底调查报告选用了一个考古学家罕用的"规模恢宏"这一修辞来形容尼阿底遗址的规模，其规模之大，地表石器之壮观，可以想象！

我坐在尼阿底遗址上，面对着一望无际的荒原，远处蓝幽幽的色林错湖泛着外星球的光芒，思绪一马平川地驰骋出去：4万年前这里为什么会成为如此规模宏大的石器加工厂？人类为什么要打制如此众多的石器？人们用这些石器来加工什么？换句话说，有什么东西值得原始人要打制如此众多的石器来加工？在这一望无际的荒原上为什么没有房屋遗迹？为什么没有留下原始人生活过的其他任何遗迹遗物？留存在地表上的大多是石片和石片石器，他们用这些石片加工鱼吗？宰鱼还是刮鱼鳞（高原裸鲤无鳞）？若是，为什么纳木错等其他有鱼的高原湖泊岸边未发现大规模石器遗址？这么大规模的遗址定然不是临时或季节性地居住，即便是专门来此采石料，进行石片制作，也不可能来无影，去无踪，他们难道是外星人？只有我瞎想的时候，才会与非考古学家的一般人想到一起去，其实考古学家，特别是传统考古学家不考虑这些。他们考虑的尽是些一般人不考虑的，社会不考虑的，就连历史学家也不考虑的问题，譬如打制技术问题、文化传统问题、石器形制问题、器物名称问题等等，他们对石器的研究不要说一般人看不懂，就连历史学家也看不懂。

石器可以简单地分为石核和石片，石片从石核上剥制下来。石核没什么用（有的还可以再加工作为其他用途，但很少），原始人用的是石片，或直接当作刀片来用，或镶嵌在骨或木柄上当刀使用。考古学家认为遗址上剩下来的都是原始人不要的垃圾，好的或合格的石片都已被安装在刀柄上带走了。也就是说现在尼阿底遗址上的石片都是不合格的次品，都是原始人遗弃不要的垃圾。如果是这样，那么尼阿底遗址就是一个石器加工厂。但问题又出现了，因为合乎石片剥制的黑色硅质板岩并非产自这里，也就是说东西宽约400~500米、南北长达2000米左右的石制品分布范围并不是黑色硅质板岩的原生产地。此外，这些人从哪里来？石器的技术传统显示来自喜马拉雅南麓。后来我们在甲谷乡政府附近和夏桑岩画遗址的对面新发现了两个细石器遗址，其中一个遗址中还发现两件勒哇娄哇尖状器，这也是个印巴次大陆方向西来的指示器。但是他们来干吗？如何来的？之后又去哪里了？为什么后来这个技术传统又消失了？

根据对青藏高原地区古湖泊的研究，距今4~2.8万年时期，高原上湖群广布，河湖之间相互联通。从东北到西南，湖面扩张，存在着数个面积达万余平方千米的大湖，这时多数古湖面积达到史上最大值，即"大湖期"，"南羌塘高原古湖岸线分布广泛，从最高古湖岸线看，大湖期湖泊面积比现代湖泊面积大数倍，甚至10余倍之多。根据不同地区10余个湖泊的沉积测年数据分析，大湖期的年代大致相近，以距今4~2.5万年之间居多，有的可能延续至2万年"。4万年前高原湖泊水位高到甚至色林错和班公湖是连在一起的，3万年前后两个湖才分开。中国科学院青藏高原研究所拉萨站的站长王君波研究员曾在当惹雍错湖旁指着远远高出现代湖面的古湖岸线，对我们进行现场教学说：即便全新世以来，也就是距今七八千年的大暖期，湖面也比现在高出183米！现在的尼阿底遗址高出邻近的错鄂湖面只有22米，如是，4万~3万年前尼阿底遗址一定是在水下，那么遗址是如何产生的？他们是在水下杀鱼吗？

　　在旷野上，我的瞎想毫无边际，于事无补，只能说明通过考古发掘出来的问题往往比考古能解决的问题多得多！还是引用著名的旧石器时代考古学家高星研究员的话作为尼阿底的结语吧："这些石器的制作者是何人？他们来自何方？目前还无法得出准确的结论。在尼阿底遗址采石做器、吹奏过征服高原号角的人群是最早的'藏民'吗？答案不能确定。在西藏广袤的土地上有很多尚未被探考过的区域，那里可能埋藏着时代更早、价值更大的勇敢的远古开拓者的遗物、遗迹，在等待着科学工作者前去寻找、发掘。尼阿底遗址的发现与研究揭开了古人类征服雪域高原神秘面纱的一角，也预示了新一轮青藏科考项目光明的前景。"①

　　荣玛乡是尼玛县最僻远的地方，距尼玛县约 200 公里，五分之一的柏油路，其他全是土路，汽车要跑 3 个小时。这是羌塘的腹地，现在基本上算是无人区，因为整个乡现在已经全部迁出，搬迁到拉萨附近的堆龙，共 262 户，1000 多人。原来的一村一社变成畜牧有限公司。现在的乡政府只有留守的几个人：村医两人、警察两人、管牧业的一人。原来的村民可以在畜牧有限公司投股。有人说这个乡的牧民只是 20 世纪 70~80 年代才搬迁过来，而且占据了藏羚羊迁徙的主要通道；其次，这里公共设施成本太高（譬如公路、电线、管理等），而享受之人却太少，不划算；最后老人看病，小孩上学等极不方便，故政府决定搬迁。

　　加林山岩画的山脚有一户已经搬迁的牧人，但屋里还剩有很多家具以及日常生活器具，甚至摆放得整整齐齐，不知主人是有钱不屑远途运送这些家具还是盼望着有朝一日再重返家园？房间的玻璃被打碎，窗户铁栏杆也被弄弯，尼玛县文化局的人讲一般人是干不出这种事，定然是棕熊干的。不过屋里的柜子桌椅都依然整齐，不像被暴力翻动过，什么样的棕熊会袭击一座没有食物的空房子呢？屋子完好，家具整齐，羊圈里还有厚厚的羊粪和密密麻麻的羊蹄印，可人们告诉我这是无人区！似乎是梦境一般！我突然联想到萨特的《存在与虚无》：it's hard to tell that the world we live in is either a reality or

---

①　高星：《4 万年前人类登上了雪域高原》，《科学》，2019 年第 71 卷第 3 期

a dream（很难说我们所生活的世界究竟是真实还是梦境）！如果当时兜里有个《盗梦空间》里的那种陀螺，我肯定会掏出来旋转验证一下。

不过，去尼玛乡的沿途一定会让你觉得这是一趟真实的旅行——路上太颠了！快抵达乡政府时右边是蓝莹莹的伊布茶卡咸水湖，左边是火红色的丹霞山崖，《西宁府志》对西宁地理位置描述的语句放这里也恰如其分：河流环带，山峡迂回，红崖峙左，青海潴右。由于是无人区，沿途风景蛮荒壮美，且野生动物极多。藏野驴最多，对车已经是司空见惯了，只有人下车要拍它们时，才会躲闪不让拍照；次为黄羊（藏原羚），跑起来像个弹跳的皮球；藏羚羊也很多，群体跑起来像一列高速行进的列车，与地面保持着平行线，特别是当我们气喘吁吁有高原反应时，看到它们的高速奔跑很治愈。我们在回尼玛县的归途中，有一只野牛（家牦牛与野牦牛的混血）站在路旁企图劫道。天已向晚，正是"作案"的好时机。与岩画中的一模一样，野牛身躯庞大，锋锐双角已经准备好，幸亏我们的车跑得快，但不幸我们身后庞教授的车被劫了。虽然我们可爱的庞颖教授受到惊吓，但身为人师的她不忘发朋友圈总结教训，以告勉他人：

"返程的路上差点被这头前额带血的野牦牛袭击了！两三米的距离命悬一线，当时心想今天得撂这儿了！所以严肃认真地告诫大家，一旦碰上野牦牛：一绝对不能打喇叭；二不要停车摇下车窗拍照；三安静快速地通过！"

以后有人若碰上野牛，请一定按照庞教授的忠告小心对待，万勿鲁莽行事。以自己的危险，换取别人的安全，向庞颖教授学习！

加林山岩画就在荣玛乡政府西一公里的地方，山上近百块石头上刻凿着青铜时代北方草原风格的岩画。加林山的狩猎岩画颇具特色，特别是栅栏式的陷阱岩画，明显带有中亚或南西伯利亚的陷阱风格。尼玛县的另一处夏桑岩画也是一个非常重要的岩刻画遗址，尤其是这个遗址中鹿和马车图形具有断代和文化象征意义。虽然这个岩画遗址被洛桑扎西、布鲁诺和文森特曾经报道过，但其中有些图形值得在这里讨论。

夏桑岩画中的鹿被布鲁诺和文森特称为大角白唇鹿 (Cervus Albirostris) 或藏马鹿 (Cervus Elafus Walici)，其造型风格可以与青海辛店文化或唐汪陶器上同类动物相比较，其风格非常近似，所以根据辛店和唐汪的时代，夏桑岩画中的鹿也应该在距今 3000 年以内。

夏桑岩画中车的图形也是一个富有文化传播意义的图形。与日土或拉达克岩画中车的图形一样，洛桑扎西在《那曲尼玛县夏桑、加林山岩画调查简报》一文中比较了青海野牛沟和卢山岩画中的车图形之后认为"根据综合分析与判断，笔者认为将此次发现岩画，尤其是车马岩画的年代上限可以大致推断为距今 3000 年，下限可推断为距今 1400 年"。我在《青海岩画》一书中谈到，青海野牛沟和卢山岩画中车图像区别较大，野牛沟岩画中的驾车的两匹马背背相对，似不谙透视法按照某种图式进行绘制的；而卢山岩画中的车却已按照透视法从侧视角度绘制，我曾经以为从野牛沟岩画到卢山岩画是一种进化和进步，所以根据微腐蚀测年野牛沟岩画的年代在距今 3200 年左右，而根据风格比较法，卢山岩画的年代在公元前后，这似乎也证明了从野牛沟到卢山是一种进步。然而现在检讨，这种机械进化论的看法有问题，因为这除了时代，还有个风格问题。夏桑岩画中的马车就是透视法绘制，但这种敲凿法的制作技术，应该与上面的马鹿时代一样，距今 3000 年前左右。而那种马匹背背相对的车岩画，也有时代晚的，譬如甘肃白银信侯沟的岩画，也是驾车马匹背背相对，而挽车的马，一改以前直腿的风格，变成朝前屈腿，且身上饰以 S 纹、方格纹、折线纹等，这是典型公元前 6 世纪塔加尔文化中马匹的特征。

法国岩画学家布鲁诺在她《西藏西部和内亚拉达克岩石艺术的文化适应、区域分化与青藏高原西部风格》一文中认为，造成青藏高原西部地区岩画中的车与青藏高原东部地区（野牛沟和卢山为例）岩画中马车风格不同的原因并非时代，而是来源不同所致。在将西藏西部岩画中的马车与巴基斯坦印度河上游奇拉斯（Chilas）岩画中的车岩画进行对比之后，布鲁诺认为马匹按透视法绘制的马车岩画形应该来自南亚或西亚，而青藏高原东西两端的这种马匹背背相对的车岩画并非一种传播关系，而是有着各自不同的来源，东部的来自中原地区商周或晚至春秋时期的马车图形，西部的则受到来自西伯利亚、阿拉泰、蒙古国、哈萨克斯坦、吉尔吉斯斯坦、塔吉克斯坦以及我国新疆等地区的岩画影响。在时代上藏东岩画马车图像应该稍早于藏西，藏东在距今 3000 年左右，藏西在距今 3000 年以内。

位于达果雪山的西麓脚下苏浦的列石阵是我们向往已久的古文化遗址。

列石阵约 16×18 米，用长方形花岗岩石柱埋在地下排列成行组成，花岗岩最高者约 80 厘米，最矮约 20 厘米。石阵南北约 52 排，南北约 48 排，一共约 2500 根石柱。其东端有一约 4×4 米的方框，内竖 4 根祭坛石高 1 米。石阵四方形，正南北坐落，海拔 4710 米。

石阵的西头有一石垄，高 1.5 米，宽 5 米，长 20 米，起初应该是堆砌整齐的石墙。现在台地南面是湿地河流，二级台地很高，约 50 米，二级台地的湖岸线很明显；石阵东部 50 米处，又有一石阵，规模略小 15×12 米，立石稀疏，其西边亦有一石垄，长 8 米，宽 3 米，高 1.5 米。大石阵西边 50 米处有 5 个直径 3~6 米的石圆圈，疑为墓葬。

在藏西的改则等地也发现有此类石阵，但规模要小一些。由于没有发现与之相关的任何遗物，藏地的这种石阵年代以及性质不好判断。因为到目前为止，考古发掘还没有发现任何有所帮助和能加以说明的材料，但确认为金属时代应该没问题。蒙古国阿尔泰地区发现很多突厥人的立石墓和石构墓，应该与此有关联。虽然阿尔泰突厥墓石构的结构稍异，规模也小，但应该是同样文化观念的产品，也就是萨满教的文化产品，都与祭天、通天、升天相关。尤其是在一个方框石构的前面，都有一个圆形较高的立石，似乎是方阵的领军，两者有异曲同工之妙。

达果雪山是古老的古象雄佛法雍仲苯教的圣地，也是象雄地三百六十座山峰的主脉；达果雪山下的当惹雍措是涉藏地区三大圣湖之一，也是涉藏地区最深（243 米）的湖，这里被人们奉为神山圣湖。藏北牧民常以"上部的冈底斯和玛旁雍错，中部的达果雪山和当惹雍措，下部的念青唐拉和纳木错"相称，并列为西藏"三大神山圣湖"，朝朝暮暮，转山朝湖者络绎不绝。传说这里是古象雄诸神的聚集处，我们抵达石阵时已经是傍晚 7 点，夕阳下在地平线上整整齐齐排列的石阵蓦然映入眼帘：这哪里是石阵，这完全就是一支刚刚集结完毕的诸神部队！呈现出东南高，西北低的石阵给人一种奔涌向前的汹涌感。石阵背后是苯教的圣山达果雪山，石阵就是达果雪山匍匐的姿势。

云南金沙江旧石器时代晚期岩画考察

上　金沙水拍云崖暖

考古人都是有梦想的，都有发现和发掘一座精绝古城或图坦卡蒙法老墓那样的伟大梦想，我的梦想就是寻找中国旧石器时代的岩画。2017 年，这个梦想成为现实。2 月 12 日～2 月 22 日，考察金沙江岩画。

农历正月十五刚过，习惯上中国人还在过年的气氛当中，我们便来到金沙江的深山老林中寻找原始。这里的天空景致分明，看青天白云，绝不含混。地上的风景也美，碧水青山。我们却无暇欣赏，要匆匆赶路。

第一个岩画考察地点是洛吉河口的岩波洛岩画。岩波洛是一个村的名字，岩画点去岩波洛村的距离并不远，但那种丛林小道却非常难走，因为你要应付的不仅仅是脚下，而是迎面而来的草木竹枝。虽然是走路，但上肢运动甚至比下肢运动还要激烈。

岩波洛岩画点的动物图形中最引人注目的是该地区现已灭绝的动物貘。貘的特征很明显，即上唇较长，一般不会弄错。貘的图形由桑葚色（紫红色）用轮廓线加以绘制，其上覆盖着薄薄一层碳酸盐。岩画绘制在一由石灰岩裂隙形成的岩棚中，岩棚阔 12 米，高 25 米，进深 10 米，也可以被智人用作居住营地。

不过岩波洛似乎只是一个下马威，真正感到金沙江岩画考察之艰辛的是对妖岩的考察，其艰难程度远远超过了我的想象！主要是路太难走了，不，应该说通往岩画点根本就没路，我们往往是随着动物的足迹前行而已。总结起来八个字：山高、坡陡、路滑、林密。去妖岩岩画点只有 13 公里，却走了近 4 个小时！不是平地，是爬坡，来回 26 公里！需要强调的是根本无路可走，只能在灌木丛或竹林中拨开一条路，慢慢爬行。

20 世纪 90 年代我在法国和意大利访问过旧石器时代的洞穴彩绘岩画，也从照片上见过印度尼西亚苏拉维西岛的 4 万年前的豚鹿和野猪，但看到妖岩岩画点的红黄双色绘制的巨大野牛时，我被震撼到了！其色彩之艳丽、线条之流畅、造型之生动，你很难相信这是一万多年前旧石器时代的人类作品。崖壁上有各种多次反复绘制的动物图形重叠在一起，看着像个关牲口的畜圈，这是经典的旧石器时代艺术的布局和结构特征。动物虽然都以静态的方式加以表现，但以重叠和挤压的方式将它们系绊在数米见方的空间中，于是就有了千军万马般的奔腾气势和神态。虽然还没测年，但这种带有经典旧石器艺术特征的野性动物，我感到已经破壁而出，排闼而来。我只能呆滞地凝视着，不知该干什么。一如这个岩画点的名字叫妖岩，我也感到了妖异。也许当地人正是因为石壁上这些陌生的野生动物图像感到了某种妖异，故而取名妖岩。由此来看当地人对于岩画的认识和发现应该很早了，远远早于我们现在所认为的是 20 世纪 80 年代有个叫树宝的猎人第一次发现了金沙江岩画。不过，肯定的是猎人树宝第一次将岩画的信息报告给了政府文物部门，从而使金沙江岩画引起了岩画学家的注意这一事实是明确无误的。

第三天考察花岩岩画。从山底到山顶的直线距离只有 1 公里，但根本无路，迂曲盘桓而上，竟然耗费两个小时才到达！下山更是艰难，无人不是连滚带爬！种瓜得瓜，种豆得豆，这是这个世界的定律。我们的终点对得起我们一路的连滚带爬，我们在花岩岩画点看见了"中华第一猪"。两只野猪一左一右重叠绘制在一起，乍一看似乎是一头野猪左右两个头。野猪线条绘制清晰，颈上鬃毛根根毕见。不要小看这头野猪，其表现风格和印度尼西亚的苏拉威西洞穴岩画中的野猪几乎一模一样！而后者经釉系断代是距今 4 万年前旧石器时代的作品！仅风格像印尼旧石器岩画还不行，还需现代科技手段确认，我们这次考察的目的正在于此。

洛吉河口（也叫木圣土村）的村民基本上都是纳西族。纳西族人仍住吊脚楼式的二层楼，上层住人，下层养畜，人畜兴旺。房屋墙体仍是版筑土墙，冬暖夏凉。

早上上山之后本以为中午能回来，但到了下午4点才回来，纳西族向导为我们准备的午饭变晚饭了。不过，准备的饭菜不仅丰盛，且精致可口。

考察大干坪子岩画时，向导说今天的路比昨天好走，距离也近一些。我们心里顿时有了安慰。殊不知到了岩画点后才发现距离与前天一样，难走程度与昨天一样，回到旅馆连楼梯都迈不上去！

岩画中发现了猴子，这是以往的发现中非常少见的。岩画中的猴子应该是熊猴，熊猴栖居生境相对较高，在西藏东南部和云南西北部，栖居生境的海拔多在2500米左右。熊猴的鸣叫声与猕猴不同，很像狗吠，但又带有嘶哑的声音。熊猴已被列为中国国家级Ⅰ级重点保护野生动物。

鉴于前几天大家都累坏了，考察队队长李钢说休息一天，所谓休息就是今天不爬山，只走平路，大家欢欣雀跃。不爬山竟成了一种红利，可见幸福是很容易获得的，只要认真活着。今天去四川境内的金沙江畔看普米人或摩梭人的岩画。

金沙水拍云崖暖，金沙江这个名字是从毛泽东诗词里第一次知道的，记得小时候看过一部电影，叫《金沙江畔》。金沙江两岸如刀切斧凿，壁立千仞，直立陡峭，充分显示了上亿年间江水对山体的缠绵和摩挲。柔情似水，但也是一种驯化与改造。

中午在梨园电站旁的一家农家乐吃午饭，所有的食材都是店主自己种植和养殖的。这里是鸡鸣闻三省的地方，居住着普米族、纳西族、藏族等民族，店主是来自木里的普米族。早春二月居然能吃到青胡豆，让我们这些北方佬欢喜不已。午饭还有一道菜叫"鸡杂汁"，也就是把鸡的心、肝、肺、肠子等生捣成汁状，佐以调料。这可能是普米人的食谱，味道和口感很特别。

最后一个要考察的岩画地点是比子岩布山岩画点。去比子岩布山岩画点的路上除了险峻、陡峭外，主要是对付竹子。在竹林里无路可走，必须采用霸王硬上弓的方式分开竹子，通过竹林。杜甫说：新松恨不高千尺，恶竹应须斩万竿，名言总是有道理的。

抵达一个很有气势的岩棚（也叫岩厦，shelter），这应该是旧石器人类理想的居住地方。有宽敞深凹的岩棚可遮风避雨，前面有一个宽敞的活动平台，平台之外是万丈悬崖。平台边缘有一个已经枯朽的大树，表明这里曾经一定是宜居的风水宝地。平台左右两边也只有一径相通，建以栅栏，猛兽也进不来，一人当关，万兽莫开。平台地面上有大量的羊粪或其他动物粪便，也就说各种各样的动物也都到这里来避雨或歇息。羊粪里有大量的跳蚤，考察队很多人被咬得浑身疙瘩。不过我们只关注石壁上的动物，也就是岩画。这里有两只羚羊，什么时候画上去的？这才是我们的兴趣所在。

比子岩布山岩画在一石灰岩裂隙之中，裂隙高 40 米，阔 20 米，进深 30 米。在裂隙的岩壁上绘制有牛、羊等野生动物。其绘制风格除了复线绘制动物轮廓外，还有其他典型的旧石器时代自然主义艺术特征与技法：仅绘制动物头部或前肢、大小套叠（一个小动物绘制在大动物身体内）、强调细部的同时省略大部等。遗憾的是该岩画点的碳酸钙发育不发达，没有采集到合适的样品。

这次考察由洛吉乡的文化干事邹继媚做向导。在考察过程中，她上山爬坡丝毫不输男士，如履平地。而且常常主动探路，走在队伍最前面。询之，她说小时候就在这里放羊，满山满坡地跑惯了。她奶奶是纳西族，爷爷是汉族，她有一个姐姐，小时候不让上学，令其放羊；她小时候因其姐姐已经放羊了，所以让她去上学。但最终结果是放羊的想上学，上学的想放羊。这里有纳西族、普米族、藏族、彝族、傈僳族，不管什么民族，一般说来，若只有一个女儿的话，都不让上学，因为放羊更重要。

这里的大牲畜除了猪、羊、牛外，还有一种很有名的云南矮种马，也称"滇马""蛮马"等。宋范成大《桂海虞衡志》记载："蛮马出西南诸番……大理马为西南番之最。"西洋的高头大马固然威风凛凛，但在这亚热带密林深处却毫无用处。云南矮种马虽然没有速度，但耐力极好。历史上南方古丝绸之路和滇藏茶马古道上随处可见云南马的身影，这种马以肌腱发达、性格机敏、善于爬山越岭，长途持久劳役、耐粗饲等特点见长。

松林中有很多松树被剥皮割得浑身斑驳，询之方知这是那些造假商贩割取树胶来制造假蜜蜡和假琥珀。现在香格里拉和丽江旅游产品市场到处充斥着蜜蜡和琥珀，都是用这种松胶制作的。看看这些被割松胶的松树，感到一阵疼痛：我曾经花了几万元买了一件所谓的蜜蜡摆件，一直很得意，会不会也是现代松胶制成的？

下午去孔家坪考察一幅近代岩刻画，很轻松写意，沿着清凌凌一渠溪水走路，竟如野游般地享受。

走了约4公里之后，到达岩刻画地点。在一块平整的石头上，刻着几幅无法辨识的图案。当地人说，这是一幅藏宝图。这是中国文化的定式，往往解释不了的东西，都会用一个神秘现象来解释。我们在考古中经常会碰到藏宝图、金娃娃、金马驹等等。不过考古学家的悲哀是往往把假的当作真的，同时又会把真的当作假的。譬如最近炒得很火的张献忠江口沉银遗址，最初没有几个考古学家认为那是真的，后来的发掘证明居然是真的！

这幅藏宝图我无法辨识，特贡献出来看哪位有识之士能够辨认，以后找到宝藏，就算我捐献给国家了。

下　白云深处无人家

2020年11月下旬，云南特别是金沙江境内无瘟疫之虞，秋高气爽，一派清明，我们决定再赴金沙江，做岩画调查和测年的取样工作。11月22日由于云南迪庆大雪，航班取消，我们只好改签23号从成都双流机场至丽江，然后再搭乘出租车由丽江迂回绕道至迪庆。老天爷的事，只能顺从，不能抱怨，更不能抗争。

第二天一早我和我的两个学生李曼、施兰英便搭乘飞机飞丽江，一切顺利，飞机按航线上天，按规矩落地，准时而驯顺。丽江至迪庆200余公里，出租车需4个小时，资费700元。丽江和迪庆都是旅游胜地，一次游一个足矣，现在居然一趟可以走两个地方，何其幸也。坐在出租车上，看着窗外烟雾缭绕的青山深涧和玉龙雪山，心中暗自庆幸：昨夜坠落的星辰才换来今日的阳光明媚，不是这场大雪绕道到丽江，哪有机会欣赏这沿途的风景如画。

在距迪庆50多公里的地方有个油罐车翻了，柴油倾倒了一路。担心引发火灾，警察将路封了。从中午12点一直封到我们到达时的3点，等了两个小时依然不见道路开放，而且还不知封到几点。后来与李钢联系，他要我们走路穿过事故区，同时他派车到事故现场的另一端接应我们。但封路的目的恰恰是不允许旅客通过事故区，我们只好每人背着30多斤重的行李箱，下到谷底，再翻过一道山梁，最后爬上山坡到达事故现场的另一端。整个路程只有五公里，似乎不算什么，但加上下山爬坡，那就10公里了；再加上深菁密林那就20公里了；最后再加上30斤重的行李箱，那就超过30公里了！这5公里我们花了整整两个小时，到达事故路段的另一端时，两个姑娘已经是精疲力竭！不过比起日后寻找岩画的历程与艰辛，这仅仅是开始，只不过是热身而已。

6:00终于抵达迪庆，与李钢、马国伟以及中央电视台西藏记者站的陈琴、汪成健、李旭、张涛四人会合。为了争取时间，会合后便分两辆车奔赴洛吉，吃过晚饭后再赶赴下渣日的朱智光家。李钢说老朱杀了一头猪等着我们，要早知道洛吉就不吃晚饭了！老朱是我们这次考察的船老板、地陪兼向导。半夜抵达老朱家，发现果然杀了猪在等候我们：院子里两个炭火盆已架好烤肉器具，两大盆猪肉块就在火盆边上。11月夜晚下的炭火不但给人以家的温暖，也瞬间燃起了大家的食欲。

第二天（24日）早上8：30乘老朱的船沿水库去第一个岩画点姆足吉岩画点。此处岩画点保存尚好。梨园水库蓄水，可以乘船直接到达遗址边上，否则要走十几公里，再从谷底爬上来，起码要大半天。乘船做岩画调查，感觉不是在工作，而是在游山玩水。

岩画绘制在30米长、6米高的石灰岩棚上，有牛、羊、熊等动物。许多动物图像重叠绘制，一如旧石器时代晚期的猎人风格。最重要的一幅岩画为多图像重叠绘制，动物图像多达十几个，有些仅轮廓，有些绘制得很精细，甚至绘制出鬃毛。详审图像之间的打破叠压关系，短线平涂风格的图像似为时代最早者；复线轮廓者次之；暗红色（strawberry color）轮廓者最晚。李曼分出七层叠压关系。

中午在老朱家的老家羊圈午餐。午餐仍为烧烤，颇有野餐的味道。饭后已近4：00，本拟再看一个岩画点，但老朱担心天黑航行危险，故作罢。晚上下榻"中国华电"的招待所，居然有热水洗澡，顿时感到如天堂一般！

25日依然乘船考察。在船经过王家岩柯时，李钢建议下船看看，此处为一岩画点，属丽江地界，不在我们考察的计划里，因恐已被水淹。岩画点距河岸线约一公里，为石灰岩岩溶地带，此间由于雨水丰沛，植被葱郁蓬勃，但石灰岩却被雨水侵蚀得如刀片般锋利，像是一把把埋在地下的石刀利刃，整个地面看上去像个捕兽的陷阱。该岩画点崖壁上的碳酸钙也极为发育。

这个岩画点据认为是金沙江地区最大岩棚和最长画廊的遗址地点，岩棚长约 140 米、高约 80 米；画面分布长 40 米，高约 4 米。其中有两条自然主义风格的野牛，一条约 4.08 米长，另一条约 3.84 米长，被认为是金沙江岩画中个体最大的动物图像。画面同样是重重复复，层层叠叠，好几个不同时期的图形叠压在一起。根据色彩的深浅可分为桑葚色（mulberry color）、深红、浅红、黄色等。在一些动物图形的轮廓上，往往使用红黄二色复线绘制。

该岩画点工作进行完已经是下午 3：00 了，然后开船至陈义德岩画点的对面，靠岸吃午饭。江边野炊，吃着干粮看着对面位于万仞崖壁之上的岩画点，感觉到精神对物质的碾压，从物理空间上意识到精神文明远远高于物质文明。吃完饭 4：00，李钢建议去喇嘛足古岩画点，距此不远，可顺便看看。

于是回到码头，大家分头乘车赴岩画点。车到半山腰无路可走，于是弃车步行，从停车处到岩画点居然走了两个小时！到达岩画点时天已完全黑了，只能打着手电观察岩画。山林的夜晚漆黑得如同墨染，伸手不见十指！返回时根本看不见路，其实本来就无路，好在沿途没有悬崖，摔跤是难免的，但生命无虞，最后大家在此起彼伏的尖叫声中连滚带爬地返回停车处。最后清点人数时居然一个不少，而且也没少点什么，也算神奇。

26 日一早收拾行李到老朱家吃早饭，吃完早饭后去拜访金沙江岩画的发现者树宝老人。树宝老人已经 80 多岁了，他于 1983 年当基干民兵时第一次发现了岩画，并将他的发现上报当地政府。

10：00 出发考察尼克岩画点，乘船约需 40 分钟。蓄水以后，乘船几乎可以直接到达岩画地点，无须攀爬，以后可以开发成岩画的旅游景点。此岩画点的一组羚羊图像甚为经典，造型生动，保存完好，色彩艳丽，且碳酸钙发育很好。

当晚下榻在一家公司招待所，这家公司的名称是我见过最长的："浙江瓯能集团香格里拉市尼汝河流域水电开发有限公司"。招待所有热水可洗澡，且旁边还有一家小饭馆。小饭馆的中央有一个火炉，上面的熬茶冒着热气，发出咕嘟咕嘟的声音，让人感觉温馨适意。在李钢的强烈建议下，考察队员一人买了一双解放牌球鞋，李钢说明日我们去白云湾，来回要爬十个小时，而我们现在脚上的旅游鞋根本无法胜任明天长距离的攀爬，故一人买了一双。穿上很轻便，感觉跑百米会快一些；但鞋底有些薄，不知明天长途山路会怎么样。

27日要去的是白云湾岩画点，据李钢说，这个是最远最难走，同时也是最精彩的一个岩画点。澳大利亚著名的岩画学家保罗和马克西姆于2008年12月也来过白云湾。当他们花了一天时间爬到白云湾岩画点做完调查工作之后，由于路途危险，保罗拒绝从原路返回，宁愿多花两天的时间绕路回去。保罗曾亲口对李钢讲，白云湾是他攀爬过的世界上最遥远和最危险的岩画地点。李钢跟我反复商量过去白云湾的路线和方案：A计划，最短时间和最危险的路线，来回十小时，也就是一天之内打个来回。这样每人只需背着自己的饮水和午饭即可，不过山高水长，路途危险，且必须按时完成攀登和工作，否则天黑之后便寸步难行，只能露宿荒郊野外；B计划，不要赶路，花3~4天，带够几天的食物，备好露营装备，安全行走，慢慢工作，沿途看看风景，呼吸一下古老而新鲜的森林空气，体验一下野营生活。权衡之后，大家一致选择A计划——其实在每个城市囚徒的内心深处，都住着一个渴望历险的辛巴达。

20世纪末南非布伦波洞穴6万多年前彩绘符号的发现，特别是21世纪以来印尼苏拉威西岛距今4万年前的智人岩画被发现后，岩画（艺术和宗教等象征符号）的欧洲起源和欧洲中心论便被打破，而中国金沙江流域旧石器时代彩绘岩画的发现，有力地支持了东南亚起源说，从而形成了关于象征体系起源说的亚、非、欧三足鼎立局面。对于我国旧石器时代晚期艺术品匮乏的现状而言，金沙江岩画的意义不言而喻。

澳大利亚和中国的岩画学者都是欧洲起源和欧洲中心论的坚定反对者，2008年保罗等人的白云湾之行同样是为了岩画测年。保罗的测年数据：铀系列的最小年龄为距今2300 ± 250年；最大年龄为距今9400 ± 6000年。放射性碳的最低年龄为距今4475 ± 57年；最大年龄为距今10335 ± 97年。无论是铀系法还是碳14，其测年数据都是需要校正的。铀系法是需要进行230Th校正，但结果肯定是差很大，所以保罗最终没有采用；而碳酸盐的碳14测年由于碳酸盐中超过5万年无法通过放射性碳测定年代的死碳很多，我们假设死碳的数量在地层中是恒定的，那么用55%~45%的校正曲线来校正10335±97年的碳14年代的话，给出的最大年龄范围应该是距今5738~4694年前，保罗最终采用了的是碳14年代。但是这个年代即便是准确的，也只能说是金沙江岩画年代中的某个时期，绝不是最早，但有可能是最晚的。我们在金沙江岩画的动物图形中辨认出一种叫貘的动物，根据考古资料来看，金沙江地区的貘早在距今八千年前就已灭绝。岩画中依然保留着貘的形象，这说明岩画至少是距今8000年以前的遗物。此外，岩画主题、内容和艺术风格上来看，金沙江岩画与苏拉维西4万年前的岩画是一致的，甚至和欧洲旧石器时代晚期岩画也是极为相似的，以致岩画学家们统称其为"自然主义风格岩画"，那么为什么金沙江岩画的年代只有不到5000年，只有苏拉维西等岩画年代的十分之一？这就是我们为什么要再赴金沙江，再上白云湾的原因。

世上万物，越是不易得手，越是珍贵，俗话叫物以稀为贵。有了李钢的铺垫和保罗的故事，白云湾岩画成了我们心中的梦想和圣地，同时自然而然成了这次考察的压轴戏。

早上5：00就起身，因为今天要去金沙江最远的一个岩画点白云湾，一天要赶回来，故要早点出发。老朱延请了三位背夫和向导，一是帮我们背设备器材，二是如果有人需要搀扶，也可帮忙。去这个岩画点根本无路，用李钢的话说：没有道路，只有方向。

在黑夜中行船让人心惊胆战，全凭船老大的行船经验，在黑暗中摸索前进。7：20左右天亮了，我们一直沿江逆流而上，8：00左右我们到达上山地点，我们舍船登陆，刚开始沿着河岸滩高高低低的岩石前行，8：30左右开始爬山。登山的路极其难走，不，根本就无路可走！有几处峭壁光秃秃的石壁必须在山民向导的牵引或帮扶下才能通过。特别是陈琴和施兰英，两人有点恐高，像蜗牛一样蠕动前行。陈琴是中央电视台驻西藏记者站的站长，年轻漂亮，工作认真，性格要强，坚韧不拔，几乎没有缺点，唯一的缺点就是恐高。她常常在两个向导的搀扶下询问：下一步我该迈左脚还是右脚？我的学生施兰英同样，年轻漂亮，工作认真，性格要强，坚韧不拔，唯一的缺点也是恐高。

我们队伍中百分之九十以上的尖叫惊呼都是来自她。我和李钢制定计划A时就规定好了每个路段所需的攀爬时间，如果不能按时完成，我们就无法到达终点。一开始看到陈站长和施兰英两个人严重拖了大部队的后腿，心中焦躁，但陈站长作为合作单位，我是绝对不能说她的，我只能杀鸡给猴看，我对施兰英说："不行，你这个速度拖了大部队后腿了，把你的背包给我，你无负担会爬得快一些。"我知道她是不会给我的，她是我学生，她35岁，我65岁。果然，从此施兰英没有了尖叫，陈站长没有了左右迈步的询问，鸡和猴子都忙于赶路。

爬了近5个小时，将近下午1：00，我们终于到达白云湾岩画地点。会当凌绝顶，一览众山小。此处岩画位于高山之巅，其规模宏大，动物图形众多，但主要图像还是野牛和羊。所有的图像保存不是很好，可能位于山顶风大的缘故。不过残留的岩画依然气势宏伟，色彩斑斓的自然主义动物岩画可与欧洲的阿尔塔米拉和拉斯科的洞穴岩画媲美，又若苏拉威西岩画的翻版！这里碳酸钙发育也很好，覆盖很厚。这里显然是一个放牧者或狩猎者遮风避雨的好地方，在岩棚的地面上，堆积着一层厚厚的动物粪便。在有的崖壁上尚可发现牧人或猎人举火留下的烟炱痕迹。在法国肖维洞穴岩画中有很多用黑色线条绘制的犀牛和野马图像，岩画研究者认为这些黑色线条的图画就是智人用烧过的木炭绘制的。金沙江岩画点只发现了原始人生火的遗迹，而岩画中尚未发现用木炭黑色线条绘制的动物图形，不过有朝一日也可能发现也未可知。

尽管岩画精彩，风景也美如（岩）画，但我们不敢耽搁太久，工作了一个小时后我们便开始往回走，因为必须在天黑之前到达船上，否则就得忍受晚间的寒冷在山上露宿一晚。天一黑就不能走动了，这里溶岩如刀，任何方式的跌倒都会受伤；悬崖百丈，任何一个失足，都跟飞机失事一样，会直接跌落在汹涌的金沙江上。回去途中还有一个叫硝长洛的岩画点，所以我、李曼、马国伟、老朱四人轻装先行，先赶到硝长洛采样。最后在六点之前全体人员完好无损地到达船上，7：00赶回驻地。

金沙江岩画是我国岩画宝冠上的那颗璀璨明珠；金沙江岩画考察也是我岩画研究上的一个新起点。如同金沙江岩画的寻找之路，金沙江岩画的研究也才刚刚开始，路正长，向远方。

松柏杜鹃斜横竹　　春夏秋冬皆酷暑
金沙碧水美如画　　白云岫岩藏古图

山高云深未知处　　路遥行险不吟苦
攀藤附葛捷若猿　　崖壁且作连臂舞

山曲浅凹囚豚鹿　　石穴深陷绘山猪
张弦已逾两万载　　中矢之兽犹奔突

欧洲中心已倾覆　　哪里堪称源艺术？
休言你家时代早　　材料更新待考古

四川甘孜拉日玛岩画探访

　　整个夏天都在青藏高原，要么草原上做岩画调查，要么在山村做考古发掘。2021 年 10 月中旬在成都参加"青藏高原东部研究暨玉树地区历史遗迹"学术研讨会，下榻于成都总府皇冠假日酒店，距最热闹的春熙路只有一条街。从僻远孤寂的考古工地猛然来到春熙路这样一个花花世界，一方面像刘姥姥进大观园，观感是那样的 busy；另一方面也很享受这种多样性的反差所带来的刺激感。

　　会议结束后从 20 日到 22 日，跟着李永宪、甲央尼玛等一行 5 人开两辆越野车去甘孜拉日玛看岩画。会前与甲央尼玛就已约好，说在拉日玛发现一个岩画点，虽然只有一幅，但画面近 300 平方米，其上刻凿的岩画图像有几百个之多！最主要的是 10 月下旬的大渡河两岸正是听秋、观秋、赏秋、悲秋和落叶知秋的季节，错过了今年秋的凋零，我们将无法在反差的对比中去冀盼来年春之热情。不见落红，何以感受黛玉之痛？

　　西出成都，沿着 G4218 公路向西向西再向西，经泸定、康定，朝着雅江的方向，到了雅江之后便沿着雅砻河的上游鲜水河一直北上，经道孚，奔拉日玛。沿途清流碧波、谷底绿色，秋色黄叶，山顶冰封白雪，组成一幅幅美不胜收的景观。除了自然风光之外，大渡河两岸的民居房屋也是赏心悦目的人文景观，一座座镶嵌在地毯般草地或多彩林间的民居住宅，看上去像安徒生笔下的童话世界。让我感到惊异的是这里用大石主砌，碎石补缝的墙体砌筑方法竟然跟两千年前塔克西拉建筑的砌墙法是一样的！

　　1955 年以前，这里叫西康省，也叫"三岩"或"山岩"，是青藏高原（昔日称青康藏高原）的一部分，人烟稀少，整体地势高耸，皆在海拔 3000 米以上。中部为纵谷地形区，高大山脉皆呈南北走向，平行排列，两山间之谷地则有大河奔流，有多条大河贯穿而过，包括怒江、金沙江、澜沧江等。这个地区为峡谷地带，木处榛巢，水居窟穴，出门见山。关于"山岩"名称的由来，有两种说法。其一是说山岩"地势险要"，四周被海拔5000米左右的陡峭高山四面环绕："崇山迭耸，沟溪环绕，森林绝谷，出入鸟道，形势危险"（刘赞廷：《边藏刍言》）；其二是说历史上的山岩人以"剽悍""好斗""野蛮"和"抢劫"著称。这里山高水长，景色虽美，尽管以农业为主，但耕地甚少，养畜伐木，生活很困苦，抢劫便成了一种生活方式，清史记载三岩地区为："化外野番，不服王化，抢劫成性，不事农牧。"康巴藏语把抢劫或盗匪称"夹坝"。盛行夹坝的三岩地区，其内部有严密的组织，也就是"帕措"，依靠自己的族法家规来维护秩序，同时也形成了三岩独有的道德行为规范。三岩"帕措"是当今世界并不多见的父系氏族的残留，被称为"父系原始文化的活化石"，这里的藏族头扎英雄结，长刀不离身，刀死为荣，病死为辱，骁勇剽悍。村中碉楼林立，好斗成习，历史上就以"夹坝"为荣。

既然是几千年的风俗习惯，那就一直流传下去好了，然而历史前进到了乾隆年间，甚至有一队36人之众的清军队伍也在瞻对，也就是今天的新龙县被夹坝了！这让乾隆爷面子上实在是太难看了，于是清王朝大动干戈，对于川西康区的夹坝土匪进行清剿。事实上最早从雍正年间开始，一直到光绪二十二年（1896年），清朝政府曾七次用兵征讨一个只有县级建制的弹丸之地。藏语"瞻对"翻译成汉语意思是"铁疙瘩"，这个"铁疙瘩""恃其地险人悍，弹丸之地，梗化二百余载，朝廷用兵屡矣！"但"铁疙瘩"始终未融化，直到50年以后才被融化。2013年，著名的藏族作家阿来将瞻对这个铁疙瘩的融化史写成小说《瞻对——一个两百年的康巴传奇》，通过小说来对瞻对，不，对整个康区，不，应该说对整个涉藏地区进行反省。阿来的《瞻对》在体例上似乎完全使用清史文献原文堆砌起来的小说，对于原文文献的引用，阿来不仅不加阐述诠释，即便是简单地堆砌，似乎也是不动声色，无动于衷，按他的说法："真实的史料是如此丰富而精彩，远远超过作家的想象程度。根本用不着我再虚构了。"果然，他的不动声色达到了声色俱厉所不能达到的效果，《瞻对》获得了2013年度茅台杯人民文学奖的非虚构作品大奖。最主要的是，阿来通过瞻对地区对藏民族的历史思考，不仅引起历史学者们的关注，同时也引起文学家们的关怀。

1856 年，正是托克维尔的《旧制度与大革命》出版的时候，法国人已经打到中国的门上，但瞻对人乃至青藏高原上的贵族们都不知道有法国的存在，"外国人革过命了，反过来又来讨论怎么样的革命对人民和社会有更好的效果。但是，在藏族人祖祖辈辈生活的青藏高原上……身在中国，连中国有多大也不知道。经过了那么多代人的生物学意义上的传宗接代，但思维还停留在原处，在一千年前"。这样后视的对比无疑会产生强烈的荒诞感。要知道，贡布郎加当年征服了周边大大小小十几家土司，后来十家土司加上清廷官兵也几乎奈何不了他。他吞并的地方之大，惊动了清政府和西藏地方政府，至今新龙县还流传着许多关于贡布郎加的传说，是一种接近于护法转世的英雄形象。也是这一代枭雄的故事最初吸引了阿来，但对他来说这不是津津有味的英雄故事，他原本期待在这个人物身上找到引领文明前进的哪怕一点可能性，但是，没有。在阿来的梳理中，瞻对历史上 200 多年间的一次次征战，不过是反复上演的老故事：当地土司或者百姓劫掠财物、人口、土地，引来清政府发兵征讨，每次都兴师动众，战争规模越来越浩大、持久以至大大超出预期，而结局总是久攻不下双方僵持，清廷官员对皇帝欺瞒造假，草草收兵；战后政策仍然是"多封众建""以分其势"，扶起新的一代土司们，若干年后再次相互兼并掠夺，上演新一轮的老故事……阿来甚至找到当地百姓不得不外出掠夺的社会经济根源：这些地方都是山高水寒之地，生产力极低，百姓却要承受实物税和无偿劳动，因此外出劫掠多年来成了对生产力不足的一种补充。对于土司，"靠武力与阴谋争夺人口与地盘，就是这些地方豪尊增长自身实力的唯一方法。除此之外，他们似乎从来不知道兴办教育，改进生产技术，扶持工商，也有富厚地方人民，积聚自身实力之效"；对于清政府来说"这些行为都被简单地认为是不听皇命，犯上作乱，而没有人从文化经济的原因上加以研究梳理，也没有尝试过用军事强力以外的手段对藏区土司地面实施计之长久的治理，唯一的手段就是兴兵征讨"。历史就在一种诡异的循环中停滞，阿来称之为"藏民族上千年梦魇般的历史因循"。行文至此，阿来感到深深的疲倦，读者感到无助的绝望：历史难道不像牲畜那样，自己会长大强壮吗？

文化难道不像麦子一样，春种秋熟吗？历史的进步在于文化的变迁，而文化的变迁则取决于人群的迁徙。

我们早上 9:30 从成都出发，到我们晚上住宿的拉日玛镇全程 700 来公里，但晚上 9：30 时，开车 12 个小时之后，还有 60 公里的路程！而我们此时的右前轮爆胎无法前行。在我们前面的李永宪教授车行至无信号地区，电话打不通，也已不知去向。本拟我们自己换轮胎，但没有千斤顶，无奈，甲央尼玛说他回去 3 公里的地方有修筑道（道孚）新（新龙）公路的建筑队，到那里寻求帮助，我则留下来看车。我坐在车上听着雨滴落在车顶上面，敲击出叮叮当当的声音，唱和着鲜水河哗哗的流淌声。夜助雨势，夜间大山沟里黑得像墨染过，根本分不清那里是路，哪里是河，哪里又是悬崖！筑路队要距我们 30 公里怎么办？《瞻对》中阿来在看不见光明的历史长夜里的无助、茫然与急切，突然之间，感同身受！

半个小时之后，尼玛带着修理人员回来了，凑巧的是李教授也同时折返回来。有着丰富野外经验的李教授看我们没跟上，电话也打不通，就知道发生了意外，当机立断折返回去。很快，轮胎换好我们又继续赶路了，赶到我们当晚要驻扎的拉日玛镇已经是晚上 11：00 了。

幸亏李教授跟拉日玛镇宣传部打过招呼，人家一直等着我们，并让镇上的一家饭馆也等着我们。在这样一个寒冷的雨夜中遇到这样的热情接待，还有热气腾腾的乡间腊味饭菜，心里有一种亲切的感动。

在这位女部长的安排下，我们当晚下榻在一个民宿酒店，名字叫"天堂拉日玛福满藏寨风情民宿酒店"。酒店式木结构藏式二层楼，是从原来的吊脚楼演化而来，一楼是畜圈（现在没有了牲畜，只用作储物），住房在二楼，只有两间 7 张床。被褥干干净净，房间清清爽爽，房间里各有一台早就打开的电暖风机，还有房东孩子在母亲背上望着我们这些陌生人的怯生生的眼光，让我们感受到不少的温暖与放心。

第二天一早起来发现这真是一个童话小镇。所有的民宅都是木构，错落分布在谷底河边和两边的山坡上，河边一条长长的木栈道将各家连接在一起。清晨沿着这条木栈道，呼吸一下来自山坡森林可直抵肺部的清新空气，领略一下山里斑斓的秋色与多彩的嘛呢石以及涂着喇嘛红的康区建筑组合起来馈赠给游人的风景，这大概就是拉日玛镇要兜售给游人的产品。

不过拉日玛镇的产品仅仅是一小部分，真正的风景却在我们昨夜在黑暗中走过的地方。因为要去岩画点，我们还要往回返 30 公里，在那里盘旋上山，从 3300 米的海拔，陡然上升到 4400 米的海拔；从森林走到草原，从秋天走进冬天；从汽车到摩托再到步行，那就是我们要去的岩画地点。这段距离据介绍是鲜水河沿岸的精华，树木种类多，动植物的多样性呈现出景观的丰盈与斑斓。十月份沿途白桦树干的白色和树叶的黄色，有一颗就足以让一个古代东方的布尔乔亚那样伤感天凉好个秋了，试想，成千上万，漫山遍野全是这种雪白与亮黄时，这就不再是自然景观了，而是一件艺术作品，一种 miracle，一种神启了。没有伤感，只有惊愕和震撼。

地质上山高涧深，植被的垂直分布，越野车在这样一座高山上运动时，你能感到的不只是空间的运动，还有时间和季节的经历与变化，你能感觉到历史的行进。就是循着这条历史隧道，我们来到了岩画前。

准确地说，岩画只有一幅，因为所有的图像只绘在一块岩石表面上。这块岩石表面又有 27 米长，平均宽度在 8~10 米，上面用敲凿法制作的单体图像有 200 多个。画朝向南偏西 210 度，这里的海拔 4300 米。岩画风格一如青铜时代我国北方草原岩画，主要以牛、鹿、羊、狗等动物图形为主，中间再穿插一些骑者、狩猎、争斗、放牧等人物活动场景。如此巨幅的石面，如此众多的图像，加上如此连绵的秋雨，我们无法在一两天时间内完成对该岩画的著录，雨中我们无法拓摹，甚至连无人机都飞不起来！我们只能拍些照片，观察着岩画图像的制作技术、图像风格、形象组合、画面构成、表现场景等，突然发现一幅表现多位人物形象的场景，有人手里拿着盾，有人拿着弓箭，还有人拿着一些叫不上名字的武器，围在一起，似乎组成一幅叙事场景，是夹坝吗？青铜时代的抢劫场面？如果夹坝是一种生活方式，那么在岩画中加以表现就可以理解了。无论是否为夹坝场面，都可以视作崖面上的人文景色，这也是拉日玛岩画地点（该岩画点不是这个名字，但为了保护岩画，该地点暂时保密）与众不同的特色之处。

还有一个值得注意的是岩面的生成，这是一个容易被忽略的问题。拉日玛岩画点更为特殊之处不在岩画，而在于刻凿岩画图像的岩石表面。这是一块巨大的片麻岩的地表露头，岩石表面虽呈波浪状起伏不平，但非常光滑，且上面有水平横线条痕。仔细分辨之后，居然是冰川擦痕！这是一块鲸背石！鲸背石又称羊背岩或羊背石。因岩石的形状酷似鲸鱼背或羊背而得名，是典型的冰川侵蚀地貌景观。当冰川向前向下运动时，对所过之处的基岩产生缓慢而持久的磨蚀作用。当遇到岩性较硬的基岩时冰流受阻而发生超覆且对迎冰面的基岩产生压蚀磨光作用，对背冰面产生拔蚀磨光作用。当冰川后退、显露出来的基岩形状就像匍匐在谷地中的羊群，长轴方向和冰川运动方向一致。鲸背石的上游面光滑浑圆，下游面陡斜而粗糙且往往伴有新月形拔蚀裂口。由于冰川在对基岩磨光侵蚀过程中或许夹有硬度比较大的冰碛砾石，可在鲸背石面上形成一道道头大尾小的冰川擦痕。鲸背石及其擦痕是判定是否有古冰川作用以及古冰川作用规模的典型证据之一。

难怪最初看到这幅带有岩画的岩石岩面时，总觉得有一种熟悉感，此时才知道，原来与意大利阿尔卑斯山脚下梵尔卡莫诺山谷的岩画极为相似，因为这里的岩画大多也是刻凿在冰川运动摩擦成光滑的鲸背石上。梵尔卡莫诺山谷的冰川擦痕不是在鲸背石上，而是在山崖崖壁上，规模宏大。拉日玛这种鲸背石在康区均有发现，如阿坝州达古冰川和甘孜九龙县猎塔湖沟和长海子两地的鲸背石，被认为是第四纪以来延续至今的冰川遗迹："这些鲸背岩群是第四纪古冰川奇观，在南北极冰川退化后比较常见，但在内陆山地冰川地区十分罕见。这一重大发现，丰富了达古冰川景观系统的内容，对于研究和揭示冰川运动规律，提供了最直接的科学依据。"不过康区的冰川遗迹有人认为不是第四纪的，而是更为古老的。1937年安特生曾赴中国西部高原的西康一带考察冰川遗迹，结论认为那属于古冰川，而非第四纪冰川。他认为第四纪以来的地质时期气候干旱，不会有冰川发生。

但今天值得我们关注和记住的是拉日玛这块刻有青铜时代岩画的鲸背石，是汇集了"第四纪古冰川奇观"和"青铜时代人文景色"的一块奇石，融自然与人文奇迹于一体，弥足珍贵！

青海贵德宗果岩画踏查

2019年6月11日，与格桑本（原青海省文化厅副厅长）等人一行赴贵德考察。贵德西南距西宁90多公里，古称浇河或廓州，四周群山环抱，形成一个山间盆地，黄河很蛮横地从盆地中央穿过。山高水长，气候温润，素称青海的瓜果之乡。贵德的丹霞地貌不但典型，而且式样丰富，颜色多彩。途经一地质博物馆，没时间下车观看，只能透过窗户匆匆一瞥。

一个多小时之后，到达我们的第一站，青海藏语系佛学院。仁青东珠院长和宫保才让教务长在门口迎接。该佛学院是青海最大的佛学院，1984年十世班禅在塔尔寺首创，2016年迁至贵德，建院中央投1.2亿元。学院占地95亩，拟再申请75亩，建尼姑院。目前有学生280名，教师约40人，其中经师（相当于教授）11人。学院完全采用供给制，省委统战部给每个学生一天60元，学生在此学习期间一切免费。

目前设有初级和高级两个班，初级班相当于本科，高级班相当于研究生，目前有佛学、藏医、工巧明（制作唐卡、佛像等）、因明（逻辑）等专业。

佛学院跟一般大学一样，里面宿舍、食堂、教室、操场一应俱全。我们住在学校招待所，也在食堂和喇嘛（老师）、阿卡（学生）们一起吃。

吃完午饭下午1：00赴海南州贵德县拉西瓦镇宗果村看新发现的岩画。宗果村距贵德县26公里，又称"仍果村"。岩画位于宗果村所属的"多拉隆巴"地带，岩画刻制在散落在山坡的石头上，大者数吨重，小者一个人唾手可抱走。图案基本上以牛、羊、鹿等动物为主，此外尚有凹穴等图形。贵德县樊永萍副县长、文化局孙振刚局长、宫保教授等一行陪同我们观看。

这里的岩画基本上都用敲凿的方法刻制在泥灰岩上，岩石上岩晒氧化层很厚，包括刻痕上的。一般说来在泥灰岩上生成黑色的岩晒所需时间都需要在一千年以上。

这个地方是青藏高原草原的东缘，经济形态为半农半牧，所以这里的岩画仍属于青藏高原岩画类型，也就是以敲凿法为主加工的动物形象。但是在农牧交界的多拉河谷发现岩画，这对我们确定岩画的时代和族属，有着重要意义。多拉河谷发现极为丰富的卡约文化，如尼那、卡日、尕义香更、亚哇、仍果等史前遗址，都可以帮助我们确认仍果岩画就是公元前一千年纪前期的羌人作品。

翌日上午参观毕家寺。该寺外围有一道高达 7 米的夹板夯筑土墙。土墙历经风雨，沧桑古拙，据说是宋代遗迹，最早是城堡，用于驻军；明代之后，改用作寺院。外墙是古迹，里面是现代寺院。

小院内清雅幽静，小路两边的月季花正在怒放，特别是一树的沙枣，花香袭人，香得令人心碎。

稍后我们又去掌佛寺烧香，据说这寺院已有 800 多年的历史，不过已不可考，而所有的建筑，都是现代的。

下午回西宁，但我想去乐都柳湾博物馆看看，据说在布新展，去年没看到，今年如愿以偿。不过新展没感到有什么质的变化，只不过位置变换了、陶器增加了而已。仍是物的陈列，没有人的思想与行为，更无社会结构与活动，亦无历史事件。总之，关于马家窑文化的认识并未改变，展览就无法产生质变和更新。不过新展览的展陈手段肯定有所提高，像这样大体量密集展示陶罐的方式，还是有一定冲击力的。不过也可能过犹不及，这种集中陈列更像商店货物柜。

展陈中有一种海贝，叫子安贝。子安贝是印度洋的特产，在我国最早出现于马家窑文化，定然是来自印度次大陆的文化产品。像这样具有马家窑特色的文物应该辅以更多的展陈说明和手段，否则便淹没在众多的彩陶中了。

在马家窑文化中，可以明确认定来自哈拉帕文化的东西应该还不少，譬如这件圆盘砍砸器，标牌说明是纺轮，但这不可能，这个圆盘直径约 13 厘米，中间孔直径约 2 厘米，不可能是纺轮。2018 冬在阿托克（Attock）的哈拉帕遗址出土类似的圆盘器。巴基斯坦学者认为是权杖首或挖掘用的重力器，但我们认为是圆盘砍砸器,因为出土的这类石器周边均有使用的砍砸痕迹,而马家窑文化出土的这件使用痕迹更加明显。

还有明确可以认定来自印度次大陆哈拉帕文化的就是费昂斯(Faience)。这串珠子传统上被认为是骨珠,事实上应该是费昂斯珠子。据目前考古资料,我国的费昂斯最早发现于西周,然而这串珠子证明早在马家窑文化就出土了费昂斯珠子。

珠饰最初是与神沟通的信物,取悦于神,更取悦于人。写到这里,我突然回想起这两天车载音响里的青海本地歌手王秀的水红花儿令:

> 我就请上个银匠,
>
> 把你打成个铃铛,
>
> 就用那细细毛线穿上,
>
> 尕妹的脖子上把你链上,
>
> 它就当啷啷地响上……

唱词竟是如此的应景!土腔土调土词,加上青海花儿特有的颤音和垫字衬词,顿时感到华丽得如同佩戴珠饰的哈拉帕少女!声声入耳,句句润心。一时之间,中西合璧,古今一体,时空错乱……

黄河岸边的考古岁月

现在的李家峡已经是风景区了，水色天光，绿水青山。但20世纪90年代初的李家峡几乎没什么风景，只有寻常百姓的村落和日常生活，日子平淡得如同黄河水。李家峡发掘已经快30年前的事了，很多事件和场景已经淡忘，但当初那些印象依然清晰，感受如昨，此情可待成追忆。

1990年，青海考古所为配合李家峡水电站的建设，对化隆县雄先乡境内李家峡水电站库区和淹没区的沙柳湾、上半主洼和下半主洼三个地点进行抢救性考古发掘。陈海清负责沙柳湾、我负责上半主洼、王武和刘国宁发掘下半主洼。上、下半主洼离得很近，只有3公里左右，上半主洼为藏族村，而下半主洼则为回族村。从这种多民族不同文化混居现象一看便知是最近才形成的，他们都是从其他地方不久前迁居而来，或至少回族是这样。

上半主洼村坐落在黄河左岸的二级台地上，这个台地高出黄河约50米，高耸而狰狞。从化隆县来要沿着黄河岸边西行，到了上半主洼后，弃车爬上50米的高台后便是上半主洼村。爬上台地后首先是一片空地广场，广场的东西两侧是30~50米高的悬崖。在台地上俯视黄河，居高临下，视野很好，有一种沧桑感。空地上立一长杆以象征通天，再往北便是一院庄廓，庄廓南边外墙上镶嵌着三枚硕大的猪头骨，南墙外有一棵巨大的杏树。这片空地之上永远有四个老头，冬天靠在庄廓的南墙根晒太阳，夏天则盘坐在杏树下避太阳。我在这里发掘的两个月中，来来回回路过这里，永远是同一幅场景和同样的四个老人。四位老人从未对我讲过一句话，每次路过都是同样的姿势和目光默默地对我迎来送往。岁月静好，日子古老而悠长，他们已经成了这里的风景。这时脑海里经常会冒出三毛的诗句：要做一棵树，站成永恒，没有悲欢的姿势……一半洒落阴凉，一半沐浴阳光。其实第一天从黄河岸边爬上这个台地时，一抬头蓦然间看到这个场景，一下子就觉得进入时间通道，来到了青铜时代。

来迎接我们的是村支书尕多杰，他把他家的正房腾出来让我和张义军住。尕多杰老婆有病干不了地里的农活，只能在家里操持家务，家里倒也整洁干净。他有两个女儿，大的11岁，小的6岁，已经能帮家里做很多事了，譬如驮水（用驴从黄河里取水）、割草等似乎永远是小女儿的事。尕多杰人很热情，看上去也很朴实厚道，住在他家，方便商谈民工和青苗赔偿等事宜。第二天

图1　用驴从黄河里驮水永远是小女儿的事

一早我便去找他商谈赔产与民工事宜，我问他女儿他爸爸起来了没有，他女儿说没有，说昨晚喝酒喝醉了，可能要到晚上才能醒。到了晚上，我再去找他，结果他老婆说他又出去喝酒了。第三天下午，尕多杰出现在我门口，满嘴酒气，对我说："汤老师，我们村里的地你随便挖，人你随便用！谁敢说个不字，你告诉我，我来收拾他！"这分明还在醉酒状态！就这样尕多杰一直醉了一个星期，根本无法商谈任何事情。这使我想起了赵襄子饮酒，五日五夜不废酒的故事。希罗多德曾描写斯基泰人时也说到斯基泰式的喝酒方式，一醉一个月。大约一个多礼拜，终于有一天他女儿兴奋地闯进我屋子说：我爸醒了！这是一周以来最动听的一句话！尕多杰果然朴实直率，谈判很爽快，末了他说："汤

老师，我们村里的地你随便挖，人你随便用！"看来真是喝到一定境界的人，醉不醉都没关系，说的话都一样！

刚开始我和北大考古系毕业的张义军一起，后来张义军考取了研究生便离开了，换了孙明生。我岁数最大，35岁，孙明生和张义军都比我小，我们三个都还没结婚，正值年轻力壮，肚量小，饭量大。为我们做饭的炊事员常常为我们食肠之宽大而感到震惊。刚开始只有我和张义军时，炊事员每天早上要给我和张义军做一个差不多用两斤的生面团烘烤出来的焜锅馍馍，烤好的馍馍直径20厘米，厚10厘米，我俩一人一半；晚上只能吃面片，不敢吃拉面，每人要吃四五碗，一个炊事员来不及拉！有一次炖了两只鸡，想着慢慢吃，结果一顿就给吃完了……凡此种种，好听的说是年轻人长身体，而尕多杰说是小时候饿出来的病。后来孙明生来了，情况好多了。孙明生心灵手巧，善于管理后勤。杀完羊自己灌肠，买了十来只鸡自己喂养，自己熬制杏酱，在黄河边上屠狗、钓鱼，钓到最大的一条居然5斤多重！伙食一下子有了质的飞跃，墓地的日子鲜活起来。

图2　从左至右：王武、汤惠生、刘国宁、张义军、多杰

　　我要发掘的是 60 多座青铜时代的卡约文化墓葬，坐落在村子后面（北面）的山坡上。这个墓地 1988 年第一次发掘，清理了 80 多座墓葬，只是库区淹没区，这次清理的是侵蚀区。150 座墓葬的墓地应该不算大聚落，但比现在村落的居住规模要大得多。也就是说 3000 年前居住在上半主洼人口要比现在多。黄河岸边的平地上种的是小麦，是水浇地，而台子上坡地里种的是粟和大麦。卡约文化的墓葬就坐落在种着粟和大麦的地里。6 月份对于内地来说小麦已到收割季节，而青海的小麦却刚刚开始抽穗。藏族村民们看着我们把麦田毁了心疼不已，说我们光管死人不管活人。每天有 10~20 位村民帮我们发掘，对他们来说，在工地上发掘更像是聚会和过节。

　　6 月份青海的气候是最宜人的，平均温度在 20 摄氏度，只是早晚有点凉。进入 7 月份，黄河谷地也变得燥热起来，有时气温甚至超过 30 摄氏度。30 多摄氏度的气温在中原或南方不算什么，但在青海，却是无法忍受的热，因为青海没有空调。为了躲避炎热，我们每天中午都去黄河游泳。半主洼的黄河不宽，在 40~60 米之间，但水流湍急。有羊皮筏子可横渡黄河沟通两岸，不过现在鸟枪换炮了，羊皮换轮胎了。划动两只桨把羊皮筏子从河这边划到对岸，

图 3　羊皮筏子，不过羊皮已由汽车轮胎代替。驾驶着羊皮筏子从黄河这边划到对岸，需要的不是两膀子力气和技巧，而是十足的胆量

需要的除了力气和技巧外，更需要些胆量。第一次站在岸边看着窄窄的黄河，心中些许有点失望：即便横渡过去也没什么好炫耀的。我非常轻松地游了过去，然而在返回的时候差点被淹死！原来由于河道走向的缘故，黄河在这里的主流虽然还是由西到东，但下面的暗流则是由北向南，所以我游过去（由北向南）时非常轻松，正是这个错觉让我觉得回来也会同样轻松，余勇可贾。然而回来时怎么游都不见前进，而是顺流而下，渐渐脱力呛水，胳臂也划不动了。但此时思维却越发清晰，我就这么死了吗？我还没结婚就要死了吗？我使劲地朝岸上的孙明生挥手，尽管他只会狗刨游十米，根本没能力救我，但还是想让他知道我溺水了，可他一点反应都没有！他还没开始屠狗，他要杀的狗还活着，而我却要死了。正在我决定死去的时候，突然觉得双脚可以踩着河床了！后来孙明生说他根本没看出来我溺水了，他以为我向他招手炫耀呢！"远怕水，近怕鬼"，这种谚语光理解是远远不够的，必须体悟。

三千年前的上、下半主洼居住的是同一个族群，不像现在有藏族，有回族，还有汉族。上、下半主洼墓葬的形制、葬式、随葬品等都是一样的。其实我一直主张将墓葬考古列入认知考古学的范畴，因为墓葬是人类意识形态的反映。半主洼墓地有个非常突出的特征，就是割肢、迁葬或二次葬。许多个体人骨残缺不全，且埋葬凌乱。关于这种葬俗与葬式，一般有两种解释，首先是因为战争所致，许多埋葬凌乱、残缺不全的个体人骨，都有可能因为战乱争斗所造成。不过这种割肢、剔尸（剔除肌肉）、剥头皮、碎颅、迁葬、天葬等之列的墓葬应属二次葬，是一种宗教因素所致。

这种二次葬俗在柴特儿·休于遗址中普遍发现，据该遗址的发掘者英国考古学家梅拉尔特（J. Mellaart）解释，这是一种剔尸二次葬的仪式的表现（excarnation），即人死之后将各关节卸开，并将肉全部剔下来喂食秃鹫或其他昆虫野兽等，或直接让秃鹫啄食死尸（此谓之曝尸），然后再将骨殖殓葬。该遗址出土许多散乱不全的个体人骨，包括被敲碎的颅骨，这些都被认为是剔尸二次葬的遗迹。美国著名的考古学家金布塔（M. Ginbutas）认为这种剔尸二次葬和二次葬（two-stage burial: excarnation and reburial）是一种属于萨满教的"断身"仪轨，意在使其再生。萨满教的断身仪轨大都在梦中或迷狂（ecstasy）体验中进行。其中最著名是西伯利亚雅库特人（Yakut）人的萨满入教式。未来萨满首先梦见自己在祖先神的引导下来到一个山洞。洞里有一个裸体男人正在拉风箱。火炉上置一口"半个地球大"的大锅。裸体男人见到进来的萨满入选者后，用火钳把他的头夹下来，并把他的身体剁成碎块，放入锅内蒸煮。之后，在铁钻上锻打他的头。最后裸体男人又从锅里捞出尸体碎块拼在一起，并对他说：你已经有了一个新生命，可以成为萨满巫师给人治病了。这时未来萨满从迷狂中恢复了知觉，并从此具有了巫师的法力。

　　青海地区青铜时代的卡约文化被认为是藏族先民羌人的文化，而该文化中的二次葬也有剔尸、曝尸和割肢的现象，属于断身丧葬仪轨。西藏地区吐蕃墓中也发现过这种剔尸或曝尸二次葬的断身丧葬仪轨，如昌都地区贡觉香贝石棺墓和昂仁布马村一、二号墓，发掘时人体尸骨不全，埋藏凌乱，甚至人骨与动物骨骼混杂在一起。研究者推断"可能是被肢解后葬入的"。这种人骨和动物骨骼混杂埋藏的现象甚至在青海地区齐家文化中亦有发现。古代文献对此也有记述，《旧唐书·东女国》云："贵人死者，或剥其皮而藏之，内骨于瓶中，糅以金屑而藏之"；《新唐书·吐蕃传》甚至还提到对死人头骨进行环锯的丧葬仪轨。至今流行的藏族天葬习俗，就是建立在萨满教再生观念上的断身丧葬仪轨。

青海化隆上半主洼卡约墓地的迁葬

青海化隆上半主洼卡约墓地的截（上）肢葬

　　生命可以通过骨头中再生的观念不但贯穿古今，而且见诸世界各地。在此我们略举两段。最著名的是弗雷泽在他的《金枝》一书中所记述的相关资料，如美洲许多米尼

青海化隆上半主洼卡约墓地的截（下）肢葬

图4

塔利（Minitari）印第安人相信："那些被杀死和剔除血肉的野牛骨头会重新生长出血肉和生命来，并且在来年的六月，这些牛又会长得肥壮到可以宰杀的程度。"

萨满教研究学者艾利雅德（M. Eliade）在其名著《萨满教古代迷狂术》一书中也记载了世界各地关于通过头骨重构生命的民族学材料："最著名的是《圣经·以西结书》中的例子，尽管这与萨满教是完全不同的宗教。主将手放在我的头上，用他的神性把我拽了出来，然后把我放在充满骨头的山谷中间……主对我说，我的孩子，这些骨殖还能再生吗？我回答道，我尊崇的主啊，您是唯一的知晓者。主又对我说，为他们做个预言，对他们说：干裂的骨殖，仔细聆听主的神谕。尊崇的主将对你们这些骨头说，将为你们注入呼吸，你们将重新恢复生命，这样你们就会知道谁是主。我按要求做了预言。在我做预言时，忽然有了吵闹声，一种吱吱嘎嘎的声音，然后看见许多骨头都凑到一起，筋肌出现其上，然后覆以皮肤……"

上半主洼虽然现在流传的是喇嘛教，但实际上在整个河湟地区，原始苯教，或者说原始萨满教的痕迹依旧非常明显。上半主洼有个巫师叫才旦，他已经50多岁了，他对我聊过他是如何当上巫师的经过。他说在他年轻的时候，他患上了"心口疼"的病，看遍了所有的医院都治不好，后来寺里的活佛对他说，他得的不是一般的病，是神要选他当拉娃（巫师）了。活佛说给他治帮他加速这个过程，他便答应让活佛给他治。那时正值冬季，结果活佛把他绑在大经堂的柱子上用凉水泼他，他困的时候用针扎他，不让他睡觉，就这样被折磨了三天三夜之后，活佛把他从柱子上解下来说："好了，你的病好了，你可以当拉娃（巫师）给人治病了。"从那以后，他的天眼开了，能看见神鬼世界，包括附着人身上的各种鬼怪污秽（疾病）。于是他从此正式成为了一名神选巫师，开始给人治病以及做其他法事。

还有一件事充分体现了上半主洼村的巫觋之风。8月份的青海是麦子成熟的季节，但也正是雷雨冰雹的季节。为了防冰雹，很多田地中央都有一个土坯砌成的30厘米直径，1米左右高的圆柱状祭台，里面可以燃烧柏香以祭奠掌管雷雨冰雹的龙王。一开始便提到的庄廓外墙上镶嵌的猪头骨，也是对龙王的供奉，都是为了免受雹灾。但是光凭这些手段是不够的，有一天黑云压顶，暴风雨马上来临，这种天气很可能下冰雹。一旦下冰雹，这眼看要收割的麦子可全都保不住了。这时突然看见才旦左手拎个包袱，右手攥着一条"炮儿绳"（也就是抛石器）匆匆进了院子，然后顺着我们住房的梯子上了房顶。上房顶之后从包袱中拿出早就制作好的小圆球放在抛石器中，然后抡圆了抛石器将小圆球抛射到空中。这些小圆球是用麻渣（菜籽榨完油后的残渣）和猪油等混合制作的，还是作为祭品给龙王的供奉。屋顶上他褴褛的衣衫和长发被风吹起，如仙人般御风而行，一边抛射，一边嘴里念念有词，听不懂，但看上去就是一个活脱脱现实版的屈原:室家遂宗，食多方些。稻粢穱麦，挐黄粱些。魂兮归来！

尽管三千年前的卡约人和现代藏族人在文化上有着传承关系，但人种或族群却不是同一族人。根据大通上孙家寨卡约人骨的 mtDNA 遗传分析来看，3000 年前卡约文化时期的上孙家寨先民与现代西南地区藏缅语族人群较为接近，居住在青海河湟一带的古代羌人随着历史上的数次人群迁徙，发展成为现代西南少数民族的一部分。也就是说卡约人与目前居住在河湟和大通河流域的现代藏族没什么关系，而是辗转迁徙到西南地区去了。可以说这在某种程度上从遗传学的角度证实了童恩正先生提出的我国考古学文化半月形传播带的理论。

树挪死，人挪活。人是在不断流动和迁徙的。三千年前的卡约人已经迁往我国的西南地区，那么他们是从哪里迁到上半主洼的呢？可以从发掘出来的考古出土物中窥得一二。这个墓地出土了一些海贝，有些是真海贝，也就是子安贝，有些是用羊骨仿制出来的。这种海贝只产自印度洋，说明卡约人或者卡约文化中有来

图 5　湟源大华中庄卡约墓地出土的"犬戏牛鸠首杖"，这头牛的肩部隆起，显然不是牦牛或黄牛

自印巴次大陆因素。1983年湟源大华的卡约墓地出土了一件铜器，那次发掘出一件名震天下的青铜器，叫"犬戏牛鸠杖首"。这个杖首上的牛被理所当然地认为是牦牛，但多少年之后，有动物学家告诉我说这不是牦牛，而是瘤牛，特征是肩部隆起。这种瘤牛青藏高原没有，原产地是印巴次大陆。检索中国的考古材料，瘤牛被加以表现的尚有云南春秋时期的铜鼓、晋宁石寨山储贝器和李家山青铜器等，而青海的这条瘤牛应该是最早来到我国的那条。这条孤独的瘤牛是如何穿越千山万水来到青藏高原？又是谁把它带来的？

图6　印度瘤牛，7000年前印度驯化的品种

图7　云南晋宁石寨山出土的储贝器上的瘤牛

图 8　瘤牛细部

卡约人或卡约文化也有可能来自北方草原，很多卡约文化的青铜器，譬如湟中下西河发现的管銎七孔钺，管銎斧、啄形器、刀等，带有浓郁的北方草原或欧亚草原文化的风格。不过也有人如日本学者三宅俊彦认为湟水流域青铜器铸造技术优于黄河流域，其时代早于北方草原文化的青铜器，所以这些青铜器就是当地铸造的，甚至有些俄罗斯学者认为卡约文化的青铜器影响了北方草原的青铜文化。不过对于考古学文化因素的辨识远不如 DNA 或其他生物学证据来得直接和科学，区别在于文化因素只能确认到之一，而生物学则能精确到唯一。

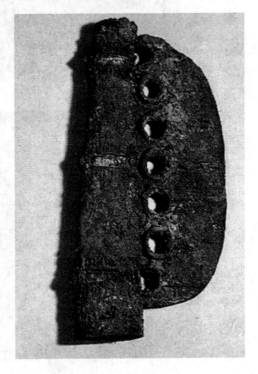

图 9　卡约文化出土的北方草原风格的七孔管銎钺

　　山中日月长，山乡的日子很难感到岁月的流逝，直到有一天发现村头的风景有所变化，四个老头只剩三个了，后来一问才知道那个已经去世。转眼已是八月底，发掘结束了，岁月不居，如同这里的黄河一样，流逝得平静而凶险。

　　发掘结束临走之前我请尕多杰喝酒，席间我劝他少喝酒或别喝酒了，他很诧异地望着我说，"那活着干吗？"没承想一个小小的建议竟惹出这么一个深奥的哲学问题！还是喝酒吧，最后他醉了，我也醉了。回去不久便听说尕多杰在一次醉酒之后，从黄河岸边爬上台地走错了方向，从东边的悬崖跌下去摔死了。

　　现在的半主洼村已经是汪洋一片，分不出上下了，人没了，地方也不存在了。不，应该都在，只不过被深深地掩埋起来了……

图 10　已经是汪洋一片的半主洼村旧址

乡情似水，归思如风

秋风乍起，吹起满地黄叶，也吹起心底里的陈年往事。

1966 年至 1970 年，母亲在青海省乐都县高庙镇新盛村的小学当教员，我随母居于此间。记得学校在村里的一个庙宇里，庙宇里还有一座戏台。戏台是硬山两面坡屋顶的砖木结构建筑，有斗拱出挑，上面蓝、红、白三色的旋子彩记忆深刻。戏台被用作老师办公批作业的地方，而戏台下面则是我们小孩玩耍的地方。与戏台北面相对的是原来庙宇的正殿，也是硬山两面坡屋顶的砖木结构。据说以前有塑像和壁画，但 60 年代均已破坏殆尽。虽然大殿里很空旷，但我们依然觉得里面很阴森，尤其是高大的木门开阖时发出的苍老而沉重的吱扭声，我总觉得这个大殿是有生命的，或者里面有很多看不见的、并让我感到陌生和害怕的生命。

周边是农田和果园，学校坐落在湟水河畔，湟水河就是我们孩子们的天然游泳池。河上有一艘通过钢丝绳拉扯摆渡的木船，用于河流两岸的交通。但是河那边没有村庄，没有农田，不知道为什么要花这么大精力设置一个摆渡船，摆渡什么？不过木驳船总是我们孩子们的游乐场，尤其是把船扯到河中央然后跳水，成为我们衡量某个孩子是否勇敢的一个高端项目。

新盛村虽然只是一个蕞尔小村，但因其物产线椒和沙果而闻名遐迩。这种线椒既辣且香，形状细长，故名；沙果，学名花红（Malus asiatica Nakai），又称文林郎果（本草纲目）、林檎等，是蔷薇科、苹果属的落叶小乔木。其香气馥郁，风味独特。青海流传一句话：乐都的沙果子比鸡蛋大，说的就是石嘴子的沙果。明人彭孙贻专门有《沙果》一诗曰："沙果形相亚，投琼并握瑜。"正是因为石嘴子的沙果太著名了，成熟季节往往引起邻村的觊觎。记得曾经有几个偷沙果的邻村乡民被捉，结果每个盗贼在石嘴子村民的棍棒下都背负着偷摘来的沙果游街，边游边喊：我是偷果子的××村的×××！此事印象极深。不过在我们孩子中间，此事引发出了第二个测试勇敢的高端项目，那就是去盗摘那些被看管得最严的沙果，看谁能得手。学坏总是很快的，而且往往是在意想不到的方式中，这就是《国语》所说的"从善如登，从恶是崩"。

1970年母亲又调到另外一所小学当教员，我也随之离开，此后50多年时间里，再也没回过石嘴子，石嘴子及其那段岁月一直被埋藏在心底，但石嘴子却不时闯入我的梦中。

2021年秋，我又有机会旧地重游，旧梦重温。

50年以后整个中国都有了天翻地覆的变化，戏台和大殿恐怕早就被拆除了，去之前，心里隐隐担忧。虽然新盛村变化巨大，但基本布局和道路并未太多地改变，顺着村里的大道，我们顺利地找到了原来学校所在的庙宇。学校已经搬走，这里成了拓展中心，但那座戏台却赫然在目，戏台对面的大殿也依然完好！如亲人老友久别重逢，往事顿时像庭院中丛生的杂草一样，纷扰繁芜，参差披拂。虽然戏台还仍然矗立，但梁柱已经歪斜，柱础已经下沉，梁架松散，瓦砾脱落，犹如一个拄杖的年迈老者，倾圮在即，随时都可能倒下。

对面的大殿依然旧时模样，虽然门窗被重绘一新。我试着再次转动那些沉重的木门，它们再次发出不堪重负的吱扭声，我仔细地观察着依然空旷的神殿，发现并没有异样的生命迹象，感到有些失望：儿时的恐惧和幻想一并消失。生活中没有了想象的恐惧，就如同婚后没有了爱一样，日子变得清淡起来。

其实多少年以后才知道这个庙宇是方神庙。"方神"，即"护佑四方之神"，含有救护群生的忠义意味，是清末流行于南疆地区的具有传奇色彩的宗教信仰。修建方神庙的缘由，洛浦县乡土志所收《方神庙碑记》曰："方神之灵，应于南疆，昭然在人耳目。洛浦设县，华人砌集，寒暑疾病，医药莫辨，凡有祷求，必赴和阗，于是修庙祀之。询谋曰，便。谨将捐款名刊于左列，以垂久远，日后之踵事增华，更有厚望，而深跂者焉。"（《清代新疆二十九种乡土志手稿》，湖北省图书馆藏）

方神崇拜是以民间传说为基础的底层民众信仰，虽然作为一方镇神，拥有和城隍同样的宗教性质，但同传统的城隍相区别，仍属于私祀淫祠，一直未被列入正式祀典，据说这是整个青海省唯一的一座方神庙，也许此言不虚。

不过我感兴趣的是这样一种来自远方的方神信仰如何单单落脚在石嘴子这样一个僻远小村？询之曾经在新盛中学任教的王伟老师，果然！这些人也是嘉庆年间迁到这里的，若是，这座方神庙也是他们迁徙到此间后才修建的。但是，他们为什么要迁到这里？又是如何迁徙到这里的？这是一个非常有趣的课题，或许以后会深入研究一下。

新盛是行政隶属名称，而当地人们称这个地方叫石嘴子。最初应为石嘴矶，青海话中"矶""子"同音。矶，水边突出的岩石或石滩，犹如南京的燕子矶。孟浩然《经七里滩》云：钓矶平可坐，苔磴滑难步，即指河边突起的岩石。湟水河流到新盛村时，在这里遇到突起的脉石英和花岗岩体，于是向南拐了个弯，流出一个回旋，形成一个漱石枕流的形胜之地，石嘴矶因以得名，后又俗称"石嘴子"。只要是风水之处，或抑或扬，因势利导，其上都会建以庙宇，南山寺就这样建成了，这就是中国传统文化精髓所在：天人合一。

据《青海记》记载，南山寺初建于清嘉庆三年（1798 年），早年有番僧驻锡于此。寺院占地近 4 万平方米，因地势而建，为四合院庙宇式建筑，由大殿、山门、照壁和南北廊房组成。整个建筑为硬山式建筑，砖木结构。大殿面阔三间，硬山两面坡屋顶，檐底施十攒一斗十升。殿内供有百子娘娘塑像，左右两侧为周文王和周武王夫人的画像。百子娘娘大殿及左右两面山墙绘有大型描金壁画。殿前出廊、前廊两侧墙均有精美的砖雕花鸟人物图案。

目前山门、照壁和南北廊房均已修葺一新，原来的建筑壁画均已不存，只有大殿，除了塑像为新近塑修外，其他一如原貌，虽有破败之相，但还算保存完整。在原来南山寺的周边最近又修建了关帝庙、圣母殿和金斗殿，而且在呈鱼背状的石嘴矶山梁上，遍植果树，施以木栈道和河边长廊，在果树林中即可观鸭戏水，感觉一下幽静的山水风光，又能焚香诵经，入寺观禅，"我欲禅居净馀习，湖滩枕石看游鱼"，此之谓也。

一个小小的石嘴乡村居然依然保存着清代原始风貌的方神庙和南山寺，而且还有很多地方人士为保护和维修这些古迹出钱出力，呼号奔走，足见该地民风之淳朴，文脉之绵长！

教室权当少年行　戏楼且作游戏场
日光朗朗读书少　月夜蹑蹑采果忙

岁月蹉跎多惆怅　青春抛掷几徊惶
一去经年无踪影　回来不识前刘郎

人生苦短不满百　毋须羡仙日月长
东隅虽失桑榆在　春朝何如秋风凉

乡情似水常蜿蜒，　归思如风尚鹰扬。
白云苍狗如梦幻，　夕阳依旧照河湟。